培优系列教材·财经商贸大类专业基础课技能应用型教材

管理学基础与实务

主　编　吴汪友　冀帅领　詹继兵

副主编　郑大明　于　楠　张　芳

主　审　季永青

電子工業出版社

Publishing House of Electronics Industry

北京·BEIJING

内 容 简 介

本教材紧密结合现代企业管理实践，系统地阐述了管理学的基本原理、方法及其应用。本书从管理认知到有效管理分为六大模块：管理与管理理论的认知、环境分析与决策、组织与人力资源管理、领导与指挥艺术、沟通与团队建设、控制与绩效管理。

本教材在模块设计上，开篇均归纳知识点、技能点，明确模块学习目标；结尾均设置习题、能力提升任务单，对知识点、技能点加以巩固。在具体教学任务中，以情景案例导入，知识点融合历史小故事、管理小案例、理论小实验等，拓展知识内容，同时引导学生将所学知识加以应用。本教材突出"X"配套，融入思政教育、双创教育、技能竞赛等教学元素，辅以教学平台、微课等多元资源，可满足在线课程教学和虚拟教研需求，具有较强的适用性和可操作性。

本教材主要供高职高专院校经济类和管理类专业三年制学生使用，也可作为相关管理人员的培训教材，并为经济管理和工商管理人员进行管理研究与解决问题提供参考。

图书在版编目（CIP）数据

管理学基础与实务 / 吴汪友，冀帅领，詹继兵主编. 一北京：电子工业出版社，2022.5

ISBN 978-7-121-43312-2

Ⅰ. ①管… Ⅱ. ①吴… ②冀… ③詹… Ⅲ. ①管理学－高等学校－教材 Ⅳ. ①C93

中国版本图书馆 CIP 数据核字（2022）第 066117 号

责任编辑：张云怡　　　特约编辑：田学清
印　　刷：北京捷迅佳彩印刷有限公司
装　　订：北京捷迅佳彩印刷有限公司
出版发行：电子工业出版社
　　　　　北京市海淀区万寿路 173 信箱　　　邮编：100036
开　　本：787×1092　1/16　印张：15.5　　字数：396.8 千字
版　　次：2022 年 5 月第 1 版
印　　次：2024 年 1 月第 2 次印刷
定　　价：49.80 元

凡所购买电子工业出版社图书有缺损问题，请向购买书店调换。若书店售缺，请与本社发行部联系，联系及邮购电话：（010）88254888，88258888。

质量投诉请发邮件至 zlts@phei.com.cn，盗版侵权举报请发邮件至 dbqq@phei.com.cn。

本书咨询联系方式：（010）88254573，zyy@phei.com.cn。

前　言

管理是人类各种组织活动中非常普通和非常重要的一种活动，自古有之，无处不在，贯穿于人类社会发展历程。随着社会的发展，管理的对象、目标、观念、手段和方法逐渐改变。有效的管理可最大限度地发挥组织所拥有的人、财、物等各类资源的综合效能，实现组织共同的目标。管理学是一门系统研究管理活动的基本理论、基本规律和基本方法的科学，是经济、管理等相关专业的一门重要课程。目前，市场上缺少既贴近组织管理实际又较为系统地梳理组织管理体系的专业教材，所以开发适合职业教育特点的“双用性”教材尤为重要。

本教材秉承“学以致用”的原则，结合现代管理的最新发展，以管理实践为主线，用任务进行驱动，建立以行动体系为框架的现代课程结构。在编制过程中，我们邀请杭州众询有限公司、苏宁易购浙江分公司、台州市物流发展有限公司等企业高管，组建了一支高效协作的多元教材编写团队。本教材采取“1+X”设计理念，围绕“1”个知识点和“1”个技能点，融入“X”教学元素，辅以“X”资源配套，以达到知识培养、能力培养、提高职业素养的教学目标。本教材具有以下特点。

（1）教材+双创。以仿真企业经营、创设管理场景的模式，设计双创实践项目，推进讨论、训练等实践活动，将管理创新应用于课程教学实践。

（2）教材+思政。知识点和技能点中穿插历史小故事、管理小案例、职业道德与企业伦理等内容，引导学生形成正确的管理理念，提高职业素养。

（3）教材+竞赛。本教材作为企业经营管理系列首部教材，有效衔接“企业经营沙盘大赛”项目，为企业经营管理提供充实的知识、技能储备。

（4）教材+平台。开发教材对应教学平台，老师可通过即时微课、动画观看与交互式自测等方式进行教学，增强了新形态一体化教材的趣味性、直观性和可读性，满足信息时代自主式碎片化学习需求。

（5）教材+资源。围绕相关知识点、技能点，配置系列微课、视频、案例、交互式自测题等资源。

（6）教材+团队。教学平台嵌入虚拟教研空间，实现对外资源共享，满足用书院校进行跨校、跨地域、跨时空多层次教研活动的需求。

本教材是集体智慧的结晶，教材编写工作能够顺利完成与参编单位的大力支持是分不开的。本教材由浙江交通职业技术学院季永青担任主审，浙江交通职业技术学院吴汪友、中国矿业大学（北京）冀帅领、浙江交通职业技术学院詹继兵担任主编，浙江交通职业技术学院郑大明、辽宁金融职业学院于楠、郑州电子信息职业技术学院张芳担任副主编，浙江交通职业技术学院夏始扬、刘欲晓、江建达参与编写。吴汪友负责教材框架设计、模块1编写，以及最后的定稿工作。詹继兵负责编写模块2，夏始扬负责编写模块3、模块5，刘欲晓负责编写模块4，江建达负责编写模块6。冀帅领、郑大明、于楠、张芳负责全书统稿和修改工作。此外，杭州众询有限公司童小娟总经理、苏宁易购浙江分公司郑霞总监、台州市物流发展有限公司朱建洲总经理参与教材整体设计，并提供了大量的教学案例和经验分享。在此，谨向以上参与单位和个人表示由衷的感谢。

当前，社会发展瞬息万变，市场环境日新月异，新理念、新技术、新知识不断涌现，赋予现代管理新内涵、新要求。由于编者经验和水平有限，书中难免存在不足之处，敬请广大读者、同行和专家批评指正。

编　者

目　　录

模块 1

管理与管理理论的认知

知识点

管理；管理二重性；管理者；管理职能；管理者素质；管理对象；管理机制；管理方法；早期管理理论；近代管理理论；现代管理理论

技能点

理解管理内涵；辨别管理角色；明晰管理对象；优选管理方法；理论指导管理实践

学习目标

- 熟悉管理起源，理解管理的内涵及其二重性。
- 可对管理者进行分类，熟练掌握管理者素质及技能。
- 熟悉管理机制与方法，能在实际管理中加以运用。
- 能运用早期管理理论、近代管理理论、现代管理理论等对管理案例进行分析。

单元1　管理与管理系统的认知

情景导入

三个和尚有水吃

有三座庙，这三座庙离河边都比较远，庙里的和尚怎么解决喝水问题呢？

现在的观点是“一个和尚没水喝，三个和尚水多得喝不完”。

第一座庙里的三个和尚为了不使自己太劳累，还能有水喝，于是商量挑水进行接力赛，每人挑一段路，从早到晚不停地挑，大家都不累，水缸很快就满了。

第二座庙里，老和尚制定了新的庙规，引进“竞争机制”。三个和尚都去挑水，谁挑得多，晚上吃饭就加一道菜，谁挑得少，就吃白饭，没菜。三个和尚拼命去挑，一会儿水缸就满了。

第三座庙里，三个和尚商量，第一个和尚把竹子砍下来连在一起，第二个和尚把一桶水摇上去，第三个和尚专管倒水，一会儿水缸就满了。

针对上述三座庙里和尚的不同做法，试简述他们采取的管理方法。

正文

一、管理之起源

管理是人类各种组织活动中最普通和最重要的一种活动。管理活动始于人类群体生活中的共同劳动，至今已有上万年历史。

管理一词作为外来语，英文是 manage，原意是“训练和驾驭马匹”。最初来源是拉丁语 manus，字面意思是“手”，但也有“权力”和“权限”的深层含义。

我国最早出版的《辞海》中没有把“管理”作为一个独立词条进行收集、解释。“管理”一词，在我国古代用“管”与“理”单音词来表示。

管：原是指用竹管制成的吹奏乐器，后来由于古代钥匙像这种乐器，于是便把钥匙称为管。例如，“郑人使我掌其北门之管”，即郑国人让我掌管这个门的钥匙。由于钥匙是开锁的关键，所以掌管具有约束性，便引申为管理的意思。

理：“治玉治民为理”，最初是指对玉的加工，后来把对百姓的治理也叫作理，引申为管理的意思。“理世”“理国”都是指管理或治理世间或国家，也都含有管理、治理的意思。

我国古代不但很早就使用了“管理”一词，而且在不同的历史时期，还产生和使用了一些与“管理”同义和近义的词，如管束、管治、治理、统驱、总领、节制、主管、执、掌、制。

历史小故事

文景之治

汉朝初期，因多年战乱导致社会经济凋敝，统治者推崇黄老治术，采取“轻徭薄赋”“与民休息”的政策。汉文帝二年和十二年分别两次“除田租税之半”，汉文帝十三年还全免田租。同时，对周边敌对国家也不轻易出兵，维持和平，以免耗损国力。

汉文帝生活十分节俭，宫室内衣服不乱增添，衣不曳地，帷帐不施文绣，更下诏禁止郡国贡献奇珍异物。因此，国家的开支有所节制，贵族官僚不敢奢侈无度，从而减轻了百姓的负担。

文景二帝还重视农业，曾多次下令劝课农桑，根据户口比例设置三老、孝悌、力田若干人员，并给予他们赏赐，以鼓励农民生产。奖励努力耕作的农民，劝解百官关心农桑。每年春耕时，文景二帝亲自下地耕作，给百官做榜样。文景时期，重视“以德化民”，当时社会比较安定，百姓逐渐富裕起来。

汉景帝后期，国家的粮仓丰满起来了，府库里的大量铜钱多年不用，以致穿钱的绳子烂了，散钱多得无法计算。随着生产日渐恢复并且迅速发展，出现了多年未有的稳定富裕的景象。

人们的生活水平得到了很大程度的提升，汉朝的物质基础也大大增强，是中华文明迈入帝国时代后的第一个盛世。文景之治不仅是中国历史上经济文化飞速发展的一个伟大时期，还是为后来汉武帝征伐匈奴奠定了坚实物质基础的养精蓄锐时期。

问题：（1）汉朝初期文景二帝采取哪些措施使中华文明迈入帝国时代后的第一个盛世？

（2）根据国内外历史，总结提高管理水平对国家有效治理的作用。

互动测试：下列“管理”的近义词中，哪些最接近本书的词义？

约束、照料、管束、经管、处置、料理、处分、收拾、执掌、统制、束缚、管制、治理、统治、处理、拘束、办理、打点。

二、什么是管理

对于什么是管理，至今专家和学者们仍然各抒己见，没有统一的表述。

“科学管理之父”弗雷德里克·温斯洛·泰勒（Frederick Winslow Taylor）认为：“管理就是确切地知道你要别人干什么，并使他用最好的方法去干。”在泰勒看来，管理就是指挥他人用最好的办法去工作。

“管理理论之父”亨利·法约尔（Henri Fayol）认为：“管理是所有的人类组织都有的一种活动，这种活动由五个要素组成，即计划、组织、指挥、协调和控制。”

“现代管理学之父”彼得·F.德鲁克（Peter F. Drucker）认为：“管理是一种工作，它有自己的技巧、工具和方法；管理是一种器官，是赋予组织以生命的、能动的、动态的器官；管理是一门科学，一种系统化的并到处适用的知识；同时，管理也是一种文化。”

周三多认为：“管理是指组织中的如下活动或过程：通过信息获取、决策、计划、组织、领导、控制和创新等职能的发挥来分配、协调包括人力资源在内的一切可以调用的资源，以实现单独的个人无法实现的目标。”这个定义有四层含义：第一层含义是，管理的载体是组织，管理不能脱离组织而存在，组织必然存在管理；第二层含义是，管理的过程是信息获取、决策、计划、组织、领导、控制和创新；第三层含义是，管理的对象是包括人力资源在内的一切可以调用的资源；第四层含义是，管理的目的是实现组织既定的目标，而该目标是单独的个人无法实现的。

基于上述学者的表述，本书进一步明确“管理”的含义：管理是指在特定的环境条件下，以人为中心通过计划、组织、指挥、协调、控制及创新等手段，对组织所拥有的人力、物力、财力、信息等资源进行有效的决策、计划、组织、领导、控制，以期高效达到既定组织目标的过程。

任何社会生产都是在一定的生产关系下进行的。马克思对管理属性的基本观点：管理，从最基本的意义来看，一是指挥劳动；二是监督劳动。由于生产过程具有二重性——既是物质资料的再生产，又是生产关系的再生产。因此，对生产过程进行的管理也就存在着二重性，一种是与生产力、社会化大生产相联系的管理自然属性，另一种是与生产关系、社会制度相联系的管理社会属性（见表 1-1）。

表 1-1　管理的二重性对比

项　目	自然属性	社会属性	其　他
产生条件	协作（共同劳动）	生产资料所有制形式（公、私）	
管理中的作用	集中表现在“指挥的意志上”	监督	资：剥削的需要 社：维护人们的利益，增加社会财富的需要
职能	一般职能：合理组织生产力	特殊职能：维护和完善生产关系	
性质	“生产”劳动	监督劳动	资：剥削 社：增加社会财富
决定因素	生产力水平（社会化大生产程度）	生产关系（社会制度）	

三、谁是管理者

谁是管理者？人们通常认为这是一个很简单的问题。管理者是组织中这样的成员，告诉别人该做什么及怎样去做；被管理者是组织中这样的成员，他们直接从事一项工作和任务，并且没有人向他们汇报。但是，如今组织及工作正在变化的性质模糊了管理者与被管理者之间的界限，许多传统的职位现在都有管理性的活动，很难区分管理者和被管理者，特别是在团队中。例如，团队成员通常要制订计划、做出决策，以及监督他们自己的绩效。

那么，谁是管理者呢？管理者是这样的人，他们通过协调其他人的活动达到与别人一起或者通过别人实现组织目标的目的。管理者的工作可能意味着协调一个部门，也可能意味着监督几个单独的个人，还可能意味着协调一个团队。此外，管理者还可能承担与其职责无关的工作责任。例如，一个主管除了需要协调其他员工的工作，往往还需要关心员工，对其职业发展进行指导。

在传统结构的组织里，大量的雇员处于基层而不是高层（注：金字塔结构形状），如图 1-1 所示。组织里的管理者分为基层管理者、中层管理者和高层管理者，并赋予各种头衔。

基层管理者是低层的管理人员，他们负责监督被管理者所从事的工作，这些工作是生产和提供组织的产品的工作。这样的管理者通常称为主管，也可称为班长、组长、科长等。

中层管理者包括所有处于基层和高层之间的各个管理层次的管理者，这些管理者管理着基层管理者，他们可能具有部门经理、项目主管或者事业部经理的头衔。

接近组织顶层的是高层管理者，他们承担着做出广泛的组织决策、为整个组织制订计划和确定目标的责任。他们的头衔通常是执行副总裁、总裁、管理董事、首席运营官、首席执行官或者董事会主席。

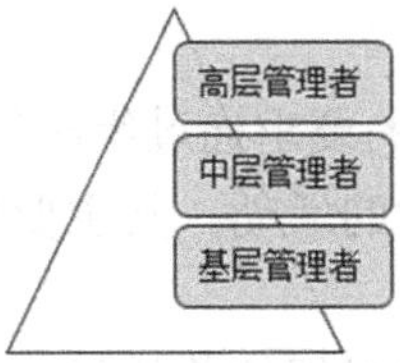

图 1-1　组织中管理者层次结构

管理小知识

管理者角色错位的"多米诺"骨牌效应

管理者的角色错位会在企业中产生"多米诺"骨牌效应，也就是说，如果企业中某个层级的管理者出现角色错位，必然导致相邻的管理层级的管理者随之出现角色错位。打个比方，假设一个公司的副总经理给某个项目经理安排了一项工作，该项目经理应该在接到这项工作后，首先制订工作计划，然后对下级主管进行合理分工，主管再对下级员工进行分工，借助团队的力量完成这项工作。而在角色错位的情况下，该项目经理可能没有对下级主管进行分工，而是自己去执行了，或者直接给主管的下级分配工作了，相当于项目经理做了主管的工作。既然主管的工作被项目经理做了，主管就只好去做一般员工的工作，一般员工就会因为主管做了他们的工作而变得无所事事。再来看该项目经理的上级管理者，因为项目经理角色向下错位去做了主管的工作，项目经理的上级副总经理就不得不去做项目经理的工作，因为副总经理做了项目经理的工作，总经理就要分出部分精力来做副总经理缺位后留下的工作。这样一来，企业中各个层级的管理者都会出现角色错位，这是典型的管理者角色向下错位引起的连锁反应。

问题：请分析在企业经营过程中，副总经理、项目经理、主管、员工应扮演什么角色？

互动测试：请将下列管理者按层级进行分类。

董事长、总经理、副总经理、人事总监、人事经理、财务总监、营销总监、营销部长、采购经理、组长、会计主管、市场开发主管。

四、管理者做些什么

20 世纪早期，法国管理学家亨利·法约尔最早把管理职能上升为普遍规律，曾提出所有管理者都具有五项管理职能：计划、组织、指挥、协调和控制。其中，计划是他重点强调的职能。在亨利·法约尔之后，许多学者根据社会环境的变化，对管理的职能进行了进一步的探究，有了许多新的认识。然而，当代管理学家对管理职能的划分，大体上没有超出亨利·法约尔的范围。

（1）计划职能是指管理者对将要实现的目标和应采取的行动方案做出选择及具体安排的活动过程，简而言之就是预测未来并制定行动方案。其主要内容包括：分析内外环境，确定组织目标，制定组织发展战略，提出实现既定目标和战略的策略与作业计划，规定组织的决策程序等。任何组织的管理活动都是从计划开始的，因此，计划职能是管理的首要职能。

（2）组织职能是指管理者根据既定目标，对组织中的各种要素及人们之间的相互关系进行合理安排的过程，简而言之就是确定组织的物质结构和社会结构。其主要内容包括：设计组织结构、建立管理体制、分配权力、明确责任、配置资源、构建有效的信息沟通网络等。

（3）指挥职能是指管理者按决策的要求通过组织结构对过程进行控制与对人进行激励，率领员工共同为实现决策目标而努力的活动。其主要内容包括：发布指令、监督检查、指导激励。

（4）协调职能是指管理者从实现组织的总体目标出发，依据正确的政策、原则和工作计划，运用恰当的方式方法，及时排除各种障碍，理顺各方面的关系，促进组织机构正常运转和工作平衡发展的一种管理职能。

（5）控制职能是指管理者要对组织的运行状况加以监督，通过控制可发现当初的计划与实际的偏差，采取有利的行动纠正偏差，保证计划顺利实行，确保原来的目标得以实现。

管理小案例

某企业实施建议制度

某汽车制造公司有一项建议制度或称提案制度，实施于20世纪50年代，即“好产品、好主意”，该公司到处都挂着这样的标语。

该公司实施建议制度的最初一年只征集到183条建议，但随后逐年递增，建议采用率也在上升。1982年，员工提出的建议首次超过1万条，采用率为57%；1988年，员工提出的建议达到5万条，采用率为88%；1990年，员工提出的建议达到8.6万条，采用率高达94%。资料表明，在1990—1996年间，该公司收集的建议有43万条之多。建议制度取得了惊人的成效，仅1985—1986年就为该公司节省了4000万元。其中，有不少条建议每月就可为公司节省四五百万元。

员工提出的建议一旦被采纳，公司将根据具体情况进行奖励。此外，该公司对于在不同阶段提出建议被采纳的员工在月末或年末通过奖状、奖品、奖金等不同形式给予奖励。据报道，仅1986年该公司就支付了近百万元的奖金。

问题：（1）本案例突出体现了哪项管理职能？

（2）根据该公司的案例，谈谈员工参与管理的重要性。

五、管理者应具备的素质

随着我国市场经济的进一步发展，以及国际、国内市场环境的演变，组织面临着日益激烈的竞争，管理者需要具备良好的素质与高超的技能。

管理者的素质是指管理者与管理相关的内在基本属性。管理者的素质主要表现为品德、知识、能力与身心条件。管理者的基本素质如表1-2所示。

表1-2　管理者的基本素质

基本素质	含　义	内　容
政治与文化素质	指管理者的政治思想修养水平和文化基础	政治坚定性、敏感性；事业心、责任感；思想境界与品德情操
基本业务素质	指管理者在所从事工作领域内的知识与能力	一般业务素质和专门业务素质
身心素质	指管理者本人的身体状况和心理条件	健康的身体；坚强的意志；开朗、乐观的性格；广泛而健康的兴趣等

管理小案例

比尔·盖茨成功的管理之道

第一条准则 对自己公司的产品抱有极大的兴趣。①对公司的产品具有寻根究底的好奇心；②始终表现出对公司及产品的兴趣和热爱；③热爱并专注于自己的工作；④天下没有一劳永逸的事，要不断自我更新。

第二条准则 以传教士般的热情和执着打动客户。①以传教士般的热情和执着打动客户；②站在客户的立场为客户着想；③最完善的服务才有最完美的结果。

第三条准则 乐于思考，让产品更贴近客户。①了解并满足客户的需求；②思考如何让产品更贴近客户。

第四条准则 与公司制定的长期目标保持一致。①跟随公司的目标，把握自己努力的方向；②做一个积极主动的人；③奖金和薪水不是唯一的工作动力；④把自己融入整个团队中；⑤帮助老板成功，你才能成功。

第五条准则 具有远见卓识，并学习专业知识和提高技能。①对周围的事物要有高度的洞察力；②吃老本是最可怕的；③不断学习，提高自己的工作能力；④掌握新知识、新技能，以适应未来的工作；⑤做勇于创新的新型员工。

第六条准则 灵活地利用那些有利于你发展的机会。①机会从来不会缺乏；②用行动创造机会；③敢于冒险，才能抓住成功的机会；④珍惜和利用公司提供的不同工作机会；⑤抓住每个展现自己的机会。

第七条准则 学习经营管理之道，关注公司发展。①好员工应该学习和懂得经营管理之道；②确定工作的价值，为公司赚取更多的利润；③树立主人翁意识，处处为公司着想；④视自己为老板，把公司当作是自己的。

第八条准则 密切关注和分析公司的竞争对手。①时刻关注本行业的发展动态；②树立正确的竞争意识，敢于竞争；③了解和分析竞争对手，才能战胜竞争对手；④学习竞争对手，避免重犯竞争对手所犯的错误。

第九条准则 有效利用时间，用大脑去工作。①善于动脑子分析问题，能够妥善解决问题；②有了好的想法就立即去做；③合理有效地利用时间，准时做事；④从时间中赢得机会；⑤及时向公司提出合理化建议。

第十条准则 员工必须具备的美德。①忠诚；②诚实；③守信；④勤奋；⑤节俭；⑥热情；⑦敬业；⑧责任心。

问题：比尔·盖茨作为成功的企业家，他的管理之道有哪些可吸取的经验？

管理者的技能是指管理者使用某一专业领域内有关的工作程序、技术和知识完成管理任务的能力。管理者的基本技能如表 1-3 所示。

表 1-3　管理者的基本技能

基本技能	含　义	内　容
技术技能	指管理者掌握与运用某一专业领域内的知识、技术和方法的能力	专业知识、经验；技术、技巧； 程序、方法、操作与工具运用熟练程度
人际技能	指管理者处理人事关系的能力	观察人、理解人、掌握人的心理规律的能力； 人际交往、融洽相处、与人沟通的能力； 了解并满足下属的需要，进行有效激励的能力； 善于团结他人，增强向心力、凝聚力的能力等

续表

基本技能	含义	内容
概念技能（构想技能）	指管理者观察、理解和处理各种全局性的复杂关系的能力	对复杂环境和管理问题的观察、分析能力； 对全局性的、战略性的、长远性的重大问题处理与决断的能力； 对突发性紧急处境的应变能力，其核心是观察力和思维力

管理小案例

诸葛亮不是一个优秀的管理者

刘备是一个领导者，诸葛亮是一个管理者。刘备“三顾茅庐”请诸葛亮出山，他请一个优秀的人的时候宁愿站在门口看人家的脸色。

诸葛亮“上知天文，下知地理”，会“木流牛马”、摆“八卦阵”，典故有“空城计”“三气周瑜”“舌战群儒”“草船借箭”等。诸葛亮的弱点是不会培养人，每次派将领出去打仗，他会给将领三个锦囊，到关键的时候打开。

如果打胜仗了，一切荣誉、成就归于诸葛亮。如果打败仗了，把责任推给老天，没有人承担责任。即便有一个人（马谡）愿意承担责任，也是因为失了街亭，诸葛亮最终“挥泪斩马谡”。而这背后的原因就是诸葛亮不允许下属犯错。

诸葛亮一生谨慎，但是他不允许下属有任何错误，导致没有下属敢于承担任何责任，最后的结果就是关张赵马黄，五虎上将都有儿子，但是没有培养出下一个五虎上将。而反观刘备，却是“关张赵马黄，五虎上将；卧龙凤雏，两位先生”。

衡量一个管理者管理能力的高低，主要看他能够培养出多少能干的人才。在诸葛亮的培养方法下，下属是没有成长空间和机会的，所以诸葛亮的成绩是“蜀中无大将，廖化作先锋”。从这一点来看，诸葛亮不是一个优秀的管理者。

问题：管理者应该具备哪些方面的基本素质？

职业道德与企业伦理

管理者职业道德规范

1．公司管理者的基本道德规范

① 廉洁奉公，忠于职守。

② 业有专攻，精益求精。

③ 遵纪守法，信誉第一。

④ 勇于竞争，甘冒风险。

⑤ 公正平等，赏罚分明。

⑥ 严于律己，宽以待人。

⑦ 作风踏实，与人为善。

2．与上级管理者的行为规范

① 重视与上级管理者保持和发展和谐友好的关系，但应以做好本职工作为出发点。

② 在尊重中有效影响上级管理者，适宜地、适当地提醒甚至纠正上级管理者的缺点或失误。

③ 既要立足于本部门充分争取上级管理者的支持，又要顾全公司大局。

④ 对岗位职责范围内的问题，敢于负责任和处理，并及时报告上级管理者。

⑤ 与上级管理者之间出现或存在冲突矛盾时，遵循管理规则而不是感情用事。

3．与下级管理者的行为规范

① 以身作则，严于律己，使制定的管理规章制度对自己和下级管理者同样有效。

② 诚恳、平等地对待下级管理者，不以权势压人，不盛气凌人，虚心听取下级管理者的批评意见。

③ 提高决策的科学性和透明度，重视让下级管理者参与决策，及时果断决策。

④ 正确处理功誉分配，重视下级管理者在业绩取得过程中的作用，分享本部门工作成就。

⑤ 从实现公司目标的角度对下级管理者感情投资，不拉帮结派、搞小圈子，不以掺杂个人私心的承诺激励下级管理者。

⑥ 支持、帮助下级管理者发展，鼓励其青出于蓝而胜于蓝。

六、管理者的管理对象

管理对象也称为管理客体，是指管理者实施管理活动的对象，是管理活动的承受者。

随着人类认识的深入和管理的科学化、复杂化，在不同时期，管理对象有不同的内容，不同学派对此有不同的见解。

（1）管理对象指管理活动所作用的各种具体对象。起初是人、财、物三要素；后增加时间、空间，成为五要素；后又增加信息、事件，成为七要素，等等。

（2）管理对象指管理活动所作用的特定系统，即把管理对象作为由多种要素组成的有机整体。系统内各要素互相联系、互相作用，系统与外界环境有信息、能量、物质交流。

（3）管理对象指管理活动的对象，即人和组织。在管理发展史上，因对人的不同认识和态度（如把人看作“工具人”“经济人”“社会人”“决策人”“能动作用的人”）形成了不同的管理学派和发展阶段。

综上所述，我们认为，在一个组织中，管理对象主要是指人、财、物、信息、技术、时间、社会信用等一切资源，其中最重要的是对人的管理。管理的基本对象包括人、财、物、时间、信息五要素。

（1）人指被管理的生产人员、技术人员及下级管理人员，从长远的发展来看，还应包括预备劳动力的培养教育，以及整个人力资源的开发利用。人是社会系统中低层的子系统，是社会的细胞，高效能的管理应该人尽其才、才尽其用、用人所长。

（2）财包括经济和财务，是一个组织在一定时期所掌握和支配的物质资料的价值表现。对财就应该按经济规律进行有效管理，以保证管理计划的完成。

（3）物指设备、材料、仪器、能源及物资，应保证物尽其用，提高利用率。

（4）时间是物质存在的一种客观形式，表现为速度、效率，由过去、现在、将来构成连绵不断的系统。高效能的管理应该考虑如何在尽可能短的时间内做更多的事情，充分利用时间。

（5）信息是具有新内容、新知识的消息。在整个管理过程中，信息是不可缺少的要素，信息的管理是提高管理效能的重要部分。

互动测试：随着社会的发展，管理对象日益广泛，请列举。

人、财、物、信息、技术、时间、社会信用等。

七、管理者的管理媒介

（一）管理机制

管理机制是指管理系统的结构及其运行机理。管理机制本质上是管理系统的内在联系、功能及运行原理，是决定管理效果的核心。

在经验管理时期，主要依靠管理者的主观意志，由管理者发号施令，下达行政命令、指示，即“人治”管理方式。在大工业化时期，随着科技的发展和生产的规范化，管理者注意建立健全制度、规范管理，即“法治”管理方式。在经济、社会全球化和科技高度发展现代化的今天，管理者对管理的客观规律的认识更深刻，最突出的表现是“机制”转化，依靠管理机制进行管理。

管理机制以客观规律为依据，以管理结构为基础和载体。管理机制包括运行机制、动力机制、约束机制。

（1）运行机制指组织基本职能的活动方式、系统功能和运行原理。任何组织，大到一个国家，小到一个企业、单位、部门，都有其特定的运行机制。例如，国家有政权运行机制，企业有生产经营运行机制，军队有军事训练活动运行机制。

（2）动力机制指管理系统动力的产生与运作的机理。动力机制是一种极为重要的管理机制，是为管理系统运行提供动力的机制。动力机制的主要构成如表 1-4 所示。

表 1-4　动力机制的主要构成

主要构成	内　容	作用原理
利益驱动	人们会在物质利益的吸引下，采取有助于组织功能实现的行动，从而有效推动整个系统的运行	经济规律决定的
政令推动	管理者凭借行政权威，强制性地要求被管理者采取有助于组织功能实现的行动，以此推动整个系统的运行	社会规律决定的
社会心理推动	管理者利用各种管理手段或措施，对被管理者进行富有成效的教育和激励，以调动其积极性，使其自觉自愿地努力实现组织目标	社会与心理规律决定的

（3）约束机制是对管理系统行为进行修正的机制，其功能是保证管理系统正确运行以实现管理目标，主要包括权力约束、利益约束、责任约束、社会心理约束。

管理小案例

好的制度带来好的管理

18 世纪末，英国人来到澳洲，随后宣布澳洲成为英国的领地。这样辽阔的土地，怎么开发呢？当时，英国没有人愿意去荒凉的澳洲。英国政府想了一个办法：把罪犯统统发配到澳洲去。

私人船主负责大规模运送犯人的工作。为了便于计算，政府以上船的人数为依据支付船主费用。当时运送犯人的船只多是由破旧的货船改装的，设施极其简陋，没有储备药品，更没有随船医生，条件十分恶劣。

船主为了牟取暴利，开船前尽可能多装犯人。一旦船离了岸，船主按人数拿到了钱，就对这些人的死活不闻不问了。船主把犯人的生活标准降到最低，有些船主甚至故意断水断食，致使 3 年间从英国运到澳洲的犯人在船上的死亡率高达 12%，有一艘船上的 424 个犯人竟然死了 158 个，死亡率达 37%。不仅英国政府遭受了巨大的经济和人力资源损失，英国民众对此也极为不满。

于是，英国政府开始想办法改善这种状况。他们在每艘船上派一名官员监督，再派一名医生负责医疗，并对犯人的生活标准做了硬性规定。然而，死亡率不仅没降下来，有的监督官员和医生也不明不白地死在船上。英国政府后来查清了原因：一些船主为了私利而行贿监督官员，如果监督官员拒不顺从就被扔进大海。一些绅士提出，把船主召集起来进行教育；有的法官建议对一些船主进行严厉制裁。英国政府这样做了，但情况依然没有好转，死亡率依然居高不下。

一位议员想到了制度问题。那些私人船主钻了制度的空子，而制度的缺陷在于政府付给船主的报酬是以上船人数来计算的，假如政府以到澳洲上岸的人数为准计算报酬呢？

英国政府采纳了这位议员的建议，不论在英国装了多少人，到澳洲上岸时再清点人数，依此向船主支付运费。难题迎刃而解。船主们积极聘请医生跟船，在船上准备药品，改善犯人的生活，尽可能让每个犯人都健康抵达澳洲，因为在船上死掉一个犯人就意味着减少一份收入。一段时间以后，英国政府又做了一次调查。自从实行以上岸计数的办法后，犯人的死亡率降到了 1%以下，有些运载几百个犯人的船，经过几个月的航行竟然没有一个犯人死亡。

问题：上述案例采用了哪种管理机制？

（二）管理方法

管理方法是指为了实现管理目的而采用的手段、方式、途径和程序等的总称，也就是运用管理原理，实现组织目的的方法。任何管理都要选择、运用相应的管理方法。管理的基本方法包括经济方法、行政方法、法律方法和教育方法（见表 1-5）。

表 1-5 管理的基本方法

方法名称	内容	特点	主要形式
经济方法	指依靠利益驱动，利用经济手段，通过调节影响管理对象的物质需要而促进管理目标实现的方法	利益驱动性； 普遍性； 持久性	价格、税收、信贷、经济核算、利润、工资、奖金、罚款、定额等
行政方法	指凭借行政权威，借助行政手段，直接指挥和协调管理对象的方法	强制性； 直接性； 垂直性	命令、计划、指挥、监督、检查、协调、仲裁等
法律方法	指借助国家法规和组织制度，严格约束管理对象为实现组织目标而工作的一种方法	高度强制性； 规范性	国家的法律、法规，组织内部的规章制度，司法和仲裁
教育方法	指借助社会学和心理学原理，通过满足管理对象社会心理需要的方式来调动其积极性的方法	自觉自愿性； 持久性	宣传教育、思想沟通、各种形式的激励等

职业道德与企业伦理

人性化管理的相关知识

现在越来越多的企业开始重视人性化管理，将“员工第一，顾客第二”确定为企业宗旨。那么，企业如何实施人性化管理，牢牢抓住员工的心呢？

1．一个基点

立足于以人为本，实施人性化管理，注重潜能开发。

2．两个思想

① 员工也是上帝。不能将员工当“奶牛”。企业视员工为上帝，员工才会视企业为家园。

② 人之初，性本善。善恶是人性的两面，其表现为哪一面，取决于企业如何管理。

3．避免四个误区

① 茫——迷茫。现象：无目标，无方向，无思想。管理者应该通过学习开阔视野，把握方向。

② 盲——眼瞎。现象：闭目塞听，自我封闭。管理者应该多深入员工中进行沟通和交流。

③ 忙——瞎忙。现象：事必躬亲，没有重点。管理者应该学会授权和时间管理，把自己从琐事中解放出来。

④ 莽——莽撞。现象：刚性管理，缺乏认同。管理者应该多关注员工的心理、情感和需求。

4．贯彻五位准则

① 定位。每个人既要明确和摆正自己的位置，又要努力发挥个人专长。

② 到位。工作不是“做了”就代表有结果，而是要“做好”“做到位”。

③ 补位。别人缺位，要及时补位；要为别人的成功站台，而不是拆台。

④ 零位。管理者要把自己放在零位，而不是高位，这样才有号召力。

⑤ 换位。管理者要站在对方的角度思考问题，学会包容和理解。

5．坚持八个原则（四守四重）

① 守本分。尽职尽责就是最大的本分，每个人最重要的事就是把自己的本职工作做好。

② 守规矩。制度是硬规矩，文化是软规矩。按制度做事，按文化做人。

③ 守时限。工作必须在规定的时限内完成。

④ 守承诺。做人讲诚信，答应的事情必须做到。

⑤ 重执行。马上去做，立即执行，是衡量一个人价值的前提条件。

⑥ 重改善。精益求精，力求完美，每天都要进步，哪怕是一点点。

⑦ 重方法。方法决定做事的效率。没有好方法，谈不上执行力。

⑧ 重结果。靠结果说话，靠业绩成长。

6．实现“九化”目标

① 管理情感化。注重人的内心世界，激发员工积极性，消除其消极和负面情感。

② 制度合理化。制度一定要符合人性，体现引导式管理，而不是强制式约束。

③ 工作标准化。形成标准化工作流程，有效提高工作效率和工作准确性。

④ 奖惩透明化。奖惩要做到公开透明，起到榜样激励和教育鞭策的作用。

⑤ 流程简单化。取消不必要的流程节点，变多节点审核为单节点（核心节点）验证。

⑥ 组织扁平化。减少管理层级，精减中间环节，提高沟通效率。

⑦ 协作网格化。构建平等的、非刚性的网格化结构，目标是沟通方便、协作灵活。

⑧ 决策民主化。推行参与式管理，听取员工意见，让决策更加民主和科学。

⑨ 行为自控化。自我管理、自我批判和自我提高。

7．人性化管理的十个方法

① 只理不管。理他但不是管他，核心是“管事+理人”。理的意思是看得起、有面子。

② 充分信任。信任是对人的肯定，让人心理上得到满足。

③ 尊重员工。要尊重别人的意见，千万别说“你错了”。

④ 给予机会。马云说要给员工四个机会：做事、赚钱、成长、发展。

⑤ 懂得授权。不会授权，管理者干，员工看；学会授权，管理者看，员工干。

⑥ 情感关怀。管理者关心员工的生活，员工就会关心企业的生存。

⑦ 实现公平。在公开、公平、公正中，公平最重要。

⑧ 有效激励。员工不只是为了钱才努力工作，要给员工荣誉感。

⑨ 以身作则。管理者想让员工怎么做，必须先做给员工看。

⑩ 文化统一。用统一的文化和价值观指导和约束员工的思想和行为。

单元 2　管理理论发展与演进的认知

情景导入

企业该如何管理

某企业在一次会议上，两位副总经理就如何进一步提高管理工作水平发表意见。

王副总经理主张应向严格管理方向努力，重点是加强管理的规范化。强调进一步加强制度建设，严格劳动纪律，加大现场监督力度，杜绝一切怠工或违纪现象，以确保工作按流程顺利进行。并引经据典地指出，这是依据被称为“科学管理之父”的泰勒的经典管理思想提出来的。

李副总经理则不赞成这种意见，认为这是一种传统的、已经过时的管理思想。他主张应坚持以人为本，重视人的需求，充分尊重员工，主要靠激励手段，由员工自我管理、自主控制。并强调，这是梅奥人际关系理论的发展，是一种世界性的大潮流。

王副总经理则坚持认为，在中国现阶段，对于按流程工作方式而言，还是规范化的科学管理更可行。在按流程工作方式这种条件下，过分依靠自觉是不可行的，强有力的现场监督控制才是有效的管理。

两人争执不下。

问题：（1）你知道“科学管理之父”泰勒的经典管理思想的内容和梅奥的人际关系理论吗？

（2）你更倾向于哪位副总经理的观点？理由是什么？

正文

一、早期管理实践与理论

（一）早期管理实践

在负责计划、组织、领导和控制活动的专门人员的指挥下所做的组织性的努力，已经存在了几千年，埃及的金字塔和中国的长城就是例证。这些工程规模恢宏，动用了成千上万的人员，而且距今已经几千年。金字塔是一个特别有趣的例子，每个金字塔的建造要占用多达 10 万名工人，而且历时 20 年。谁告诉每名工人他们该做什么？谁确保有足够的石头在工作场所以使工人不发生窝工？答案只能是管理者。不管在哪个时代，人们怎么称呼管理者，总得有人计划该做什么，组织人员从事工作，领导和指挥人员并施加某种程度的控制，以确保每件事都能按计划完成。

在 15 世纪，意大利威尼斯城是主要的经济、贸易中心之一，早期企业已现雏形，从事的很多活动与今天组织中的活动相同。例如，在威尼斯城的兵工厂，战舰沿着运河移动，在每个站点，材料和装备被添加到战舰上，这听起来难道不像轿车沿着装配线移动吗？轿车就是在移动过程中，零部件被安装上去的。除了这种装配线，威尼斯人还有仓库和库存系统，以监控材料和零部件；人事职能（人力资源管理）用来管理劳动力；会计系统用于追踪收入和成本。

这些过去的例子表明，组织在几千年以前就存在了。相应地，在那个时期，管理也已付诸实践。

互动测试：在人类历史的长河中，你所知道的管理实践工程有多少？请列举。

埃及金字塔、中国长城、中国京杭大运河、中国都江堰等。

（二）早期管理理论

1776 年，亚当·斯密发表了古典经济学说《国富论》。在该书中，亚当·斯密主张组织和社会将从劳动分工中获得经济利益，即将工作分解为狭窄的、重复性的任务。以制针工业为例，亚当·斯密认为，10 名工人，每个人从事一项专门化的制针作业，一天能生产大约 48000 根针。而如果每个人单独完成全部制针作业，每个人一天大约只能制作 10 根针。亚当·斯密得出结论，劳动分工之所以能够提高生产率，因为它提高了每个人的技能和灵巧性，因为它节约了浪费在任务转换上的时间，因为它促进了节约劳动的机器的发明。这种思想在工作专业化领域得到普及。例如，医院外科手术小组成员每个人完成某种特定任务，餐馆的厨房人员每个人完成制备一顿饭的特定作业，足球队的每个人担任一种特定的角色。

18 世纪 60 年代，从英国开始的工业革命，是人类发展史上的一次巨大革命，它开创了以机器代替手工劳动的时代。这不仅是一次技术改革，更是一场深刻的社会变革。工业革命的主要贡献是以机器代替手工，从而使在工厂中生产产品比在手工作坊中生产更经济。因为需要管理者预测需求，确保有足够的材料制造产品，分配人员的工作，指挥每天的活动，协调各种任务，保证机器在良好条件下运行，维护操作秩序，以及为产品寻找市场等，使得那些高效率的、采用电力驱动的大型工厂，对管理者的管理技能提出了更高的要求。因此，计划、组织、领导和控制就成为必不可少的了，大型工厂的发展要求建立正式的管理系统。于是，20 世纪初产生了正式的管理理论，以指导管理者管理这类组织，在管理理论发展方面迈出了关键性的一步。

管理小知识

早期中国管理思想

中国传统的管理思想，分为宏观管理的治国学和微观管理的治生学。治国学适宜中央集权的封建国家，包括财政赋税管理、人口田制管理、市场管理、货币管理及国家行政管理等方面。治生学则是在生产发展和经济运行的基础上通过官、民的实践逐步积累起来的，包括农副业、手工业、运输、建筑工程、市场经营等方面。这两方面的学问极其浩瀚，作为管理的指导思想和指导原则，可以概括为以下要点。

（1）顺道。“道”在汉语中有多种含义。属于主观范畴的“道”，主要指治国的理论；属于客观范畴的

"道"，主要指客观经济规律。这里用的是后者的含义，指管理要符合客观经济规律。例如，《管子》认为自然界和社会都有自身的运动规律，"天不变其常，地不易其则，春秋冬夏不更其节"，等等。

（2）重人。"重人"是中国传统管理的一大要素。它包括两个方面：一是重人心向背，二是重人才归离。要夺取天下，成就事业，人是第一位的，故我国历来讲究得人之道、用人之道。《管子》中说："政之所兴在顺民心，政之所废在逆民心。"国家必须"令顺民心"，"从民所欲，去民所恶"，乃为"政之宝"。司马迁提倡"能巧致富"，他说"巧者有余，拙者不足"。

（3）人和。"和"就是调整人际关系，讲团结，上下和，左右和。对治国来说，和能兴邦；对治生来说，和气生财。故我国历来把天时、地利、人和作为事业成功的三大要素。《论语》中说："礼之用，和为贵。"《管子》中说："上下不和，虽安必危。"近代成功的企业家也都注重人和，创办申新纱厂的大企业家荣德生治厂以"《大学》之'明德'，《中庸》之'明诚'"对待下属，"管人不严，以德报人"，"使其对工作不生心，存意外"，"自治有效"。

（4）守信。治国要守信，办企业也要守信。《论语》中说："君子信而后劳其民。"《管子》特别强调要取信于民，提出国家行政应遵循的一条重要原则，"不行不可复"。也就是说，治理国家，必须言而有信。政策多变，出尔反尔，从来都是治国大忌。治国如此，治生亦然。我国从来就有提倡"诚工""诚贾"的传统，商而诚，苟取一时，终致瓦解，成功的商人多是商业信誉度高的人。

（5）对策。"运筹帷幄之中，决胜千里之外"，这句名言说明在我国古代治国、治军、治生等一切竞争和对抗的活动中，都必须统筹谋划，正确研究对策，以智取胜。《孙子》认为："知彼知己者，百战不殆；不知彼而知己，一胜一负；不知彼，不知己，每战必殆。"《管子》主张"以备待时""事无备则废"。治国必须有预见性，有备无患，预则成，不预则废。

（6）法治。我国的法治思想起源于先秦法家和《管子》，后来逐渐演变成一整套法治体系，包括天土法治、财税法治、人才法治、军事法治等。韩非认为法治优于人治，他还主张应有公开性和平等性，在法律面前人人平等，人人都得守法。

问题：（1）请总结中国古代有哪些管理思想。

（2）请举例说明我国古代管理思想是如何运用于现代企业管理的。

二、近代管理理论

管理理论的发展可以按照对管理的不同见解来体现，这些不同见解反映在对管理者做什么及管理者应当怎么做的不同观点上。值得注意的是，每种理论都是关于同样的对象，区别仅在于研究者的背景和兴趣不同。一个形象的比喻是盲人摸象的经典故事，每个人都宣称大象像他触摸到的那部分的样子：第一个人摸到了大象的躯干，故宣称大象像一堵墙；第二个人摸到了大象的鼻子，故称大象像一条蛇；第三个人摸到了大象的长牙，故确信大象像一只梭镖；第四个人摸到了大象的尾巴，因此得出结论，大象像一根绳子。每个人都接触到了同样的大象，但他们对大象的理解取决于他们所处的角度。这些管理视角都是正确的，也都对我们理解管理做出了贡献，但是每种都有它的局限性。

（一）科学管理理论

对科学管理理论做出重要贡献的学者，主要是泰勒和吉尔布雷斯夫妇（弗兰克和莉莲）。

弗雷德里克·温斯洛·泰勒是美国著名管理学家，科学管理理论的创始人，被管理界誉为"科学管理之父"。在米德瓦尔工厂，他从一名学徒工开始，先后被提拔为车间管理员、技师、小组长、工长、设计室主任和总工程师。在这家工厂的经历使他了解到工人们普遍怠工的原因，他感到缺乏有效的管理手段是提高生产率的严重障碍。为此，泰勒开始探索科学的管理方法和理论。

泰勒从“车床前的工人”开始，重点研究企业内部具体工作的效率。在他的管理生涯中，他不断在工厂实地进行试验，系统地研究和分析工人的操作方法和动作所花费的时间，逐渐形成其管理体系——科学管理理论。泰勒在他的主要著作《科学管理原理》中阐述了科学管理理论，使人们认识到管理是一门建立在明确的法规、条文和原则之上的科学。泰勒的科学管理理论主要有两大贡献：一是管理要走向科学，二是劳资双方的精神革命。

泰勒认为科学管理的根本目的是谋求最高的工作效率，最高的工作效率是雇主和雇员达到共同富裕的基础，而达到最高的工作效率的重要手段是用科学化的、标准化的管理方法代替经验管理。科学管理理论的主要内容如下。

① 以科学的管理方法代替传统的经验管理方法，实行工作定额原理和标准化原理。

② 为提高生产效率，必须为工作选配“第一流的工人”。

③ 实行差别计件工资制。

④ 将计划职能和执行职能分开。

⑤ 实行职能工长制。

⑥ 提出了管理的例外原则。

理论小实验

搬运生铁块

1898 年，泰勒以顾问身份在伯利恒钢铁公司进行了著名的“搬运生铁块实验”和“铁锹实验”。搬运生铁块实验是在这家公司的 5 座高炉的产品搬运班组中进行的。这项研究改进了操作方法，训练了工人，结果使生铁块的搬运量提高了 3 倍。铁锹实验是系统地研究铲上负载后，各种材料能够达到标准负载的锹的形状、规格，以及各种原料装锹的最好方法的问题。此外，泰勒还对每套动作的精确时间做了研究，从而得出若干个“一流工人”每天应该完成的工作量。这项研究产生的效果是非常明显的，堆料场的劳动力从 400～600 人减少为 140 人，平均每人每天的操作量从 16 吨提高到 59 吨，每名工人的日工资从 1.15 美元提高到 1.88 美元。

理论小实验

砌砖实验

建筑商弗兰克·吉尔布雷斯，通过仔细地分析砌砖工人的工作，他将砌外墙砖的动作数量从 18 个减少到 5 个，将砌内墙砖的动作数量从 18 个减少到 2 个。在众多的动作研究者中，弗兰克是第一个采用动作照片来研究工人的手和身体动作的人，他发明了一种精密计时装置，可以记录工人的动作，以及在每个动作上花费的时间。浪费的动作及被肉眼忽略的多余的动作可以通过这种装置被识别出来并消除。他还设计了一个分类体系，分析了 17 种手的动作（如抓取、持握等），他将这套体系称为动作分类体系，这是吉尔布雷斯英文名字的反向拼写。这个体系使得吉尔布雷斯夫妇能够以更精确的方式来分析工人的手的动作。

泰勒和其他的科学管理先驱们开发的改进生产效率的指南，仍然被今天的组织所使用着。当管理者分析基本的工作任务时，他们运用时间与动作研究消除多余的动作，选择最佳的工人从事特定的工作，设计基于产出的刺激性报酬体系，这都是在应用科学管理理论。

（二）一般管理理论

亨利·法约尔（1841—1925），法国人，管理过程学派的创始人，被后人尊称为“管理理论之父”，古典管理理论的主要代表人之一。法约尔的主要著作是《工业管理与一般管理》。

1841 年，法约尔出生于法国一个中产阶级家庭。1860 年，法约尔毕业于圣艾蒂安国立矿业学院，同年进入一家矿业公司，任矿井工程师。1886 年，任该矿井的管理人员。1888 年，在该公司濒临破产时，被提升为总经理。经过他出色的管理，到 1918 年他退休时，该公司已在财务和经营上立于不败之地。

泰勒的研究从“车床前的工人”开始，重点内容是企业内部具体工作的效率；法约尔的研究则是从“办公桌前的总经理”出发的，以企业整体为研究对象。他认为，管理理论“是指有关管理的、得到普遍承认的理论，是经过普遍经验检验并得到论证的一套有关原则、标准、方法、程序等内容的完整体系”；有关管理的理论和方法不仅适用于公司和企业，也适用于军政机关和社会团体。这是一般管理理论的基石。

法约尔将管理描述为一组普遍性的职能，包括计划、组织、指挥、协调和控制。法约尔将管理实践描述为有别于会计、财务、生产、分配和其他典型的商业职能的一种活动。他认为管理是一种活动，普遍存在于所有人类的努力中，包括商业、政府甚至家庭。然后，他进一步阐述了 14 条管理原则，这是管理的一些基本原则。

① 工作分工：专业化通过使雇员的工作更有效率，从而提高了工作的产出。

② 职权：管理者必须有命令下级的权力。职权赋予管理者的就是这种权力。但是，凡行使职权的地方，都应当建立相应的责任。

③ 纪律：雇员必须遵守和尊重统治组织的规则。

④ 统一指挥：每个雇员应当只接受来自一位上司的命令。

⑤ 统一方向：组织应当通过单一的行动计划指导管理者和工人。

⑥ 个人利益服从整体利益：任何雇员个人或群体的利益不应置于组织的整体利益之上。

⑦ 报酬：对工人提供的服务必须付给公平的工资。

⑧ 集中：集中是指下级参与决策制定的程度。

⑨ 等级链：从高层管理到低层管理的直线职权是一个等级链。

⑩ 秩序：人员和物料应当在恰当的时间处在恰当的位置上。

⑪ 公平：管理者应当和蔼和公平地对待下属。

⑫ 人员的稳定：管理者应当提供有规则的人事计划，并保证有合适的人选接替职位的空缺。

⑬ 首创精神：允许雇员发起和实施计划将会调动他们的极大热情。

⑭ 团结精神：鼓励团队精神将会在组织中形成和谐与团结的氛围。

互动测试：根据法约尔的一般管理理论，管理有哪些方面普遍性的职能？

计划、组织、指挥、协调和控制。

（三）行政组织体系理论

马克斯·韦伯（1864－1920），现代社会学的奠基人，被称为“组织理论之父”，与泰勒、法约尔一起称为西方古典管理理论的三位先驱。

韦伯在组织管理方面有关行政组织的观点对社会学家和政治学家都有着深远的影响。他在管理理论上的研究主要集中在组织理论方面，主要贡献是提出了所谓理想的行政组织体系理论，这集中体现在他的代表作《社会组织与经济组织》一书中。这个理论的核心是组织活动要通过职务或职位而不是通过个人或世袭地位来管理。他也认识到个人魅力对领导作用的重要性。他所讲的“理想的”，不是指最合乎需要的，而是指现代社会最有效和最合理的组织形式。之所以是“理想的”，因为该理论具有如下一些特点。

① 明确的分工。每个职位的权利和义务都应有明确的规定，人员按职业专业化进行分工。

② 自上而下的等级系统。组织内的各个职位，按照等级原则进行法定安排，形成自上而下的等级系统。

③ 人员的任用。完全根据职务的要求，通过正式考试和教育训练来选择人员。

④ 职业管理人员。管理人员有固定的薪金和明文规定的升迁制度，是一种职业管理人员。

⑤ 遵守规则和纪律。管理人员必须严格遵守组织中制定的规则和纪律及办事程序。

⑥ 组织中人员之间的关系。组织中人员之间的关系完全以理性准则为指导，职位关系不受个人情感的影响。这种公正不倚的态度，不仅适用于组织内部，还适用于组织与外界的关系。

韦伯认为，这种高度结构的、正式的、非人格化的理想行政组织体系是人们进行强制控制的合理手段，是实现目标、提高效率的最有效形式。这种组织形式在精确性、稳定性、纪律性和可靠性方面都优于其他组织形式，能适用于所有的管理工作及当时日益增多的各种大型组织，如教会、国家机构、军队、政党、经济企业和各种团体。韦伯的这个理论，对泰勒、法约尔的理论是一种补充。

互动测试：根据管理理论的知识，西方古典管理理论的三位先驱是谁?

泰勒、法约尔、韦伯。

（四）行为科学管理理论

从美国推行科学管理的实践来看，泰勒制在使生产率大幅度提高的同时，也使工人的劳动变得异常紧张、单调和劳累，因而引起了工人的强烈不满，并导致工人的怠工、罢工及劳资关系日益紧张等事件的出现。另外，随着经济的发展和科学的进步，有着较高文化水平和技术水平的工人逐渐占据了主导地位，体力劳动逐渐让位于脑力劳动，这也使得西方的资产阶级感到单纯用古典管理理论和方法已不能有效控制工人以达到提高生产率和利润的目的。因此，有必要寻求和探索新的管理思想、管理理论和管理方法。

1. 人群关系理论

梅奥（1880－1949），原籍澳大利亚的美国行为科学家，人际关系理论的创始人，美国艺术与科学院院士，进行了著名的霍桑实验，主要代表著作有《组织中的人》和《管理和士气》。在美国西方电器公司霍桑工厂进行的长达 9 年的实验研究——霍桑实验，真正揭开了作为组织中的人的行为研究的序幕。梅奥通过霍桑实验发现，工人不是只受金钱刺激的“经济人”，而个人的态度在决定其行为方面起到重要作用。

理论小实验

霍桑实验

霍桑实验共分四个阶段。

第一阶段：工场照明实验。研究人员希望由此推测出照明强度变化后所产生的影响，得出的结论：工场照明只是影响工人产量的因素之一，而且是不太重要的因素。

第二阶段：福利实验，即继电器装配室实验。实验发现：不管福利待遇如何改变（包括工资支付办法的改变、优惠措施的增减、休息时间的增减等），都不影响产量的持续上升，甚至工人自己对生产效率提高的原因也说不清楚。

第三阶段：大规模的访问与普查。关于工人态度的影响实验，属于心理学性质。得出的结论：影响生产力的最重要因素是工作中发展起来的人群关系，而不是待遇和工作环境。

第四阶段：群体观察实验。在这个实验中，选择 14 名男工人在单独的房间里从事绕线、焊接和检验工作，对这个班组实行特殊的工人计件工资制度。观察的结果：产量只保持在中等水平上，每名工人的平均日产量都差不多，而且工人并不如实地报告产量。深入调查发现，这个班组为了维护他们群体的利益，自发地形成了一些规范。

根据上述四个阶段，梅奥得出霍桑实验的结论。

① 工人是“社会人”，而不是“经济人”。工人不仅受金钱的影响，还受社会和心理的影响。

② 生产率的提高主要取决于工人的工作态度，以及他和周围人的关系，新型的领导能力在于能够提高工人的满足度。

③ 企业中存在着“非正式组织”。

2. 需求层次理论

亚伯拉罕·哈罗德·马斯洛（1908－1970），美国社会心理学家、比较心理学家，人本主义心理学的主要创建者之一，第三代心理学的开创者。

马斯洛的人本主义心理学思想，主要载于他 1954 年出版的《动机与个性》一书。“动机”一词，并非如一般所持“动机是诱发行为的内在力量”的说法，他所说的动机是指人性本质中的善根。动机像一棵大树的种子，在长成大树之前，种子内已蕴藏着将来成长为一棵大树的一切内在潜力。人类的动机也就是个人出生后成长发展的内在潜力。因此，马斯洛的动机理论即其人格发展理论。马斯洛在该书中，将动机视为由多种不同性质的需求所组成，故而称为需求层次理论。

马斯洛在《动机与个性》中将动机分为五层：生理需求、安全需求、归属与爱的需求、尊重需求、自我实现的需求（见图 1-2）。1970 年，该书新版本中，又改为以下七个层次。

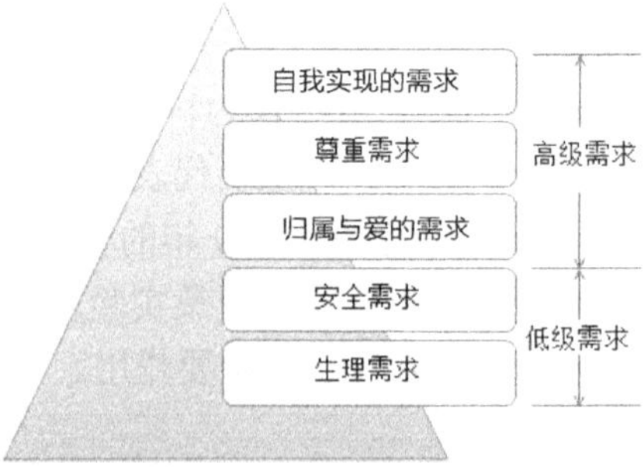

图 1-2　需求层次理论结构

① 生理需求，指维持生存及延续种族的需求。

② 安全需求，指希望受到保护与免于遭受威胁，从而获得安全的需求。

③ 归属与爱的需求，指被人接纳、爱护、关注、鼓励及支持等的需求。

④ 尊重需求，指获取并维护个人自尊心的一切需求。

⑤ 认知的需求，指对己、对人、对事物变化有所理解的需求。

⑥ 审美的需求，指对美好事物欣赏并希望周边的事物有秩序、有结构、顺自然、循真理等心理需求。

⑦ 自我实现的需求，指在精神上臻于真善美合一人生境界的需求，即个人所有需求或理想全部实现的需求。

需求的满足与激发是同时存在的，马斯洛的需求层次理论把人类复杂多样的需求从低到高分为七大类，并把其中较低的前四层，即生理需求、安全需求、归属与爱的需求、尊重需求称为基本需求，其共同性质是，均由于生理上或心理上有某些欠缺而产生，故而又称匮乏（缺失）性需求。把较为高级的后三层，即认知的需求、审美的需求和自我实现的需求称为心理需求或成长需求。马斯洛认为，各层需求之间不但有高低之分，而且有前后顺序之别；只有低一层需求获得满足之后，高一层的需求才会产生，就像生物的进化一样。需求的层次越高，其完全存在的可能性越低，这种需求容易消失，同时相伴的酬赏延迟也影响较弱；生活在高需求层次的人意味着其物质性的事物较充分，如较长寿，较少生病，睡得较好，胃口较佳；高层次的需求强度较弱；高层次需求得到的满足是较为主观的，如非常幸福，心情十分平稳，内在生活非常丰富等；当个人的环境（经济、教育等环境）较好时，个人较易满足高层次的需求；当个人满足其高层次需求之后，个人越可能接近自我实现的目标。他还指出，满足个体的基本需求，有助于更高层次需求的激发。

基本需求在满足之后不再感到需求，而成长需求的特点是越满足越产生更强烈的需求，并激发个体强烈的成长欲望。例如，创造性的人的创造驱动力，比任何其他需求都更为强烈，也有些人的价值观和理想非常强烈。

3．双因素激励理论

双因素激励理论又叫激励因素–保健因素理论，是美国的行为科学家弗雷德里克·赫茨伯格提出来的。赫茨伯格（1923—2000），美国心理学家、管理理论家、行为科学家。

20 世纪 50 年代末期，赫茨伯格和同事们对匹兹堡附近一些工商业机构的约 200 位专业人士做了一次调查，考察工作满意度与生产率的关系。通过有组织的采访，收集了影响这些人员对其工作感情的各种因素的资料，资料表明存在两种性质不同的因素。

激励因素：包括工作本身、认可、成就和责任，这些因素既涉及对工作的积极感情，又和工作本身的内容有关。这些积极感情和个人过去的成就与被人认可和担负过的责任有关，它们的基础在于工作环境中持久的而不是短暂的成就。

保健因素：包括公司政策和管理、技术监督、薪水、工作条件及人际关系等。这些因素涉及工作的消极因素，也与工作的氛围和环境有关。也就是说，对工作本身而言，这些因素是外在的，而激励因素是内在的，或者说是与工作相联系的内在因素。

在分析调查结果时，赫茨伯格发现，对工作感到满意的员工和对工作感到不满意的员工的回答十分不同（见图 1-3）。当对工作感到满意时，员工倾向于将这些特点归因于他们本身；而当他们对工作感到不满意时，则常常抱怨外部因素，如公司的政策、管理和监督、工作条件、人际关系等。基于调查结果，赫茨伯格进一步指出满意的对立面并不是不满意，消除了工作中的不满意因素并不一定能使工作结果令人满意。满意的对立面是没有满意，而不是不满意；同样，不满意的对立面是没有不满意，而不是满意。

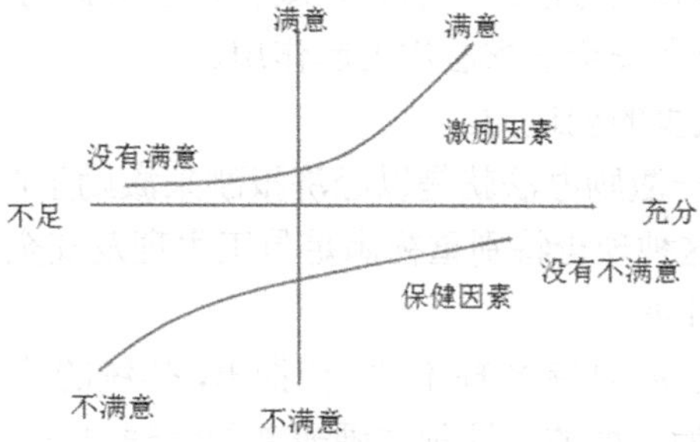

图 1-3　双因素激励理论趋势图

管理小案例

双因素激励

李强已经在智宏软件开发公司工作了 6 年。在此期间，他工作勤恳负责，技术能力强，多次受到表扬，领导很赏识他，并赋予他更多的工作和责任，他从普通的程序员晋升到资深的系统分析员。虽然他的工资不是很高，住房也不宽敞，但他对自己所在的公司还是比较满意的，并经常被工作中的创造性要求所激励。公司领导经常在外来的客人面前赞扬他："李强是我们公司的技术骨干，是一个具有创新能力的人才……"

去年 7 月份，公司有申报职称指标，李强在有条件申报之列，但名额给了一个学历比他低、工作业绩平平的老同志。他想问一下领导，谁知领导却先来找他："李强，你年轻，有的是机会。"

最近，李强在和同事们的聊天中了解到，他所在的部门新聘用了一位刚大学毕业的程序分析员，但工资仅比他少 50 元。尽管李强平时是个不爱计较的人，但对此还是感到疑惑不解，甚至很生气，他觉得这里面可能有什么问题。

之后的一天下午，李强找到了人力资源部宫主任，问他此事是不是真的？宫主任说："李强，我们现在非常需要增加一名程序分析员，而程序分析员在人才市场上很紧俏，公司为了吸引合格人才，我们不得不提供较高的薪资。为了公司的整体利益，请你理解。"李强问能否相应提高他的工资。宫主任回答："你的工作表现很好，领导很赏识你，我相信以后会给你提薪的。”李强向宫主任说了声“知道了！”，便离开了他的办公室，开始为自己在公司的前途感到担忧。

问题：（1）本案例中描述的事件对李强的工作会产生什么样的影响？

（2）要取得有效的激励效果，该公司主管人员应该怎么做？

4．X-Y 理论

X 理论和 Y 理论，一对基于两种完全相反假设的理论，是研究关于人们工作源动力的理论，是美国心理学家道格拉斯·麦格雷戈 1960 年在其所著的《企业中人的方面》一书中提出来的。麦格雷戈（1906—1964），美国著名的行为科学家，人性假设理论创始人，管理理论的奠基人之一，X-Y 理论管理大师。

X 理论是麦格雷戈把人的工作动机视为获得经济报酬的“实利人”的人性假设理论，主要观点如下。

① 人类本性懒惰，厌恶工作，尽可能逃避；绝大多数人没有雄心壮志，怕负责任，宁可被领导骂。

② 绝大多数人必须用强制办法乃至惩罚、威胁，使他们为达到组织目标而努力。

③ 激励只在生理需求和安全需求层次上起作用。

④ 绝大多数人只有极少的创造力。

因此，企业管理的唯一激励办法就是以经济报酬来激励生产，只要增加金钱奖励，便能取得更高的产量。所以这种理论特别重视满足员工生理及安全的需求，同时很重视惩罚，认为惩罚是最有效的管理工具。

麦格雷戈是以批评的态度对待 X 理论的，他指出，传统的管理理论脱离现代化的政治、社会与经济来看人，是极为片面的。这种软硬兼施的管理办法，其后果是导致员工的敌视与反抗。

麦格雷戈针对 X 理论的错误假设，提出了相反的 Y 理论。Y 理论指将个人目标与组织目标融合的观点，与 X 理论相对立。Y 理论的主要观点如下。

① 一般人本性不是厌恶工作，如果给予适当机会，人们喜欢工作，并渴望发挥其才能。

② 绝大多数人愿意对工作负责，寻求发挥能力的机会。

③ 能力的限制和惩罚不是使人去为组织目标而努力的唯一办法。

④ 激励在需求的各个层次上都起作用。

⑤ 想象力和创造力是人类广泛具有的。

因此，人是“自动人”。激励的办法：扩大工作范围；尽可能把员工工作安排得富有意义，并具挑战性；工作之后引起自豪感，满足其自我实现的需求；使员工自己激励自己。只要启发内因，实行自我控制和自我指导，在条件适合的情况下就能实现组织目标与个人需求相统一的理想状态。

理论小实验

X 理论和 Y 理论的实验

莫尔斯和洛希在亚克龙工厂和卡默研究所同时进行 X 理论实验，他们用严格监督和控制的办法对员工进行管理，施加精神的、心理的和物质的压力，期望激发员工的工作热情。结果，工厂生产效率提高了，而研究所的效率则下降了。他们又在史脱克领研究所和哈特福工厂同时进行 Y 理论实验，为员工创造一切条件，为他们排除一切障碍，满足他们各种需求，以此来提升员工的积极性。实验结果正好与 X 理论的实验结果相反，研究所工作效率提高了，而工厂的效率降低了。

根据以上两个实验的结果，莫尔斯和洛希提出了超 Y 理论，即应把工作或生产效率同管理形式和员工胜任感有机地结合起来，才能提高工作或生产的效率。

三、现代管理理论

20 世纪 80 年代以后，随着社会、经济、文化的迅速发展，特别是信息技术的发展与知识经济的出现，世界形势发生了极为深刻的变化。面对信息化、全球化、经济一体化等新的形势，企业之间竞争加剧，联系增强，管理出现了深刻的变化与全新的格局。在这样的形势下，管理出现了一些新的发展趋势。

第一，非理性主义倾向与企业文化。20 世纪 70 年代末、80 年代初，由于经营风险增大、竞争激烈、管理日趋复杂，在西方管理理论界出现了一种非理性主义倾向和重视企业文化的思潮。

管理小案例

企业文化比较

国外的成功案例举例。

（1）美国 IBM 公司。将企业文化与员工行为规范、任职标准、人才培养与选拔有效结合，形成系统的文化传承，以及郭士纳在 IBM 变革中以文化变革为首的企业文化变革。

（2）美国 GE 公司。以 4E 核心价值推动企业变革，以企业大学将文化变革与战略变革相统一，以核心价值观选拔与培养核心人才。

（3）美国 3M、谷歌公司。创新核心价值观，确定企业行为规范、员工创新行为政策、工作环境布置、工时安排、薪酬福利等，确保企业产品不断创新升级。

（4）日本丰田公司。以精益生产文化全方面打造精益文化道场、企业政策，在日常行为中体现精益文化。

国内的成功案例举例。

（1）华为。制定《华为基本法》，对企业文化行为进行有效考核，考核结果与任职资格、薪酬发放、股权分配、任职任免等员工利益直接有效挂钩，打造具有战斗力的团队。

（2）海尔。建立企业文化部，建立《海尔人》报刊宣传阵地，系统化进行企业文化宣传，充分提炼文化故事，如砸冰箱的故事等，将企业文化宣传与企业品牌宣传、员工教育进行卓有成效的结合。

（3）联想。系统化进行企业文化理念提炼、行为规范建立与考核，深入进行企业文化“入模子”培育，广泛开展企业文化建设的对外宣传等。

问题：通过上述国内外成功案例，试归纳总结企业文化的重要性。

第二，战略管理理论。20 世纪 70 年代前后，世界进入科技、信息、经济全面飞速发展时期，同时竞争加剧，风险扩大。为了谋求企业的长期生存发展，管理者开始注重建立竞争优势。这样，在经历了长期规划、战略规划等阶段之后，形成了较为系统的战略管理理论。1965年，安索夫的《公司战略》一书的问世，开创了战略规划的先河。1976年，安索夫的《从战略规则到战略管理》一书出版，标志着现代战略管理理论体系的形成。

第三，企业再造理论。20世纪七八十年代，市场竞争日趋激烈。美国企业为挑战来自日本、欧洲的威胁而展开探索。1993年，美国麻省理工学院教授迈克尔·哈默博士与詹姆斯·钱皮提出了企业再造理论。该理论的基本含义是“为了飞跃地改善成本、质量、服务、速度等重大的现代企业的运营基准，对工作流程做根本的重新思考与彻底翻新”。

第四，“学习型组织”理论。20世纪90年代以来，知识经济的到来使信息与知识成为重要的战略资源，相应产生了“学习型组织”理论。“学习型组织”理论是美国麻省理工学院教授彼得·圣吉在其著作《第五项修炼》中提出来的。“学习型组织”理论的基本思想是“未来真正出色的组织，将是能够设法使各阶层人员全心投入，并有能力不断学习的组织”。在学习型组织中，有五项新的技能正在逐渐汇集起来，这五项技能被彼得·圣吉称为“五项修炼”。

管理小案例

微软如何创建学习型组织

创建学习型组织最重要的是要有正确的“学习”理念。微软提出的理念：学习是自我批评的学习、信息反馈的学习、交流共享的学习。为此，微软提出了四个原则。

第一，系统地从过去和当前的研究项目与产品中学习，为此开展了五项活动。

（1）事后分析活动。它要求每个项目组、每个产品的部门开发一个产品、完成一个项目都要写一份事后分析报告，着重揭露存在的问题，通过自我批评进行学习。比尔·盖茨十分喜爱看这样的报告。

（2）过程审计。在微软，审计人员在审计过程中，一再告诉被审计对象：我们的审计过程是一个技术交换的过程，是发现先进典型的过程，是学习的过程。

（3）休假会活动。每年一次，主要目的是交流信息、解决难题、提高技巧、学习文件。

（4）小组间资源共享活动。微软鼓励不同部门的人员在不太正式的场合经常交流，部门内部和部门之间举办定期或不定期的午餐会，或者通过电子邮件进行交流。

（5）“自食其果”活动。微软要求自己的员工使用自己开发的产品，以此进行自我反思、自我批评，从而得到提升。

第二，通过数量化的信息反馈学习。微软把产品的质量问题分为四个不同程度。

（1）整个产品不能使用。

（2）一种特性不能运行，并无替代方案。

（3）一个产品不能使用，但是可以代替。

（4）表面的、微小的问题。

微软规定要把产品的质量信息公布于众，使公司有关部门的员工从中知道问题的严重性，经过反思找出问题的关键所在。

第三，以客户信息为依据进行学习，这是外部的信息反馈。学习有两种：一种是从内部获得的信息，另一种是从外部获得的信息，即把客户信息作为重要的学习资源。微软每天获得6000多个用户咨询电话的信息资源。为了鼓励用户提意见和咨询，产品售出90天内，电话费由微软支付。因此，微软每天承受的电话费相当可观。它之所以这样做，就是为了获得用户信息这个重要的学习资源。

此外，还有用户满意度调查。微软每年花 50 多万美元进行用户满意度调查，包括三个满意度：①微软产品的满意度；②微软公司的满意度；③售后服务的满意度。

微软还开展评选“忠诚客户”活动，条件是：①对三个满意度都满意；②保证以后都买微软的产品；③向别人推荐微软的产品。微软为什么会成功？就是因为它想尽办法获得外部学习资源，这是微软成功的秘密武器。

第四，促进各产品组之间的联系，通过交流共享学习成果。微软的重要理念是通过交流学习实现资源共享。微软为了交流共享，采取了三个措施。①成立共同操作、沟通系统。微软是个庞大的系统，需要高度的沟通。②开展相互交流活动。③开展“东走西瞧”活动。比尔·盖茨要求各产品开发组之间多走一走、看一看，起到沟通、交流、相互学习的作用。

问题：（1）微软如何创建学习型组织？

（2）试简述创建学习型组织对于企业发展的作用。

现代管理理论是近代所有管理理论的综合，是一个知识体系，是一个学科群，它的基本目标是在不断急剧变化的现代社会中，建立一个充满活力的自适应系统。这个系统能够持续地、高效率地输出，不仅要有现代化的管理思想和管理组织，还要有现代化的管理方法和手段。

纵观管理学各学派，虽各有所长、各有不同，但不难发现其共性，可概括如下。

（1）强调系统化。这就是运用系统思想和系统分析方法来指导管理的实践活动，解决和处理管理中的实际问题。系统化就是要求人们要认识到一个组织就是一个系统，同时是另一个更大系统中的子系统。所以，应用系统分析的方法，就是从整体角度来认识问题，以防片面性和受局部的影响。

（2）重视人的因素。由于管理的主要内容是人，而人又生活在客观环境中，虽然他们也在一个组织或部门中工作，但是他们在思想、行为等诸多方面，可能与组织不一致。重视人的因素，就是要注意人的社会性，对人的需要进行研究和探索，在一定的环境条件下，尽最大可能满足人的需要，以保证组织中全体成员齐心协力地为完成组织目标而自觉努力做出贡献。

（3）重视“非正式组织”的作用，即注意“非正式组织”在正式组织中的作用。非正式组织是人们以感情为基础而结成的集体，这个集体有约定俗成的信念，人们彼此感情融洽。利用非正式组织，就是在不违背组织原则的前提下，发挥非正式群体在组织中的积极作用，从而有助于组织目标的实现。

（4）广泛地运用先进的管理理论与方法。随着社会的发展、科学技术水平的提高，先进的科学技术和方法在管理中的应用越来越重要。因此，各级主管人员必须利用现代的科学技术与方法，提高管理水平。

（5）加强信息工作。由于普遍强调通信设备和控制系统在管理中的作用，所以对信息的采集、分析、反馈等的要求越来越高，即强调及时和准确。主管人员必须利用现代技术建立信息系统，以便有效、及时、准确地传递信息和使用信息，促进管理的现代化。

（6）把“效率”和“效果”结合起来。作为一个组织，管理工作除了追求效率，更重要的是要从整个组织的角度来考虑组织的整体效果，以及组织对社会的贡献。因此，组织要把效率和效果有机地结合起来，从而使管理的目的体现在效率和效果中，即通常所说的绩效。

（7）重视理论联系实际。重视管理学在理论上的研究和发展，进行管理实践，并善于把实践归纳总结，找出规律性的东西，这是主管人员应尽的责任。主管人员要乐于接受新思想、新技术，并用于自己的管理实践，把诸如质量管理、目标管理、价值分析、项目管理等新成果运用于实践，并在实践中找出新的方法，形成新的理论，促进管理学的发展。

（8）强调“预见”能力。社会是迅速发展的，客观环境在不断变化，这就要求人们运用科学的方法进行预测，从而保证管理活动的顺利进行。

（9）强调不断创新。人们要积极改革，不断创新。管理意味着创新，那就是在保证“惯性运行”的状态下，不满足于现状，利用一切可能的机会进行变革，从而使组织更加适应社会环境的变化。

职业道德与企业伦理

现代企业管理十大法则

1．“海豚”法则

① 海豚和蔼可亲，是优秀的激励者和卓越的沟通者。

② 道德是一个管理者最核心的品质。

③ 做事公平，赏罚分明。

2．“鱼缸”法则

① 公开、公平、公正。

② 权力有了透明度，才不会滥用。

③ 没有群众监督，就没有自我约束。

3．“刺猬”法则

① 既要抱团取暖，又要防止被扎。

② 获得下属尊重的亲密关系和坚持工作原则的相互距离之间的平衡。

③ 若即若离才是最完美的距离。

4．“木桶”法则

① 木桶盛水的多少，取决于木桶上最短的那块木板。

② 在管理过程中，要下功夫狠抓薄弱环节。

③ 取长必须补短，效果才会显著。

5．“抽屉”法则

① 抽屉就是职责。

② 既不能有职无权，也不能有责无权，更不能有权无责。

③ 分门别类，职责清晰。

6．“鲶鱼”法则

① 职场需要搅局者。

② 引入竞争机制，实现优胜劣汰。

③ 没有压力就没有动力，没有动力就没有活力。

7．“热炉”法则

① 火红的热炉会伤人。

② 不要以身试法。

③ 制度面前人人平等。

8．“马蝇”法则

① 要想马儿跑得快，马蝇时常使点坏。

② 善用“马蝇效应”，可以有效减少组织冲突，而且可以让特殊能力的人积极效力。

③ 驯服烈马（棘手精英），对牧马人（管理者）来说是一种智慧。

9．“和拢”法则

① 管理必须强调个人和整体的配合，创造整体和个体的和谐。

② 自我管理不是个人主义。

③ 个人服从组织，全党服从中央。

10．“南风”法则

① 温暖胜于严寒。

② 管理者多点人情味，员工就会多点责任心。

③ 暖风熏得游人醉，直把杭州作汴州。

❑管理感悟

曲突徙薪

有位客人到某人家里做客，看见主人家的灶上烟囱是直的，旁边又有很多木材。客人告诉主人说，烟囱要改曲，木材须移去，否则将来可能会有火灾。主人听了没有任何表示。

不久，主人家里果然失火，四周的邻居赶紧跑来救火，最后火被扑灭了，于是主人烹羊宰牛，宴请四邻，以酬谢他们救火的功劳，但并没有请当初建议他将木材移走、烟囱改曲的人。

有人对主人说：“如果当初听了那位先生的话，今天也不用准备筵席，而且没有火灾的损失，现在论功行赏，原先给你建议的人没有被感恩，而救火的人却是座上客，真是很奇怪的事呢？”主人顿时省悟，赶紧去邀请当初给予建议的那位客人来参加筵席。

感悟

一般人认为，足以摆平或解决企业经营过程中的各种棘手问题的人就是优秀的管理者，其实这是有待商榷的。俗话说“预防重于治疗”，能防患于未然，更胜于治乱于已成之后。由此可知，企业问题的预防者，其实优于企业问题的解决者。

同步测试

一、概念题

1．管理

2．管理者

3．管理对象

4．管理机制

5．管理方法

二、简答题

1. 请简述管理的二重性。
2. 请简述高层管理者与基层管理者的区别。
3. 请简述管理者应具备的管理职能。
4. 请简述管理者应具备的素质与技能。
5. 管理对象应包括哪些方面？
6. 请简述管理机制与管理方法。
7. 请简述泰勒的科学管理理论的基本内容。
8. 请简述法约尔的一般管理理论的基本内容。
9. 请简述韦伯的行政组织体系理论的特点。
10. 请简述霍桑实验，总结该实验的结论。
11. 请简述马斯洛的需求层次理论。
12. 请简述赫茨伯格的双因素激励理论。
13. 请简述麦格雷戈的 X-Y 理论。

三、制作思维导图

根据管理思想形成与发展过程，请你制作一份“管理思想”思维导图，涵盖国内外管理思想主要流派、主要代表人物及管理思想主要内容。

管理实践

能力提升任务单 1

<table>
<tr><th>任 务 名 称</th><th colspan="3">学校管理与角色调查</th></tr>
<tr><td>组　　长</td><td></td><td>组　　员</td><td></td></tr>
<tr><td>任务导入</td><td colspan="3">1. 设定一定的管理情景，由学生开展学校管理与角色调查。
2. 管理情景：在课程老师指导下，对所在学校的管理岗位、管理方式、运行机制等进行调研。
3. 以小组为单位。每组 4～5 人，设 1 名组长，首先开展学校管理与角色调查，然后对调查信息进行整理，小组讨论之后，撰写调查报告。
4. 在调查、讨论交流过程中，及时记录小组成员关于学校管理疑惑的问答。
5. 各小组派代表对本小组的工作成果进行讲解，其他成员补充。
6. 其他小组成员对讲解内容进行提问和质疑。
7. 各小组完善自己的工作成果并提交电子版。</td></tr>
<tr><td>成果形式</td><td colspan="3">1. 列出管理岗位、人员职务的名称，并划分管理者等级。
2. 简述学校日常管理方式，分析学校管理的优点与存在的不足。
3. 学校管理与角色调查交流总结报告。</td></tr>
<tr><td>学习体会</td><td colspan="3"></td></tr>
<tr><td rowspan="2">老师评价</td><td colspan="3">评语：</td></tr>
<tr><td colspan="3">成绩：　　　　　　　　　　　　年　　　月　　　日</td></tr>
</table>

模块 2

环境分析与决策

知识点

管理环境；SWOT 分析；五力模型；目标管理；滚动计划法；网络计划技术；决策；确定型决策方法；风险型决策方法；不确定型决策方法

技能点

管理环境 SWOT 分析；五力模型应用；计划编制；预测；决策

学习目标

- 熟悉 SWOT 分析原理，具备内外部环境分析的能力。
- 熟悉五力模型，具备外部环境分析的能力。
- 熟悉编制计划的程序，具备独立编制计划的能力。
- 掌握决策的原则和决策的程序，能进行科学决策。

单元1　管理环境与分析

情景导入

企业经营环境

企业就像一个生命体，每时每刻都会面对新的变化，有些变化会出人意料。如果管理者不能使他们的企业适应这些新的变化、新的挑战，企业可能面临竞争不利的局面。大多数员工由于多年形成的习惯，对于改变并不热心，认为会干扰到他们的正常生产秩序，付出跟自己收入不对称的劳动。

针对这种现象，如果你是企业的管理者，你如何让员工认清形势、直面竞争，提高企业的竞争力呢？

正文

一、管理环境概念

管理环境既是一个古老的又是一个十分前沿的研究命题。自从有了人类社会，就有了管理，有了管理就必然要涉及管理环境。被誉为“古代第一兵书”的《孙子兵法》的一个著名论述就是“将在外，君命有所不受”，强调要根据环境的变化来决定作战计划。《孙子兵法》的另一个著名论述是“知己知彼，百战不殆”，强调要根据“己”——内部条件和“彼”——外部环境来决定战略与策略。老子主张“无为而治”，认为“圣人处无为之事，行不言之教”，即好的统治者应当处无为之境地，顺应自然和环境，因势利导来教化民众。任何一个社会群体或组织都是在一定环境中从事活动的，任何管理也都要在一定的环境中进行，这个环境就是管理环境。管理环境的特点制约和影响着管理活动的内容和进行。管理环境的变化要求管理的内容、手段、方式、方法等要随之调整，以利用机会趋利避害，更好地实施管理。

管理者的一项重要工作就是弄清楚管理环境能够给企业提供机会或造成威胁的因素。管理者要分析管理环境中机会和威胁的重要性，必须掌握环境的复杂程度和环境变化的情况。社会组织的规模越大，管理者需要应对的环境因素就越多。只有掌握正确的分析方法，管理者才能妥当地制订计划，选择最有利的行事方式。

历史小故事

赵充国伐羌

汉宣帝神爵元年（公元前61年），赵充国年逾70，仍督兵西陲，领骑兵不满万人，迅速出师，巧渡黄河，立稳阵脚，做平定羌乱的战斗准备。到达湟水岸边，羌人多次挑战，他坚守不出，只以威信招降，打破羌人各部落联合的计划。这时汉宣帝已调发6万人准备大战。酒泉太守辛武贤上奏，提出建议：羌人以畜产为生命，现在都已离散，汉军分兵出击，虽不能全部诛灭，只要夺了他们的畜产，掠了他们的妻子，然后退兵，冬天再次出击，大军频繁打击，羌人必定丧胆。

汉宣帝把辛武贤的奏书交给赵充国，命他与校尉以下知羌事者博议。赵充国以为辛武贤的计策不妥，他与长史董通年上书权衡利弊后，慎重建议：欲捐、开暗昧之过，隐而勿章，先行先零之诛以震动之，宜悔过反善，因赦其罪，选择良吏知其俗者拊循和辑，此全师保胜安边之策。意思是，对羌人各部落，应当根据主谋与胁从的不同情况区别对待，严惩主谋者，宽恕胁从者，选择了解羌人习俗的良吏抚慰羌民，这才是万全之策。汉宣帝将其上书发给群臣议论。公卿议论者都以为先零羌兵马强盛，而且倚仗开羌的协助，难以对付，不先攻破开羌等部落，就无法打击先零羌。这种意见完全与赵充国的计策相反。

汉宣帝于是任命侍中乐成侯许延寿为强弩将军，任命酒泉太守辛武贤为破羌将军，发下玺书嘉纳其策。同时发书给赵充国，指责他迟迟不肯用兵，不顾士兵艰苦，不计国家开支；告诉他朝廷已按辛武贤的计策行动，命令他“引兵便道西并进，虽不相及，使虏闻东方北方兵并来，分散其心意，离其党与，虽不能殄灭，当有瓦解者”，并说天道顺当，出兵必胜（由此可知，政治家在军事上不一定是行家，中兴英主汉宣帝也有犯错误的时候，可见“将在外，君命有所不受”的极端重要性）。

赵充国受到皇帝指责，并不放弃己见，他以为将军带兵在外，虽受诏命，只要能安国家，就应便宜行事。于是上书表面上承认过错，实际上进一步陈述用兵利害，“今置先零，先击，释有罪，诛无辜，起一难，就两害，诚非陛下本计也”，先零羌为主谋，深恐汉军到来，而羌、开羌背约，如果汉军“先击羌，先零羌必助之”，以“坚其约，合其党”，这样，必然耗费巨大，旷日持久。最后说，“于臣之计，先诛先零已，则开之属不烦兵而服矣”，如果马上进兵，“诚不见其利”。汉宣帝从谏如流，很快采纳了赵充国的计策。

问题：赵充国在讨伐羌人的策略中考虑了哪些因素?

二、内部环境分析

内部环境分析是指企业对内部资源和能力状况及其变动趋势进行分析。内部环境分析的主要内容有企业资源分析和企业能力分析。

企业资源是指企业从事生产经营活动所需的人、财、物的总和。企业资源一般可以分为三大类：有形资源、无形资源和人力资源。有形资源包括实物资源和财务资源；无形资源是指没有实物形态但能为企业带来经济效益的资源，一种是信誉、知名度等社会影响，另一种是企业的科技水平；人力资源是指企业人员的数量和质量的总和。

企业能力是指企业的各种资源经过有机整合而形成的经济力量。按照不同的标准，企业能力可以分解为各种分项能力。按经营职能的标准划分，可以分为决策能力、管理能力、监督能力、改善能力；按经营活动的标准划分，可以分为战略经营能力、生产能力、供应能力、营销能力、人力资源开发能力、财务能力、合作能力和投资能力等。

管理小案例

陈杰的烦恼

陈杰作为一名新成立的生物科技公司的生产经理，感到非常自豪。同时，他非常热爱工作所带来的高回报，积极应对工作中的各种困难。但是，今天他开始感到困扰，就在午饭前，陈杰的老板给了他一些关于竞争对手的私密文件，包含生产计划、价格策略、合作伙伴合同，还有其他一些文件，所有文件上都清晰地标明“内部专用和机密级”。当他问老板从哪里弄到这些文件的时候，老板带着几分自豪地说，从那个公司的服务器上下载的。后来，老板补充道：“我进入他们公司网站的秘密区域，然后把所有感兴趣的东西都下载下来了。”意识到陈杰可能不太相信，老板又说他只是通过一个同事的“电子途径”而已，并没有破坏他们公司的网站密码。也许真的没有，陈杰心里这么想着，但这样的情况是不对的。如果关于获得竞争对手机密数据的消息走漏半点风声，那么公司的名誉将严重受损。陈杰看着这些文件，心里总感觉不踏实。他花了一个下午的时间来寻找走出这个困境的办法，但公司的规章制度里没有哪一条明确给出了答案。公平竞争的意识让他觉得，用了这些文件即使不算违法，也是不道德的。让他更加为难的是，这样的事情以后有可能还会发生。用了竞争对手的机密文件肯定使他和公司都具有竞争优势，但是陈杰心里不太确定是否要为道德沦丧至此的公司服务。

根据上述案例，就下列问题进行讨论。

（1）为了公司的利益使用这些文件，但是你明确告诉你的老板，你不希望下次他再给你一些竞争对手的机密信息，如果他以辞退你相威胁，那你就以将此事公之于众做筹码。

（2）单独找你的老板谈，让他知道你对获得这些文件的渠道感到不满，这会影响公司的形象。此外，使用这些文件除了涉及违法问题，还可能迎来一场人际交往的信任危机。

（3）跟公司的法律顾问谈谈，并和行业协会相关专家取得联系，以获取解决办法。然后，以他们的建议和事实为后盾去跟老板谈。

三、外部环境分析

外部环境是社会群体或组织之外的客观存在的各种影响因素的总和，一般有政治环境、经济环境、社会环境、技术环境、文化环境和自然环境。外部环境是不以组织的意志为转移的，是组织的管理必须面对的重要影响因素。外部环境的影响因素按照不同的层次可分为一般环境因素和任务环境因素。

（一）一般环境因素分析

一般环境因素有政治环境、经济环境、社会环境、技术环境、文化环境和自然环境等，这些环境因素涉及广泛的领域，对管理活动产生影响，其影响尽管是间接的，但往往影响程度较大。一般环境因素分析的内容主要有以下六个方面（见表 2-1）。

表 2-1　一般环境因素

政治环境	经济环境	社会环境	技术环境	文化环境	自然环境
环保制度	经济增长	收入分布	政府研究开支	知识	地理位置
税收政策	利率与货币政策	人口统计、人口增长率与年龄分布	产业技术关注	信仰	资源状况
国际贸易章程与限制	政府开支	劳动力与社会流动性	新型发明与技术发展	艺术	
合同法、消费者保护法	失业政策	生活方式变革	技术转让率	道德	
雇用法律	征税	职业与休闲态度、企业家精神	技术更新速度与生命周期	法律	
政府组织/态度	汇率	教育	能源利用与成本	价值观	
竞争规则	通货膨胀率	潮流与风尚	信息技术变革	风俗习惯	
地区稳定性	商业周期的所处阶段	健康意识、社会福利及安全感	互联网变革		
安全规定	消费者信心	生活条件	移动技术变革		

（1）政治环境。政治环境是指对管理活动具有影响作用的政治力量，同时包括对管理活动进行限制与约束的法律和法规等。政治环境主要表现在地区的稳定性和政府对各类组织或活动的态度上。地区稳定性是一个组织在制定其长期战略时所必须考虑的社会性因素，比如，在中东这样动荡不安的地区，很少有组织愿意在那里经营投资。政府对某种社会或经济活动的态度，直接影响着其发展规模和速度。比如，近几年我国政府提高了对民营企业的支持力度，扩展了它们的经营空间，降低了它们的经营成本，使得民营企业对国民经济发展起到了巨大的促进作用。

（2）经济环境。经济环境包括软环境和硬环境两个方面。经济软环境是指国家经济的总体状况，主要包括整个国民经济的发展状况、发展速度，市场规模和要素市场的完善程度，经济政策和国家物价总水平的稳定状况等。经济硬环境是指组织从事生产经营活动所必需的各种服务设施和工业基础设施，主要包括能源、原材料的供应情况，交通运输情况，通信情况，城市供水、供电、供热系统，文教、卫生、住房、娱乐、饮食等设施，金融、信息及工业基础条件等。

（3）社会环境。社会环境是指人类生存及活动范围内的社会物质、精神条件的总和。广义上包括整个社会经济文化体系，如生产力、生产关系、社会制度、社会意识和社会文化等。狭义上指与人类生活直接相关的环境，如家庭、劳动组织、学习条件和其他集体性社团环境等。社会环境一方面是人类精神文明和物质文明发展的标志，另一方面随着人类文明的演进而不断地丰富和发展。

（4）技术环境。任何组织都与一定的技术存在着紧密的联系，一定的技术是组织为社会服务或做出贡献的手段。一个组织拥有的技术先进与否，对组织的生存和发展影响极大。技术领先的医院、大学、机场，甚至军事组织，比那些没有采用先进技术的同类组织具有更强的竞争力。当前，自动化的办公室、机器人、激光、集成电路、计算机技术等都为人们的管理和生活带来了极大方便。

（5）文化环境。文化环境是指人类社会在长期发展过程中形成的知识、信仰、艺术、道德、法律、价值观、风俗习惯等的综合反映。不同国家、民族和地区的文化环境具有一定的差异。文化环境决定社会成员的思维方式和行为方式，对他们的价值取向有着重要影响。

（6）自然环境。这里的自然环境主要是指自然条件。我国古代思想家认为，一件事情的成功，天时、地利、人和是三个不可缺少的条件，这里的地利就是指有利的自然环境。对一个组织而言，自然环境主要是由地理位置和资源状况决定的。地理位置是指组织所坐落的地理方位，决定着一个组织可以利用的自然条件和资源状况。资源状况对于从事物质生产和经营的组织来说是重要的制约因素，资源特征是决定一个地区或组织取得相应资源难易的先天条件，比如在俄罗斯的秋明地区就比中国的香港地区更容易获得石油资源。

历史小故事

不拉马的士兵

一位年轻有为的炮兵军官上任之后，到下属部队视察操练情况。他在几个部队发现相同的情况：在一个单位操练中，总有一名士兵自始至终站在大炮的炮管下面，纹丝不动。军官不解，询问原因，得到的答复是操练条例就是这样要求的。军官回去后仔细查阅军事文献终于发现，长期以来，炮兵的操练条例仍遵循非机械化时代的规则。在过去，大炮是由马车运载到前线的，站在炮管下的士兵的任务是，在大炮发射后调整由于后坐力产生的距离偏差，减少再次瞄准所需要的时间。现在大炮的自动化和机械化程度很高，已经不再需要这样一个角色了，但操练条例没有及时调整，因此才出现了“不拉马的士兵”。

企业的管理者应有一根敏感的神经，应对外部环境的变化非常敏感，能较早地发现变革的导火线并采取相应的行动。同时，管理者要有系统的观念，在变革时不能忽略工作流程的调整，及时发现哪些工作已经不再需要，或者工作流程的哪些环节发生了变化。

问题：当前我们经常会面对什么样的外部环境变化?

互动测试：企业外部环境通常包括哪些方面?

政治环境、经济环境、社会环境、技术环境、文化环境和自然环境。

（二）任务环境因素分析

对于企业来说，决定盈利能力的首要因素是产业吸引力。任何企业都要面对以下五种竞争的压力：新的竞争对手进入，替代品的威胁，顾客的砍价能力，供应商的砍价能力，现存同类企业之间的竞争。概括起来，外部环境分析需要考虑的任务环境因素主要包括以下五个方面。

（1）竞争对手。竞争对手是企业经营行为最直接的影响者和被影响者，这种直接的互动关系决定了竞争对手在外部环境分析中的重要性。企业管理者不仅要明白自己主要的竞争对手是谁，还要知道对方的情况。大部分行业中的企业，相互之间的利益都是紧密联系在一起的，作为企业整体战略一部分的企业竞争战略，其目标都在于使自己的企业获得相对于竞争对手的优势，所以在实施中必然会产生冲突与对抗现象，这些冲突与对抗就构成了现有企业之间的竞争。现有企业之间的竞争常常表现在价格、广告、产品功能、售后服务等方面，竞争强度与许多因素有关。

（2）顾客。企业生产的每种产品都是为了满足顾客的需求，没有需求，生产就变成了一种无意义的行为。顾客的需求是不断变化的，因此顾客的需求具有潜在的不确定性。对于一个企业而言，只有不断地满足顾客各种变化的需求，才能生存与发展。

（3）供应商。企业想要生存与发展，必须依靠一定的人力、物力和财力，但企业本身可能并不完全具备这些条件，这就需要企业的供应商源源不断地提供。如何确定与供应商之间的互利关系，并将这种关系作为双方合作的基础，这是每个管理者都需要重视的问题。

（4）政府部门。各级政府部门拥有特殊的规制权力，可制定有关的政策法规，对违反法律的企业采取必要的行动。有的企业由于其业务的特殊性，更是直接受制于某些政府部门，比如我国的电信业、医药业和饮食业就受到政府部门的直接管制。

（5）社会特殊利益集团。社会特殊利益集团是具有同样特殊利益的一些人建立的社团组织，它们虽然没有政府部门那么大的权力，但同样可以对各类组织在发展过程中施加相当大的影响。社会特殊利益集团可以通过直接向政府部门反映情况，通过各种宣传工具制造舆论以引起人们的广泛注意，从而对各类组织的活动施加影响。

管理小案例

企业外部环境

案例一　我国的永久、飞鸽自行车都是国内外久负盛名的优质产品，但在卢旺达却十分滞销，因为卢旺达是一个山地国家，骑自行车的人经常要扛车步行，我国的永久、飞鸽自行车重量大，令当地人感到十分不便。日本人抓住这个机会，在做了详细的市场调查后，专门生产了一种用铝合金材料做车身的轻型山地车，抢夺了市场。我国的企业由于只知己不知彼，错过了一个占领市场的机会。

案例二　20 世纪 80 年代初，我国向某阿拉伯国家出口塑料底鞋，由于忽视了研究当地人的宗教信仰和文化，设计的鞋底的花纹酷似当地文字中的“真主”一词，结果被当地政府出动大批军警查禁销毁，造成了很大的经济损失和政治影响。

问题：上述案例反映了组织与外部环境的关系问题，组织外部环境主要有哪几类？

四、管理环境分析工具——SWOT 分析

（一）SWOT 分析方法的认知

SWOT 分析方法即态势分析法，它是由旧金山大学的管理学教授于 20 世纪 80 年代初提出来的。SWOT 四个英文字母分别代表：优势（Strength）、劣势（Weakness）、机会（Opportunity）、威胁（Threat）。

所谓 SWOT 分析，就是将与研究对象密切相关的内部的优势、劣势和外部的机会、威胁，通过调查列举出来，并依照矩阵形式排列，然后用系统分析的思想，把各种因素相互匹配起来加以分析，从中得出一系列相应的结论，而结论通常带有一定的决策性。

运用这种方法，可以对研究对象所处的情景进行全面、系统、准确的研究，从而根据研究结果确定相应的发展战略、计划及对策等。SWOT 分析方法常常被用于制定企业发展战略和分析竞争对手情况，在战略分析中，它是最常用的方法之一。

S、W 是内部因素，O、T 是外部因素。按照企业竞争战略的完整概念，战略应是一个企业“能够做的”（企业的强项和弱项）和“可能做的”（环境的机会和威胁）的有机组合。

互动测试：在 SWOT 分析方法中，S、W、O、T 具体指什么？

优势（Strength）、劣势（Weakness）、机会（Opportunity）、威胁（Threat）。

（二）SWOT 分析的内容

SWOT 分析的内容主要包含以下三个方面。

1．分析环境因素

运用各种调查研究方法，分析企业面临的各种环境因素，即内部环境因素和外部环境因素。内部环境因素包括优势因素和劣势因素，它们是企业在发展中自身存在的积极和消极因素，属于主观因素。外部环境因素包括机会因素和威胁因素，它们是外部环境对企业的发展直接有影响的有利和不利因素，属于客观因素。在调查分析这些因素时，不仅要考虑企业的历史与现状，还要考虑企业的未来发展问题。

2．构造 SWOT 矩阵

将调查得出的各种因素根据轻重缓急或影响程度等进行排序，构造 SWOT 矩阵。在此过程中，将那些直接的、重要的、大量的、迫切的、久远的影响因素优先排列出来，而将那些间接的、次要的、少许的、不急的、短暂的影响因素排列在后面。

3．制订行动计划

在完成环境因素分析和SWOT矩阵的构造后，便可以制订相应的行动计划。制订行动计划的基本思路：发挥优势因素，克服劣势因素，利用机会因素，化解威胁因素；考虑过去，立足当前，着眼未来。运用系统分析的综合分析方法，将排列与考虑的各种环境因素相互匹配起来加以组合，得出一系列企业未来发展的可选择策略。

管理小案例

供应商SWOT分析

图2-1是供应商SWOT模型，分析的对象是供应商的优势、劣势、机会、威胁，针对的是供应商的内因和外因，纵坐标是内因，横坐标是外因。

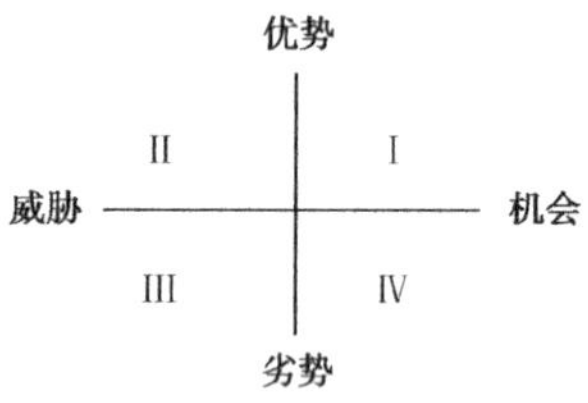

图2-1 供应商SWOT模型

1．第一象限

这个象限的供应商的特点是，内部有优势，外部有机会。内部资金充裕，核心竞争力强，凝聚力好，成本控制好，利润高；外部处处生意顺利，生产出来的产品供不应求，甚至不需要销售部门就可以轻轻松松搞定任何市场，获得大部分甚至绝大部分的市场份额。

凡是符合下面条件之一的供应商都可以划到这类供应商的范畴。

① 客户或企业高层指定的供应商。

② 技术垄断，在一定范围内很难找到符合需求的其他供应商。

针对这样的供应商，可以采取的措施如下。

① 不在价格上做过多的纠缠，节约时间去办别的事，提高效率。

② 与这样的供应商建立采购银行机制。

③ 经常与供应商在数据上保持联系，比如生产计划、计划变更、客户的需求调整等。

④ 不直接与这样的供应商接触，把这样的采购业务外包。

2．第二象限

这个象限的供应商的特点是，内部有优势，但外部的威胁很大，有很多的竞争对手。

这个象限的供应商的具体特点如下。

① 产品可以替代，但局部存在优势。

② 竞争对手比较多。

③ 内部管理完善，资金充裕，团队不错，目标是提高市场占有率。

④ 规模很大，有很多分公司或工厂，渠道布局合理。

针对这样的供应商，可采取的措施如下。

① 多开发他的竞争对手作为备份，这样可以对他形成一定的威胁。

② 获得备份供应商的报价清单，以备不时之需。

③ 学会利用“托儿”，但只能一次。

④ 挖掘出战略合作伙伴的供应商。

3. 第三象限

这个象限的供应商的特点是，内外千疮百孔，摇摇欲坠，具体内容如下。

① 内部管理不到位，从生产到销售都很乱。

② 外部市场严重重叠，很多企业都会生产这样的产品，含金量很低。

③ 距离很近，可以承担库存，比如做到 VMI。

④ 资金很匮乏，或者不怎么宽裕，但没有到吃了上顿没下顿的那种地步。

⑤ 正在改革中的国有大中型企业，人员流失率居高不下。

针对这样的供应商，可以采取的措施如下。

① 找出稍微好一点的供应商，在资金或技术上进行扶持。

②“打他一巴掌，再给一颗糖”，但学会掌握火候。

③ 要在气势上压倒他，掌握他的一切资料，如价格清单、财务报告等。

4. 第四象限

这个象限的供应商的特点是，内部处处充满危机，但外部不错，市场前景很好。我们对这样的供应商的定义如下。

① 内部管理不好，漏洞比较多，质量控制不到位，交期不准，但管理一直在做，收效甚微。

② 外部市场很好，技术在市场上占有一定优势甚至绝对优势。

③ 资产条件很好，资产使用正处在青年期或壮年期。

④ 有良好的政府关系。

⑤ 有良好的银行关系。

针对这样的供应商，可以采取的措施如下。

① 扶持、关怀，并把他们培养成所需供应材料可以国产化的对象。

② 经常对他们进行全方位的培训，比如六西格玛、质量控制、5S 管理等。

③ 有条件的选派人员常驻供应商的工厂，进一步帮助他们。

④ 拜访他们的高层，而且经常拜访。

问题：根据上述案例，试论述供应商 SWOT 分析的基本思路。

职业道德与企业伦理

个人职业 SWOT 分析

1．优势

① 性格开朗，善良，具有良好的道德品质。

② 对工作有上进心，认真负责，善于吸取教训，并不断改正错误。

③ 拥有良好的抗压能力，能够在有限的时间内重新整理自己的思路和计划。

④ 诚实守信，对人真诚，对工作一丝不苟。

2．劣势

① 对于工作有时过于追求完美而产生负面心理。

② 面对未知事物过于小心，从而使工作进程有时过于缓慢。

③ 在与他人的工作产生分歧时，往往以自己为中心忽略他人的感受。

④ 常常用自己的作为掩盖自己所犯的错误，拥有一定的自负心理。

⑤ 有时会在工作中迷失方向，并因此产生消极情绪。

3．机会

① 在未来的大环境中，行政管理的作用越来越大，管理者的能力需要行动和个人素质来支撑，为此需要不断努力。

② 在企业中，因为性格比较随和友善，并且也有一定的能力，所以能够有效地对管理事业建立目标，并且不断奋斗。

③ 在企业中，由于个人处理实际问题的能力比较强，所以对于一些事物的管理有独特的见解，可以为一段时间的计划做出更好的安排。

④ 当今社会对于管理者，无论是对企业的管理层，还是对事业单位的管理层都更加重视，而学习行政管理专业能够顺应这种社会状态，所以这使得人们更加充满信心为事业奋斗。

⑤ 拥有一种良好的心态和属于自己的正确的处理事务的方式，能够充分明白自己在社会中的地位，可以有效地辨别出自己应该做什么、不应该做什么。

4．威胁

① 因为社会中未知的因素太多，社会的复杂程度并不是应届大学生所能深入并了解的，所以这些不确定的社会因素会导致应届大学生在一段时间内有迷茫的心态。

② 当代中国社会的竞争十分激烈，优胜劣汰，适者生存。如果不能快速适应社会的变化，就会被社会所淘汰。拥有敢于竞争和不怕困难的心态尤为重要。

③ 在工作中，文化程度、素质教养、人格魅力是一个人的强硬表现。现在的企业对大学生求职的要求更加苛刻，稍微放松警惕就会被他人超越，所以不断学习奋斗是十分必要的，松懈并不能带来丝毫好处。

④ 就业创业起步阶段必定会受到四面八方的压力威胁，物价抬升、购房买车、生活条件的改善，对于刚刚就业创业的人们来说是一种强大的负担，所以要有明确的计划和勤恳的实际行动。

五、外部环境分析工具——五力模型

迈克尔·波特在战略管理领域取得的成就，是与其运用一系列卓有成效的分析方法分不开的。其中，最有名气的就是他用来分析产业结构的“五力模型”，正是这个模型将他推上了大师的位置。

在波特之前，企业战略分析的基本方法是SWOT。SWOT分析方法相当简便实用，但显得过于笼统，如果没有具体指标，容易产生主观臆断。所以，波特在SWOT分析方法的基础上，提出了分析产业结构的五力模型，以求战略分析的细化和深化。

波特的五力模型有助于系统地分析企业在市场上所面临的主要竞争压力，判断每种压力的强度或重要程度。现在，波特的五力模型已被广泛用于行业战略的制定，被称为管理者制定战略的指路明灯。五力模型表明，一个产业的结构是由五种竞争力共同决定的，这五种竞争力分别是现有竞争对手间争夺的激烈程度、潜在进入者的威胁、替代品的威胁、供应商价格谈判能力和客户价格谈判能力。

1．现有竞争对手间争夺的激烈程度

任何企业在制定战略和开展经营活动时，首先必须面对现有竞争对手。同行业竞争的激烈程度是由竞争各方的布局结构和所属行业的发展水平决定的。同行业的竞争作为一种内部力量，是五种竞争力中最强大的力量。在同一行业中，只有那些实施了比竞争对手更具优势战略的企业才能获得成功。为了赢得市场地位和购买者的青睐，各企业往往不惜代价，利用各种手段和方法进行竞争。最常采用的是通过价格、广告、性能、特色、质量、售后服务、品牌形象等全方位的竞争来击败对手，确保自己的优势地位。

在现实中，一个企业的竞争行为，必然会对其他企业产生巨大的影响，激起竞争对手采取措施，进行报复或抵抗。实际的过程：当一个或几个企业看到一个更好地满足顾客需求的方法，从而有可能扩大其市场份额、获得新的增长机会的时候，或者感到有外部或内部环境的压力，要求改变其产品性能、质量的时候，必然会率先发起竞争，而其他竞争对手必然会对这种行为进行反击，最终可能会使整个行业的格局发生变化。这种变化可能对发起竞争的企业和整个行业有好处，使它们的产品的质量、性能及服务都有所提高。但是，如果这种进攻行为和反击行为进一步升级的话，则行业内的所有企业都可能深受其害，整个行业的盈利水平和生存环境将会恶化。

竞争的强度取决于行业中企业采取威胁竞争对手盈利水平的行动的频率和攻击性的程度，但不管竞争是温和的还是激烈的，每个企业都必须制定战略参与竞争。最优的情况：竞争企业所制定的战略能够创造一种对于竞争对手的优势。事情的难点在于，参与竞争的企业都有这种想法，也就是说，任何一个企业的战略的成败不仅取决于自己，还取决于竞争对手所采取的种种进攻性和防御性行动。因此，行业内的竞争是激烈还是温和，是一系列结构性因素相互作用的结果。

2．潜在进入者的威胁

任何一个产业只要有可观利润，必然会招来对这一产业的投资，而这势必会对原有企业的市场份额造成冲击。因此，潜在进入者是引起市场竞争的又一个因素。从好的方面讲，新进入者可能为行业带来新的技术、新的资金及新的其他生产要素。但从另一个角度讲，新进入者一旦加入，必然会要求对市场份额进行重新分配，而这必然会引起原有市场份额、原有成本、原有产品价格及原有利润水平的变化。因此，在一个行业中，有眼光的企业应随时对新进入者保持高度的警惕。潜在的新进入者的存在使得行业内的企业不得不做出相应反应，这种反应就是原有企业不得不动用相应的资源随时准备进行防御或进攻，而这种准备一旦变为行动就会引起竞争。新进入者进入某个行业的难度主要取决于两个方面：一是进入壁垒，二是现有企业的反应程度。如果这个行业的进入壁垒强大，或者新进入者预期原有企业会进行激烈的报复，那么进入威胁就会相对较小。

3．替代品的威胁

行业内的竞争还可能来自另一种威胁——替代品。替代品指的是那些同现有产品具有相同功能的产品。世界上有很多东西都可以替代，但有替代可能并不一定会发生替代。替代品是否产生替代效应，关键是看替代品能否提供比现有产品更高的性价比。所以，替代

品的实际功能是对现有产品造成了价格上的限制，进而限制行业获益。用经济学术语说，替代品影响着行业的总需求弹性。具有威胁的竞争对手可能会来自另一个不同的行业。如果另一个行业的企业能生产很好的替代品，那么这个行业的企业将面临很强的竞争。如果某种产品没有替代品，那么消费者对产品的价格是不敏感的，或者说需求对价格缺乏弹性。如果某个行业存在着替代品，替代品能够提供比现有产品更高的性价比，同时买方的转换壁垒很低，消费者就会有更多的选择，那么对于原有生产企业来说，这种替代品就会对现有产品构成巨大威胁，形成竞争压力。

4．供应商价格谈判能力

从产品流程来看，下游企业是客户，上游企业是供应商。当你销售时就是供应商的角色，当你采购时就变成了客户的角色。一般而言，供应商可以通过提高价格或降低所购产品质量来威胁行业中的买方企业，强有力的供应商的压力可能迫使一个行业内的买方企业因无法使价格跟上成本的增长而降低其获利能力。波特认为，供应商对下游企业是一种弱势竞争力量还是一种强势竞争力量，即供应商的价格谈判能力的大小取决于供应商所属行业的集中度、供应商产品的替代性、供应商产品在本企业成本组成中的重要性、供应商进行前向一体化的能力等。

5．客户价格谈判能力

客户与供应商不同的是，其拥有谈判优势（在垄断行业可能出现例外的情况）。客户总是要求价格低、质量好、服务全面的产品或服务。他们总是以此为目标，与行业内的企业讨价还价；而行业内的企业为了使客户满意，就不得不在各方面展开竞争。这些竞争都是以牺牲行业利润为代价的，但客户却从中获得了利益。

影响行业竞争的五种力量如图 2-2 所示。

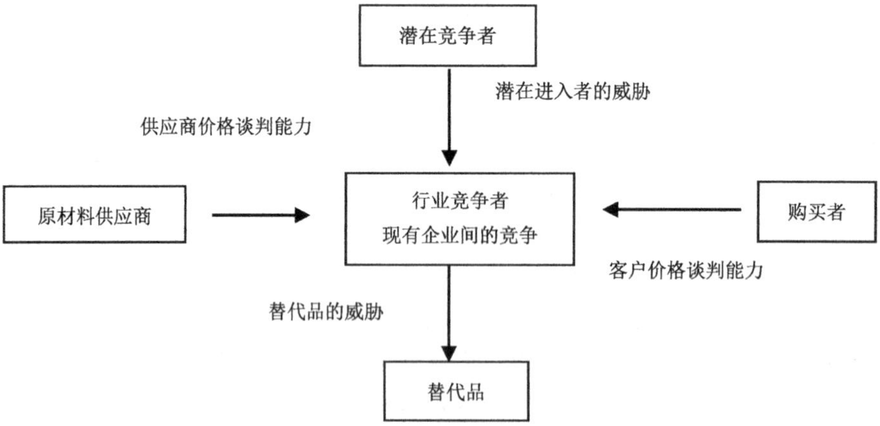

图 2-2　影响行业竞争的五种力量

如果五种竞争力出现这样的局面：现有企业竞争激烈，进入壁垒很低，替代品的竞争激烈，供应商和客户有一定的谈判优劣，那么该行业的竞争就非常激烈。如果五种竞争力出现这样的局面：供应商和客户处于谈判劣势，没有很好的替代品，进入壁垒较高，现有企业的竞争较温和，那么该行业的竞争就比较温和。

对于某个行业来说，五种竞争力的影响越强，行业中竞争企业的联合利润水平就越低，最坏的结果是五种竞争力所营造的市场环境异常紧张，导致所有企业的利润水平都长期低于平均水平甚至亏损。因此，面对五种竞争力的影响，波特认为企业管理者的基本策略：一是尽可能摆脱五种竞争力的制约，二是引导竞争向有利于企业的方向转变，三是建立强大的安全优势。

波特的五力模型在 20 世纪 80 年代提出，至今已有 30 多年的时间，虽然有人认为它仅是一个静态的模型，也有人认为它忽视了对人力资源的分析等，但它仍不失为对行业内竞争压力进行分析的一个比较有效的模型，对企业的竞争策略的制定具有一定的指导作用。对于一个企业而言，波特的五力模型构成了一个规范化、标准化的战略分析框架，各种管理学教材都将这个模型作为企业战略分析的基本范式。可以说，这个模型对战略研究的影响是巨大且深远的。但是，范式只具有普遍意义，而企业的具体情况各不相同，管理学需要追求实践应用，如何把这个模型恰当运用于不同的企业，才是关键所在。

职业道德与企业伦理

管理者的五力模型

研究发现，一个管理者要面对上、中、下、内、外五个方面的压力，所以会产生五个方面的力量。具体来说，对上具有追随力，对下具有领导力，对内具有执行力，对外具有影响力，对自己具有平衡力。管理者五力齐发，才能缔造核心能力，其中最重要的是追随力，这是其他力量的来源。

管理小案例

杨铭宇黄焖鸡进军美国

2017 年 9 月 10 日，杨铭宇黄焖鸡的创始人杨晓路在美国洛杉矶宣布正式登陆洛杉矶塔斯廷（Tustin）。为了更好地适应市场，起了个很洋气的名字叫“Yang's Braised Chicken Rice”，而且在首店的视觉呈现上进行了很大的改变，以白色为主色调搭配流畅的线条，整体的设计风格属于欧美餐饮“fast casual”潮流，也就是快速休闲风。在 140 平方米的空间里可以容纳 48 位食客用餐，比国内大了很多，食客可以透过半开放式的厨房观察到菜肴料理的过程。除了以白色为主基调的店铺设计，还拥有了一个新的 LOGO，辨识度很高的卡通鸡头形象，精准传达着黄焖鸡“火”“辣”的特性。据说，为了保证在美国的口感和国内一致，筹备的团队在开业前两个月就已经抵达美国的西海岸，在各大食材供应商中寻找、尝试、对比、筛选各种原材料，确保和中国的口味一样地道。正因为对产品的不将就，杨铭宇黄焖鸡成为第一个拥有 FDA 认证资质可出口食材至美国的中国快餐品牌。杨铭宇黄焖鸡品牌创始人杨晓路透漏，他们对美国的市场进行了长时间的观察，鸡肉是美国人最常吃的肉类，而快餐在美国是很常见的，他们将用一道菜颠覆美国对快餐的概念，让他们尝到正宗的中国味。与此同时，杨铭宇黄焖鸡计划在美国开设更多直营店，陆续进入机场及各大百货公司。而且，他们的品牌已建立起完整的加盟体系，今后在美国的发展也将延续加盟策略，从加利福尼亚州开始，向着芝加哥、纽约……扩张。

杨铭宇黄焖鸡进军美国是以“快餐”的身份，那么它在美国的竞争对手就是快餐，比如麦当劳、肯德基。2015 年美国餐饮业收入占居民食品消费的 47%，而 1955 年时餐饮业收入仅占居民食品消费的 25%。

居民消费习惯的变化推动了美国餐饮业的快速成长。在美国，每天有接近25%的人会在快餐店用餐。那么，杨铭宇黄焖鸡有哪些优势和劣势呢？

第一，行业内竞争对手的竞争能力。杨铭宇黄焖鸡进军美国是以“快餐”的身份，那么它在美国的竞争对手就是快餐，比如麦当劳、肯德基。但杨铭宇黄焖鸡与麦当劳、肯德基不同的是，尽管它也突出方便快捷，但始终是以米饭为基础的中国饮食，因此它不会直接与老牌快餐店产生冲突，它的发展是渐进式的。首先在华人聚集的地方推广，然后慢慢争取一些喜爱快餐能接受米饭与鸡这种中国口味的美国顾客。因此，杨铭宇黄焖鸡的竞争能力还不强，面向的顾客有限，虽然一开始会吸引很多猎奇的顾客，但是要论及长期发展，还需要尽可能吸引当地人，不能只依靠在美华人，全球化口味改良势在必行。

第二，潜在竞争对手的竞争能力。对于快餐行业来说，由于市场巨大、利润较高、现金流好等因素，从来都不缺大量的潜在进入者。杨铭宇餐饮管理有限公司官网显示，目前其门店已遍布中国100多个城市，店面超过6000家。在国内的潜在竞争对手其实很多，甚至有不少模仿黄焖鸡的门店，因为店铺分散、数量庞大，难以整顿。但在美国，这种模仿型竞争对手比国内少，因为跨国经营餐馆需要大量的财力、物力，因此提高了进入市场的壁垒。而杨铭宇黄焖鸡也有相应的经营策略——加盟，加盟者交纳一定的加盟费，就可以得到培训，有统一的装修方案、广告牌和工作服。在美国加盟到该公司旗下比直接做其竞争对手成本低。

第三，供应商的议价能力。供应商的议价能力会影响行业的竞争程度，它们可以通过改变产品的价格、质量，开拓新的服务项目来影响行业。如果供应商的集中化程度高、产品差异化程度高、转换成本比较高，那么其议价能力会增强。在快餐行业，供应商主要包括原材料供应商、产品加工设备供应商、包装材料供应商、装修建筑材料供应商、店面装饰供应商及使用设备供应商等。对于杨铭宇黄焖鸡来说，供应商的议价能力是有限的，其中最重要的一点是，供应商无法影响黄焖鸡最主要的原材料——酱汁。杨铭宇黄焖鸡向FDA申请了出口认证，可以从中国进口秘制酱汁，从而保证口味一致。因为整个餐馆只供应黄焖鸡米饭这一道菜，因此只有少数必备的原料比如鸡肉，这种新鲜食材需要从当地采购，而真正影响这道菜风味的酱料不会受到任何本地供应商的影响。

第四，购买者的议价能力。购买者的议价能力取决于购买者与企业之间的侃价和购买者对价格的敏感程度。快餐行业是直接面向广大消费者的，对于消费者来说，这是个巨大的市场，拥有众多的选择权，转换成本也很低。然而，消费者个体的消费量通常都是极小的，因此其议价能力很弱。另外，值得提出的是，杨铭宇黄焖鸡在美国的定价是9.9美元，相当于国内60多元，售价是国内的3倍，但这个价钱在美国基本和一顿美式快餐的价格持平。因此，同样作为快餐，杨铭宇黄焖鸡的定价还是很有竞争力的。

第五，替代品的替代能力。替代品是那些能够实现本产品同种功能的其他产品。在中国，杨铭宇黄焖鸡几乎是难以取代的，它和沙县小吃、兰州拉面这种带有地方特色的简便食物一样遍布大街小巷，三者并称为中国餐饮界“三大巨头”。一方面，杨铭宇黄焖鸡味道独特，以重油、三档辣度为特色，迅速适应了各省人们的不同口味；另一方面，价格不高，方便快捷，无论是学生、工人还是白领都愿意为它买单。根据美国便利店协会的报告，2017年食品业务（熟食、现做饮料而非包装食品）为美国便利店业贡献的销售额，从2010年的13%上涨到了21.7%，仅次于香烟业务的36%。于是，美国便利店正在变成麦当劳、汉堡王等连锁快餐的竞争对手，而且更便宜。例如，7-11推出了1.99美元的鸡肉汉堡和芝士汉堡。美国麦当劳2013年推出的1美元菜单（Dollar Menu）曾经大受欢迎，却因为没能给特许经营商足够的利润而被淘汰了。我们不得不正视的一点是，从广义上来看，快餐的替代品非常多，只要能填饱肚子的食物都可以作为替代品。因此，杨铭宇黄焖鸡的对手不仅是老牌快餐企业，还有那些能替代它填饱肚子的所有替代品。幸运的是，在美国，杨铭宇黄焖鸡是新奇的食物，那些在美华人是最有可能为杨铭宇黄焖鸡买单的群体。另外，不管是出于猎奇还是喜欢中国特色，杨铭宇黄焖鸡还拥有一大批潜在的美国顾客。可以说，杨铭宇黄焖鸡最大的特色就是中国特色，这一点是难以被其他食品取代的。

问题：应用波特的五力模型，为杨铭宇黄焖鸡在美国的发展提供一些合理的建议。

单元 2　计划制订与决策

情景导入：执行要先有计划

有一个农夫一早起来告诉妻子说要去耕田，当他走到 40 号田地时却发现，耕耘机没有油了；原本打算立刻去加油的，突然想到家里的几只猪还没有喂，于是回家去；经过仓库时，望见旁边有几个马铃薯，他想起马铃薯可能正在发芽，于是又走到马铃薯田去；途中经过木材堆，又记起家中需要一些柴火；正当要去取柴的时候，看见了一只生病的鸡躺在地上……这样来来回回跑了几趟，这个农夫从早上一直到太阳落山，油也没加，猪也没喂，田也没耕……很显然，最后他什么事也没有做。

问题：上述小故事中的农夫，为什么最后他什么事也没有做？

正文

一、计划与计划管理

（一）计划的概念

计划有广义和狭义之分。广义的计划，是指制订计划、执行计划和检查计划三个阶段的工作。狭义的计划，是指制订计划，即根据组织内外部的实际情况，权衡客观的需要和主观的可能，通过科学的预测提出在未来一定时期组织所需实现的具体目标及实现目标的方法。狭义计划主要解决管理过程中六个方面的问题，即为什么要做、做什么、由谁去做、何时做、何地做和如何做。

按计划的时期界限分为长期、中期和短期计划。长期计划描述了组织在较长时期（通常 5 年以上）的发展方向和方针，规定了组织的各个部门在较长时期从事某种活动应实现的目标，绘制了组织长期发展的蓝图。中期计划是根据长期计划的目标和要求，并结合实际情况制订的计划。它是长期计划的具体化，同时是短期计划的依据。短期计划具体地规定了组织的各个部门在未来的各个较短的时期，特别是最近的时段，应该从事何种活动，从事该活动应实现的目标，因而为组织成员的行动提供了依据。

按计划的重要性分为战略计划和作业计划。应用于整体组织的，为组织设立总体目标和寻求组织在环境中的地位的计划，称为战略计划。规定总体目标如何实现的细节的计划称为作业计划。战略计划与作业计划在时间框架上、范围上和是否包含已知的一套组织目标方面是不同的。战略计划趋向于持久的时间间隔，通常为 5 年甚至更长时间，它们覆盖较宽的领域和不规定具体的细节。此外，战略计划的一个重要任务是设立目标。而作业计划是假定目标已经存在，只是提供实现目标的方法。

管理小案例

国家“十四五”规划

2021 年 3 月 11 日，十三届全国人大四次会议表决通过了关于国民经济和社会发展第十四个五年规划和 2035 年远景目标纲要的决议。

《中华人民共和国国民经济和社会发展第十四个五年规划和 2035 年远景目标纲要》（简称“十四五”规划）提出，“十四五”时期经济社会发展主要目标：经济发展取得新成效；改革开放迈出新步伐；社会文明程度得到新提高；生态文明建设实现新进步；民生福祉达到新水平；国家治理效能得到新提升。

“十四五”规划共分为 19 篇：《开启全面建设社会主义现代化国家新征程》《坚持创新驱动发展 全面塑造发展新优势》《加快发展现代产业体系 巩固壮大实体经济根基》《形成强大国内市场 构建新发展格局》《加快数字化发展 建设数字中国》《全面深化改革 构建高水平社会主义市场经济体制》《坚持农业农村优先发展 全面推进乡村振兴》《完善新型城镇化战略 提升城镇化发展质量》《优化区域经济布局 促进区域协调发展》《发展社会主义先进文化 提升国家文化软实力》《推动绿色发展 促进人与自然和谐共生》《实行高水平对外开放 开拓合作共赢新局面》《提升国民素质 促进人的全面发展》《增进民生福祉 提升共建共治共享水平》《统筹发展和安全 建设更高水平的平安中国》《加快国防和军队现代化 实现富国和强军相统一》《加强社会主义民主法治建设 健全党和国家监督制度》《坚持“一国两制” 推进祖国统一》《加强规划实施保障》。

问题：（1）“十四五”规划对于我国发展有何意义？

（2）学习“十四五”规划，试简述该规划的整体结构。

在管理中，计划发挥着非常重要的作用，具体体现在以下四个方面。

（1）为组织的稳定发展提供保证。未来的不确定性和环境的变化使组织面临各种各样的风险，良好的计划可以明确组织目标，科学的计划体系使组织各部门的工作能够协调地、有条不紊地展开，从而使管理者摆脱日常事务，集中精力关注对未来环境不确定性的因素，从而随机应变地制定相应的对策，最终实现组织的稳定发展。

（2）为有效筹集和合理配置资源提供依据，降低风险。只有制订合适的计划，才能合理有效地利用人力、物力、财力，指导组织的经营活动顺利进行，从而取得较高的经济效益。同时，计划可以促使管理者更多地考虑未来环境变化可能带来的冲击，从而制定适当的对策，减小不确定性，降低组织运行过程中可能存在的风险。

（3）减少浪费。计划能够在实施之前的协调过程中发现可能存在的资源浪费和冗余，在实施过程中可以减少组织的重叠性和浪费性活动。制订和执行计划的重要原则是实现目标如何做最有效，并且使这种做法在有保障的条件下进行。

（4）为检查、考核和控制组织活动奠定基础。在计划中确定目标和标准，反映到控制职能中，管理者就可以把实际的工作进度与计划目标和标准进行对照，以便纠正重大偏差，从而进行必要的校正，以实现预期的目标。

互动测试：在我国古代，对于计划有很多谚语，请你列举几个。

凡事预则立，不预则废；

运筹帷幄之中，决胜千里之外；

未雨绸缪；

有备无患；

防患未然；

人无远虑，必有近忧。

（二）计划管理

企业将各项经营活动纳入统一计划进行管理。企业计划管理的内容：根据有关指令和信息组织有关人员编制各种计划；协助和督促执行单位落实计划任务，组织实施，保证计划的完成；利用各种生产统计信息和其他方法检查计划执行情况，并对计划完成情况进行考核，据此评定生产经营成果；在计划执行过程中环境条件发生变化时，及时对原计划进行调整，使新计划仍具有指导和组织生产经营活动的作用。企业通过对计划的制订、执行、检查、调整的全过程，合理地利用人力、物力和财力等资源，有效地协调企业内外各方面的生产经营活动，提高企业效益。

计划管理是企业对计划期内应达到的产品品种、质量、产量和产值等生产活动指标、生产进度及相应安排的管理，它是指导企业生产活动的纲领性方案，是企业生产管理的主要依据。

计划管理按其特性可划分为三个阶段，即“事前、事中、事后”管理。

事前管理主要是对“计划”的审核。企业依据各项基础性条件，编制各项、各类企业经营活动计划书，对计划书的可行性、可靠性形成审核体系，保证审核效果，从而确保计划的可行、可靠。审核体系包括数据统计、数据的无量纲化分析、历史对比（纵向）和行业对比（横向）、建议性结论四个基本环节。在审核体系中，数据的无量纲化分析是关键，它能将不同类型的企业数据转换后实现同口径比较；数据统计是基础；历史对比和行业对比是手段；建议性结论是目的。事前管理中的审核体系目前企业并未全面、有效地掌握和运用，但企业对这些环节的有效控制，能确保计划的可行和可靠，并为计划的事中管理提供操作平台。

事中管理主要是对“计划”执行效率的管理。对计划执行过程中出现的各类偏差，首先要做到超前预测，其次要做到措施有效。对执行效果的跟踪是事中管理的主要工作，从而确保计划执行的效率。事中管理的责任主体是企业，监察、审计部门的事中管理主要是对计划执行质量的控制。

事后管理主要是“计划”实施后的绩效考核、总结经验、吸取教训、汇编材料、归档备案。这些工作是事后管理的主要工作内容。

职业道德与企业伦理

计划编制原则

组织在编制计划时，应遵循以下原则。

（1）统筹原则。在编制计划时，一定要全面考虑规划对象这个系统中所有的构成部分及其相互关系，同时要考虑规划对象和相关系统的关系，进行统一筹划。因为计划的目的是通过系统的整体优化实现目标，而系统整体优化的关键在于系统内部结构的有序和合理，在于对象内部关系和外部关系的协调。编制计划的参数有很多，如果不是全面统筹，就会造成混乱和片面发展。

（2）重点原则。在编制计划时，不仅要全面考虑有关部门的情况，认清其地位和作用，还要分清主次轻重，抓住关键和要害环节，重点解决好影响全局的问题。

（3）连锁原则。编制计划还要注意对象系统中内部结构各因素之间，以及本系统与其他相关系统之间的相互作用的因果连锁关系。因为一种因素的变化会影响本系统整体的发展，而且这种连锁反应是复杂的，所以要考虑这些相互的作用，使计划内容更加符合实际。

（4）发展原则。编制计划必须有远见，必须预见到未来的发展，既要把可能的发展反映在计划中，又不能把计划看成是一劳永逸的规定。任何计划都需要随着内外因素和条件的变化做必要的调整。

（5）便于控制原则。应当尽量使编制的计划明确而具体，便于管理者对下属的绩效进行考查，从而便于有效地控制。

（6）经济原则。任何管理活动都要考虑经济性问题，计划也是如此。计划的编制过程应是最经济的，计划的执行结果应能获得最大的经济效益和社会效益。

二、计划编制与实施

（一）计划编制

1．确定计划目标

计划目标是计划方案的核心，它通常以量化的数字指标来表示。计划目标是在分析预测的基础上确定的。应该说明的是，市场预测结果只是根据外部因素测算的理论值，不能直接作为计划目标，对它应根据企业内外可能存在的各种因素进行修正。例如，当预测值小于企业从规模效益考虑的盈亏点时，显然就不能将预测值作为计划目标，这时就应该在计划方案中采取措施，开拓新的市场，扩大经营规模，保证企业的盈利水平。

确定计划目标时必须考虑社会责任问题，可用社会责任目标来表示，如企业对客户的满足水平、服务质量、提供社会就业等。确定计划目标可能遇到的最大障碍有两个：一是多目标之间的协调，二是目标实现的风险性。

多目标之间的协调是指相互矛盾的目标之间的协调，如企业经济效益目标与社会责任目标之间、数量目标与质量目标之间、企业整体目标与员工利益目标之间等经常是矛盾的，确定计划目标时应处理好这些矛盾。矛盾是辩证统一的，是可以转化的，处理得好，可以将消极因素转化为积极因素，如企业整体目标与员工利益目标之间的矛盾，使员工利益得到较多的满足时，可以更好地调动员工的积极性，有利于整体效益的提高。以质量求生存，以质量求发展，也是这种辩证统一关系在战略管理中的应用。

目标实现的风险性，在市场经济条件下是必然存在的，问题是如何预测和对待风险，将风险损失控制在最低限度，这是确定计划目标时必须考虑的问题。

2．试算平衡

试算平衡是根据市场分析和预测的结果，考虑企业内部的各种条件，运用各指标之间的相互关系计算出计划的主要指标，然后根据主要指标计算出其他指标，并拟订计划草案，提交经营决策部门审议。

3．审议修改

经经营决策部门审议，对计划不合适的地方提出修改意见，修改后再行审议，直至经营决策部门认可为止。

4．编制正式计划文件

计划草案经经营决策部门审议认可后，按计划草案的内容和格式要求，编制正式的计划文件。

管理小案例

DHL 快递物资采购计划

市场采购是 DHL 快递获得所需物资及临时性物资的主要途径，也是 DHL 快递进货执行计划的一个重要环节。在市场经济条件下，DHL 快递主要通过市场采购取得所需物资。因此，DHL 快递在组织市场采购物资进货时的决策范围比较大，主观能动作用随着社会主义市场经济的进一步发展和完善将得到更大限度的发挥。编制物资采购计划就是从一个更高的层面上确保市场采购工作做得更成功、更完善。编制物资采购计划是一项很复杂、很细致的工作，它大体可以分为以下三个阶段。

1．准备阶段

当接到上级物资主管部门要求编制物资采购计划的通知以后，或者按惯例该编制下期物资采购计划的时候，编报部门就要结合 DHL 快递的实际情况进行各项准备工作。

第一，发动员工（特别是采购员、推销员这些了解市场情况的员工）献计献策，把经济责任、经济效果和经济效益紧密地结合起来，共同为完成 DHL 快递生产任务，降低成本、增加利润而编好物资采购计划。参加编制物资采购计划的人员，一定要在保证使用功能的条件下，以努力降低物资费用成本为原则，审定所要购买的物资。

第二，做好内部资料的收集、准备工作。向有关车间和科室了解物资的需求情况，包括从生产部门了解年度生产计划，以及季度、月份各种产品的生产进度和安排；从技术部门了解产品加工工艺、物资消耗定额及外购件的种类和数量，确定所需物资的品种规格，编制或修订物资供应目录；从技术、经济和供应三个方面了解过去所选物资的品种是否合理，分析上期物资采购计划的执行情况，总结经验教训。同时，发动员工挖掘物资潜力，修订物资消耗定额；预计期末库存，做好物资平衡。

第三，从外部收集有关资料，如产品样本、出厂价格、产品质量、运费、市场货源、市场价格、产地、规格、数量等情况，以便有选择地编制物资采购计划。正确地选择物资品种，应考虑以下几个因素。

① 选用的物资必须保证生产的产品质量，或者符合国家技术标准，或者符合合同中规定的技术标准，保证生产出客户满意的产品。

② 选用的物资的品种规格，应尽量立足于国内，且充分考虑就近取材的可能性。

③ 尽量选用资源丰富、价格低廉的材料代替稀缺、贵重的材料，用工业原材料代替农业原料。

④ 充分考虑物资的规格化、标准化，尽可能减少物资选用的品种、规格。

⑤ 物资的规格、尺寸，要有利于减少生产中的废料数量。

⑥ 选用的物资，应尽可能保证在生产中有较高的劳动生产率和设备利用率。

第四，在编制物资采购计划过程中，要对选定的物资进行审查。主要是研究每个决定在技术、经济和供应条件方面是否合理，这也是从上述选择物资品种时应考虑的几个因素出发。

2．平衡阶段

物资平衡主要是指资源供给与需求在数量、品种、规格上的平衡，以及各类物资之间的平衡。一般企业的物资平衡的实质就是企业最终确定的采购（申请）量，即通过计算企业计划期内各物资的需用量和计划期期初库存量、期末储备量来确定企业计划期内的采购量。其计算公式为：某种物资的平衡余缺＝该种物资的需用量＋期末储备量－期初库存量－内部可利用的资源。

3. 编制阶段

物资采购计划都是由下而上进行编制的，各级物资申请单位可按生产、基建、市场需要等不同情况，提出计划期需用量，编制物资申请计划，并按规定时间、要求逐级汇总上报。基础单位需用的物资申请计划是上一级单位申请物资采购计划的基础，所以一定要如实填报。物资采购计划作为各物资申请单位的物资采购量的汇总，其表格形式类似于物资平衡表，只是两者的侧重点不同。物资平衡表强调的是如何确定物资的平衡余缺，而物资采购计划更侧重于采购量的确定和各种物资的品种规格。物资采购计划，经企业领导审批后，可作为采购物资的依据。物资采购计划除了按一定的表格样式用数字反映计划指标的安排，还必须以文字说明，这就是物资采购计划的编制说明。通过编制说明，可以使企业领导和上级单位更具体地了解计划的安排情况和依据；可以把计划的指导思想和依据，以及执行计划的措施，做进一步分析归纳，使之条理化、系统化。物资采购计划的编制说明所应用的材料、数据要准确，文字应力求条理清楚、简明扼要，同时要防止只是罗列数字或简单地解释指标。物资采购计划的编制说明的主要内容如下。

① 前期物资采购计划的完成情况，计划执行中的突出问题。这是编制本期物资采购计划的参考依据，因此在编制说明中要做简要的说明。

② 计划期资源形式的估计和计划安排的依据。这是编制说明的主要部分，在深入分析资源和市场供求变化的基础上，结合各项政策，说明编制物资采购计划的指导思想、各主要采购指标、主要物资安排的原则和依据，以及国民经济有关部门衔接平衡的问题。

③ 根据加快物资周转和提高 DHL 快递经济效益的要求，提出物资采购计划实施的主要措施和建议。同时，还可以对领导提出要求和意见，以保证本期物资采购计划的顺利实现。

问题：根据 DHL 快递物资采购计划总结出一般计划的制订步骤。

（二）目标管理

目标管理是以泰勒的科学管理理论和行为科学管理理论为基础形成的一套管理制度，其概念是管理专家彼得•德鲁克（Peter Drucker）1954年在其著作《管理实践》中提出来的，其后他又提出“目标管理和自我控制”的主张。

德鲁克认为，并不是有了工作才有目标，恰好相反，有了目标才能确定每个人的工作，所以“企业的使命和任务必须转化为目标”。如果一个企业没有目标，这个企业的工作必然被忽视。因此，管理者应该通过目标对下级进行管理，当企业高层管理者确定了企业目标后，必须对其进行有效分解，转变成各个部门及各个员工的分目标，管理者根据分目标的完成情况对下级进行考核、评价和奖惩。

历史小故事

三个石匠

有个人经过一个建筑工地，问那里的石匠在做什么？三个石匠有三种不同的回答。

第一个石匠回答：“我在做养家糊口的事，混口饭吃。”

第二个石匠回答：“我在做整个国家最出色的石匠工作。”

第三个石匠回答：“我正在建造一座大教堂。”

问题：通过上述小故事，试说明三个石匠的目标管理。

历史小故事

马拉松运动员的故事

山田本一是日本著名的马拉松运动员。在 1984 年和 1987 年的国际马拉松比赛中，他曾两次夺得世界冠军。记者问他凭什么取得如此惊人的成绩，山田本一总是回答："凭智慧战胜对手！"

大家都知道，马拉松比赛主要是运动员体力和耐力的较量，爆发力、速度和技巧都是其次。因此，对于山田本一的回答，许多人觉得他是在故弄玄虚。

10 年之后，这个谜底被揭开了。山田本一在自传中这样写道："每次比赛之前，我都要乘车把比赛的路线仔细地看一遍，并把沿途比较醒目的标志画下来，比如第一标志是银行，第二标志是一棵古怪的大树，第三标志是一座高楼……这样一直画到赛程的结束。

"比赛开始后，我就以百米的速度奋力地向第一个目标冲去，到达第一个目标后，我又以同样的速度向第二个目标冲去。40 多千米的赛程，被我分解成几个小目标，跑起来就轻松多了。开始我把我的目标定在终点的旗帜上，结果当我跑了十几千米的时候就疲惫不堪了，因为我被前面那段遥远的路吓到了。"

问题：上述小故事给我们带来哪些启示？

（三）滚动计划法

滚动计划法是按照"近细远粗"的原则制订一定时期的计划，然后按照计划的执行情况和环境变化，调整和修订未来的计划，并逐期向后移动，把短期计划和中期计划结合起来的一种计划方法。当 5 年计划中某年计划执行完毕后，就根据新的情况进行调整和修改后几个年度的计划，如此往复，不断滚动，使计划一直含有 5 年的计划。滚动计划图如图 2-3 所示。

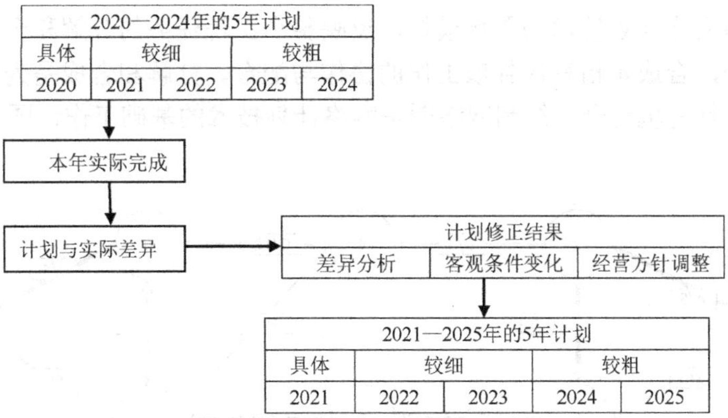

图 2-3　滚动计划图

滚动计划的理论依据是企业的生产经营活动是延续不断的，因此，计划也应该全面地反映这个延续不断的过程。另外，人们对未来客观事物的认识也是由表及里、由粗到细的过程，计划要适应人们对客观事物的认识。滚动计划的优点如下。

① 能保持计划的完整性和连续性，可从动态计划中把握企业的未来。

② 在执行过程中可以结合客观情况，对计划不断调整与修订，使计划与实际情况能更好地适应，有利于充分发挥计划的指导与控制作用。

③ 计划期始终保持一个同样的时间周期，使得企业管理者能经常保持一种整体的、全盘的经营思想，保证企业各项工作有条不紊地进行。

滚动计划法根据计划的执行情况和环境变化定期修订未来的计划，并逐期向后推移，使短期计划、中期计划有机地结合起来。由于在计划执行过程中很难准确地预测将来影响企业生存与发展的经济、政治、文化、技术、产业、客户等各种因素的变化，而且随着计划期的延长，这种不确定性将越来越大。因此，如果机械地按几年以前编制的计划实施，或者机械地、静态地执行战略性计划，则可能导致巨大的错误和损失。滚动计划法可以避免这种不确定性带来的不良后果，具体做法是用“近细远粗”的办法制订计划。

（四）网络计划技术

网络计划技术是 20 世纪 50 年代后期在美国产生和发展起来的。网络计划技术是一种科学的计划管理方法，它是随着现代科学技术和工业生产的发展而产生的。20 世纪 50 年代，为了满足科学研究和新的生产组织管理的需要，国外陆续出现了一些计划管理的新方法。1956 年，美国杜邦公司研究创立了网络计划技术的关键路线方法（CPM），并试用于一个化学工程上，取得了良好的经济效果。1958 年，美国海军武器部在研制“北极星”导弹时，应用了计划评审方法（PERT）进行项目的计划安排、评价、审查和控制，获得了巨大成功。20 世纪 60 年代初期，网络计划技术在美国得到推广，一切新建工程全面采用这种计划管理方法，并开始将该方法推广到日本和西欧国家。随着现代科学技术的迅猛发展、管理水平的不断提高，网络计划技术也在不断发展和完善，它已广泛应用于世界各国的工业、国防、建筑、运输和科研等领域，已成为发达国家常用的一种现代生产管理的科学方法。

网络图是指网络计划技术的图解模型，反映整个工程任务的分解和合成。分解是指对工程任务的划分，合成是指解决各项工作的协作与配合。分解和合成是为了使各项工作之间按逻辑关系进行有机组合。绘制网络图是网络计划技术的基础工作，图 2-4 就是一个网络图。

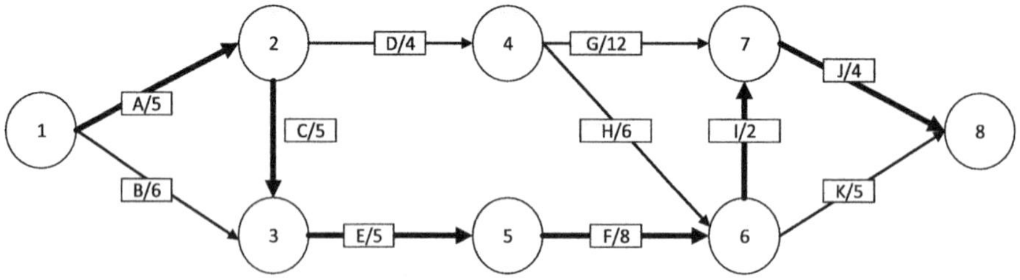

图 2-4　网络图

路线是指从起点到终点的一条通路，工期最长的一条路线称为关键路线，关键路线上工作的进度必须保证，否则会出现工期的延误。网络图的组成要素如下。

（1）作业。作业是指一项工作或一道工序，需要消耗人力、物力和时间的具体活动过程。为了便于识别、检查和计算，在网络图中往往对事件编号，编号应标在“○”内，由小到大，可采用连续或间断数字编号。编号原则：每个事件都有固定编号，号码不能重复，箭尾的号码小于箭头的号码（如 i<j，编号从左到右，从上到下进行）。在网络图中，作业用箭线表示，箭尾表示作业开始，箭头表示作业结束。作业的名称标注在箭线的上面，该作业的持续时间（或工时）标注在箭线的下面。有些作业或工序不消耗资源也不占用时间，称为虚作业，在网络图中用虚箭线表示。在网络图中设置虚作业主要表明一个事件与另一个事件之间是相互依存、相互依赖的关系，是属于逻辑性的联系。

（2）事件。事件是指某项作业的开始或结束，它不消耗任何资源和时间，在网络图中用“○”表示。“○”是两条或两条以上箭线的交结点，又称为节点。网络图中第一个事件称为网络的起始事件，表示一项计划或工程的开始；网络图中最后一个事件称为网络的终点事件，表示一项计划或工程的完成；介于起点与终点之间的事件叫作中间事件，它既表示前一项作业的完成，又表示后一项作业的开始。

（3）路线。路线是指自网络起点开始，顺着箭线的方向，经过一系列连续不断的作业和事件直至网络终点的通道。一条路线上各项作业的时间之和是该路线的总长度（路长）。在一个网络图中有很多条路线，其中总长度最长的路线称为关键路线，关键路线上的各个事件称为关键事件，关键事件的周期等于整个工程的总工期。有时一个网络图中的关键路线不止一条，即若干条路线长度相等。除关键路线外，其他的路线统称为非关键路线。关键路线并不是一成不变的，在一定的条件下，关键路线与非关键路线可以相互转化。例如，当采取一定的技术组织措施，缩短了关键路线上的作业时间，就有可能使关键路线发生转变，即原来的关键路线变成非关键路线，与此同时，原来的非关键路线变成关键路线。

在网络图中，从起点到终点有不同的路线，以图 2-4 为例，由起点到终点共有 6 条路线，经计算各条路线的累计时间发现，1—2—3—5—6—7—8 路线所需时间最长，为 29 天，故为关键路线。关键路线所需的时间就是完成网络图所表示的全部任务所必需的计划时间。

（五）计划实施

计划制订出来以后，就要组织实施。由于主客观等多方面的原因，计划在实施过程中常常会出现偏差，如外部环境的变化、制订计划时对内部条件的估计不足，或者任务执行者的机会主义行为等都会引起计划执行时发生偏差。为了保证目标的实现，必须对计划实施控制。管理控制与计划是一个问题的两个方面。

计划不仅确定了企业的目标，还制定了实现目标的措施。从计划的角度讲，这些措施是对计划执行过程的规范和约束，以保证目标的实现。但从控制的角度讲，计划中的措施是控制的手段和方式，同样是保证目标的实现。实际上，一切有效的控制方法也是计划方法或计划本身，如预算、程序，它们既是控制方法，又是计划。

计划是控制的前提，控制是计划实现的保证。计划为控制提供了依据和标准，没有这些依据和标准，控制就不可能进行。控制对计划的保证作用体现在，控制工作要经常地将计划实施的结果与目标进行比较，发现问题，分析原因，并进行改进，使生产经营活动始终运行在计划所规定的轨道上，保证目标的实现。

控制为制订新一轮计划提供了依据。在多数情况下，控制工作既是一个管理过程的终结，又是一个新的管理过程的开始。控制中发现的问题及其产生的原因，是制订下一轮计划时必须考虑的因素，从而使新一轮计划更加符合实际。计划与控制的上述关系表明，控制与计划是两个不可分离的职能，正如在哈罗德·孔茨和海因茨·韦里克合著的《管理学》中，把计划工作和控制工作看成是一把剪刀的两片刃，缺少任何一刃，剪刀就没有用了。

管理小案例

年度销售计划是“管理”出来的

柴磊是一家商贸公司的营销总经理，每到年末，柴磊就成了公司里最忙、最头疼的人——如何进行年度考核和制定激励方案？如何制订下一年度的销售计划？……其中，最重要的就是年度销售计划的制订。

下一年度的销售计划，柴磊首先想到的问题是：制订年度销售计划的根本目的是什么？

关于这个问题，大多数人都会简单地回答：制订年度销售计划就是为了确定年度销售量指标。柴磊也曾经这样认为，当他成为营销总经理之后却发现，销售量指标仅仅是企业各项工作和活动的自然结果，并不能反映企业的营销状况。因此，年度销售计划是根据企业年度经营与发展的目标，对企业各项管理与销售资源进行全面分配的一个过程。

柴磊快速地在脑海中进行了企业战略层面的规划：利用制订年度销售计划的时机，加强与高层管理者的沟通，对企业的发展战略和目标进行再次的确认并达成共识。在这个基础上，将整个销售目标逐步分解为部门（区域）目标和个人目标，最终形成个人目标确保部门目标、部门目标确保企业目标的层层确保体系，通过这种体系把企业的战略目标与长期目标、具体目标、年度预算进行衔接。

另外，业务员出身的柴磊明白，营销过程其实就是企业比拼资源的过程。关于资源配置计划的制订，柴磊总结出了一套方法，那就是在制定各个区域或细分市场的销售指标时，要求营销人员根据自己对市场的判断，在提交销售计划的同时，提交一份市场运作计划。在市场运作计划中，营销人员要将促销活动的设想、对渠道政策的基本要求等内容尽可能地明确，并依据销售量的不同要求制定出相应的资源投放策略。最后，柴磊将各个区域的资源需求和销售量预估进行汇总，并进行最终的预算和平衡。

当然，为了确保年度销售计划的可行性和准确性，柴磊使用了平衡计分卡。根据平衡计分卡的原理，柴磊对企业销售计划的相关指标进行了逐层分解，确定了年度销售计划的关键要素和考核要素。另外，为了防止区域经理和销售人员低报销售额，柴磊又使用了销售指标的互动激励系统，希望通过适当的激励手段确保年度销售计划制订的准确性。

问题：通过上述案例，你认为如何制订一个有效的计划？

三、预测与决策

（一）预测与决策的关系

预测是决策的基础，它直接服务于决策，是科学决策的前提条件。计划是决策与实施之间的桥梁，计划使决策的实施过程具体化，增强了它的可操作性。预测的任务是揭示事物发展趋势及其决定性因素，为决策者提供关于未来的可能性信息。决策是一种面向未来的活动，管理活动的成败往往取决于决策是否符合事物的发展变化规律；而决策的科学与否又在很大程度上取决于对未来的分析与判断是否正确，即预测所提供的信息是否准确。如果预测信息准确可靠，管理者就能根据组织目标的需要和事物发展的趋势、特点及可能结果，确定正确的方法和手段，做出科学的决策。没有对于未来的科学预测，决策就可能是盲目的，科学的预测与科学的决策之间有一种必然的联系。另外，预测是为科学决策而存在的，如果不是为了服务于决策，那么预测的存在就是没有意义的。预测本质上是一种信息处理的过程，进行预测不仅需要大量的原始信息，而且它的输出结果也是一种信息，一种关于未来的信息。人们通过对大量的原始信息进行筛选、比较、分析和论证，得出一种主观上认为比较符合客观规律的信息，以辅助决策。不过，由于预测毕竟是对客观信息进行加工处理的一种主观行为，它与事物的客观规律总是会有一定的差距，并且对于不同的人而言，可能会有截然不同的信息输出结果，这是决策者们应该注意的问题。

（二）定性预测与定量预测

1．定性预测

定性预测是指预测者凭借自己丰富的经验和综合分析能力，根据掌握的历史资料和直观材料，运用个人的经验和分析判断能力，对事物的未来发展做出性质和程度上的判断，然后通过一定形式综合各方面的意见，作为预测未来的主要依据。定性预测主要用于研究和探讨对象在未来所表现的性质、状态，比如事物发展的总体趋势、事件发生和发展的各种可能性及其造成的影响，以及确定将要执行的决策是否能达到决策制定的目的等。这类预测主要是预测者凭借主观经验和逻辑推理能力，对事物未来表现的性质进行推测和判断。定性预测方法主要包含以下几种。

（1）德尔菲法。德尔菲法是根据有专门知识的人的直接经验，对研究的问题进行判断、预测的一种方法，也称专家调查法。美国蓝德公司在 1964 年首先将德尔菲法用于预测领域。德尔菲法具有反馈性、匿名性和统计性的特点，选择合适的专家是做好德尔菲预测的关键。

德尔菲法的优点：可以加快预测速度和节约预测费用；可以获得各种不同但有价值的观点和意见；适用于长期预测和对新产品的预测，在历史资料不足或不可测因素较多时尤为适用。

德尔菲法的缺点：对于分地区的顾客群或产品的预测则可能不可靠；责任比较分散；专家的意见有时可能不完整或不符合实际。

（2）主观概率法。主观概率是人们凭借经验或预感而估算出来的概率。它与客观概率不同，客观概率是根据事件发展的客观规律统计出来的一种概率。在很多情况下，人们没有办法计算事情发生的客观概率，因而只能用主观概率来描述事件发生的概率。主观概率法是一种适用性很强的统计预测方法，可以用于人类活动的各个领域。主观概率法分为如下步骤：准备相关资料；编制主观概率调查表；汇总整理；判断预测。

（3）厂长（经理）评判意见法。厂长（经理）评判意见法，首先，由企业的负责人把与市场有关或熟悉市场情况的各种负责人员和中层管理部门的负责人召集起来，让他们对未来的市场发展形势或某种大市场问题发表意见，做出判断；然后，将各种意见汇总起来，进行分析研究和综合处理；最后，得出市场预测结果。

（4）推销人员估计法。推销人员估计法就是将不同销售人员的估计值汇总起来作为预测结果值。由于销售人员一般都很熟悉市场情况，因此，这种方法具有一些显著的优势。

（5）相互影响法。相互影响法就是通过分析各个事件之间由于相互影响而引起的变化，以及变化发生的概率，研究各个事件在未来发生的可能性的一种预测方法。

（6）情景预测法。情景预测法是一种新兴的预测方法，由于它不受任何条件限制，应用起来灵活，能充分调动预测人员的想象力，考虑较全面，有利于决策者更客观地进行决策，在制定经济政策、公司战略等方面有很好的应用。但在应用过程中一定要注意具体问题具体分析，同一个预测主题，若其所处环境不同，预测结果可能会有很大的差异。

管理小案例

进退两难的电池厂

G县是中国的一个小县，交通不发达，自然资源贫乏，导致经济长期落后，居民生活水平低下，常常靠国家财政支持。为改变该县经济落后的面貌，新一届政府班子制定了大量优惠政策，利用本地劳动力价格低的优势招商引资，以期带动地方经济发展。

有一家沿海地区的企业表示愿意投资200万元建立一个电池厂。G县县政府为决定是否在该县建立电池厂一事特地召开了专家会议，邀请20位专家，其中5位电池生产方面的专家，10位经济发展方面的专家，还有3位环境保护方面的专家，2位当地居民代表。会议中，10位经济发展方面的专家一致认为，建立电池厂可以为当地带来巨大的经济效益，同时可以解决该县当前劳动力就业压力大的难题，因此都建议该电池厂尽快开工建设。2位环境保护方面的专家则认为，电池厂的技术方案已经过时，建成后势必大量排放污染物，给当地环境带来巨大破坏，还会影响当地农业生产和居民日常生活，因此他们反对在该县建立电池厂。2位当地居民代表也表达了类似的担心。2位电池生产方面的专家提出，经过技术改造，可以大大降低电池厂的污染排放水平，这在其他地区已有成功案例。电池生产方面的专家的话打消了当地居民代表的担心，也坚定了县政府引进该项目的决心。几天后，根据多数人的意见，县政府与投资方正式签订合同，电池厂开始开工建设。

电池厂建成以后，投资方以投资过大为由，迟迟不进行技术改造，又因为电池厂给该县带来了巨大的经济效益，有关部门对此事也采取睁一只眼闭一只眼的态度。电池厂的排放物含有大量的有害物质，特别是汞含量严重超标，造成附近庄稼大量减产，还有附近村民的牲畜中毒死亡，上级有关部门已经开始对此事进行调查。

问题：（1）上述案例采用的预测方法是哪一种？结合该案例分析这种方法的优点和缺点。

（2）你认为G县政府在决策中的失误是什么？以后遇到同类问题如何解决？

（3）针对当前问题，应该采取什么措施？

2. 定量预测

定量预测基本上可分为两类：一类是时序预测法，另一类是因果分析法。时序预测法是通过一个指标本身的历史数据的变化趋势去寻找市场的演变规律，并将此作为预测的依据，即把未来作为过去历史的延伸。时序预测法包括平均平滑法、趋势外推法、季节变动预测法和马尔可夫时序预测法。因果分析法包括一元回归法、多元回归法和投入产出法。回归预测法是因果分析法中很重要的方法，它从一个指标与其他指标的历史和现实变化的相互关系中探索它们之间的规律性联系，并将此作为预测未来的依据。

时间序列中每个时期的数值，都是由很多不同因素同时发生作用后的综合反映。总体而言，这些因素可分为三大类。

第一，长期趋势。这是时间序列变量在较长时间内的总势态，即在较长时间内连续不断地增长或下降的变动势态。它反映预测对象在较长时间内的变动趋势，这种变动趋势可能表现为向上发展，如劳动生产率的提高，也可能表现为向下发展，如物料消耗的降低，还可能表现为从向上发展转为向下发展，如物价变化。长期趋势往往是市场变化情况在数量上的反映，因此它是进行分析和预测的重点。

第二，季节变动。这是指一再发生于每年特定时期的周期波动，即这种变动上次出现后，每隔一年再次出现。所以简单地说，每年重复出现的循环变动就叫季节变动。

第三，不规则变动。不规则变动又称随机变动，其变化无规则可循。这种变动都是由偶然事件引起的，如自然灾害、政治运动、政策改变等影响经济活动的变动。不规则变动幅度往往较大，而且无法预测。

（三）经营决策

1．经营决策方案

经营决策是指企业经营者根据市场调查、市场预测及市场上的各种情报信息进行分析研究，从两种以上的方案中选择一种方案的过程和决定。这种决策过程和成果的文字表述材料称为经营决策方案，经营决策方案的作用主要体现在以下两个方面。

一是经营决策方案集中了群体智慧，对防止决策失误、防止重大经济损失有着重要的保证作用。

二是经营决策方案作为决策行为过程和成果的体现，对于控制、协调和指导经营管理实践活动具有导向意义。

经营决策方案要进行多种对策、措施、办法乃至目标、方针的比较、分析、研究，因此择优性成为它的首要特点。其次，由于经营决策面对的是错综复杂、互相联系、互相制约的一个整体的动态系统，因此体现了经营决策方案的系统化特点。最后，经营决策要选择最佳目标获得最大经济效益，有效性则又成为经营决策方案的基本出发点。

经营决策方案，按决策范围分为战略性决策方案和战术性决策方案，按决策的可靠程度分为确定型、不确定型、风险型、竞争型四类。

管理小案例

金钟衡器公司的困境

金钟衡器公司的前身是 W 市第二机床厂，成立以来，有过辉煌的历史。20 世纪 90 年代以后，全国机械行业中除了少数几个企业经营情况尚好，大多数企业经营状况都不好，金钟衡器公司也出现了经济效益恶化的局面。相关部门撤换了公司原领导班子。经过竞选，李先生成为公司总经理。他一上任就精简机构，把公司科室人员由 80 人精简到 40 人，加强了现场管理和质量管理。

金钟衡器公司的主要产品是机床。经市场调查，机床在内地市场已不受欢迎，全行业销售额呈逐年下降趋势。公司年产机床 1000 台，主要销往中国香港地区。公司生产的低档机床在省外根本卖不出去，在本省的市场占有率已由前几年的 10% 下降到 5%。

目前，公司实际上已处于亏损状态。李经理担心一旦中国香港地区停止订货，公司将陷入更大困境。公司经过多次研究，认为必须搞多元化经营。为此，公司租了几间房和一块空地，开设了餐厅，建造了钓鱼池和游泳池，并办了一个“新得利度假村”。公司还建了养猪场、养鸡场、养兔场。

公司了解到在距公司100多千米的山区，许多农民开采铁矿砂非常赚钱。李经理通过亲自考察，并经全体员工讨论，决定开办新得利铁矿砂厂。在征得有关金融管理部门同意后，公司召开了员工大会，李经理在会上说："当前公司严重亏损，机床销售情况不好，资金极为短缺。我们每个人都要认清形势，团结一心。今天我动员大家集资自救，自力更生。我本人愿出1万元，希望大家在保证生活不受影响的情况下，自愿集资。我们保证集资款的利率高于银行利息率。将来铁矿砂厂盈利后，再按资分红。尽快把铁矿砂厂办起来，就可以帮助公司解决当前发展的难题。"

在李经理的号召和带动下，仅两周时间，公司就集资100余万元。然后，从各车间抽调了得力人员，经过紧张的筹备，半年后新得利铁矿砂厂就投产了。开工第一个月盈利40万元。李经理说："我们现在是一、二、三产业并举，农、工、商齐上，照这样的势头发展下去，我们的公司是大有希望的。"

但是好景不长，不久之后，新得利铁矿砂厂就出了事故，山坡上的废泥浆由于堆放过多，流进了农民的庭院，冲毁了几间民房。环保部门勒令新得利铁矿砂厂停产并处以罚款。由于地理位置不好，游客不多，再加上经营不善，"新得利度假村"也出现了亏损。公司的养殖业原来由一个农业大学毕业生管理，但他认为公司没有发展前途，不久前离职了。这使得公司陷入极度困难之中。

问题：（1）从管理的角度来看，你认为李经理上任后首先应该解决什么问题？

（2）你认为金钟衡器公司还要不要继续生产低档机床？

（3）金钟衡器公司建立新得利铁矿砂厂的决策是否正确？为什么？

（4）金钟衡器公司建立新得利铁矿砂厂的决策属于哪种决策类型？

（5）金钟衡器公司多元化经营战略失败的主要原因是什么？

2. 经营决策过程

经营决策程序是对经营决策系统进行逻辑分析与综合判断的过程。经营决策过程就是发现问题、提出问题、分析问题和解决问题的过程。要做出正确的决策，就必须有科学的决策过程，具体内容如下。

（1）发现问题。所谓问题就是应有现象和实际现象之间出现的偏差。企业生产经营决策工作都是从发现问题开始的，企业经营者应根据一定的目的积极地搜集和整理情报信息，发现差距，确认问题。

（2）确定决策目标。确定目标是决策的前提，是科学决策的重要一步。所谓目标是指在一定的环境和条件下，在预测的基础上所希望达到的结果。

（3）价值准则。所谓价值准则就是落实目标，作为以后评价和选择方案的基本判断根据。

（4）探索和拟制方案。决策在于选择，没有选择就没有决策。根据决策目标和掌握的情报信息拟定供选择的各种可行方案。拟订方案的过程，也是设想、分析和选择淘汰的过程。开始时多设想一些方案，然后经过"可能"与"有效"两方面的筛选。在拟制备选方案时，要依靠专家或专门机构。

（5）分析评估。建立各种方案的数学模型，并求得各模型的解，对其结果进行分析并相互比较。

（6）最终方案选择。各种可行方案到底选择哪个为最佳方案，这就需要决策者进行决断，这是决策过程中的关键一步。如何从备选方案中选择出我们所需要的方案，通常有经验判断法、数学分析法和试验法，可根据不同情况灵活运用。

（7）试验实证。方案选好后，必须进行局部试验，以验证方案的可靠性，这需要进行可靠性分析。

（8）实施控制。方案选定之后，要认真地贯彻实施，还要考虑在实施过程中可能出现的问题，采取措施，加以控制，保证方案的顺利实施。

以上经营决策过程中的各项工作，并非都要求由领导去做，大量的工作需要交给企业专门的职能部门去完成。领导的责任是严格掌握经营决策过程和发挥相应专家的作用。在经营决策执行过程中，确定目标、价值准则和最后方案的择优，企业领导必须亲自参加研究和决断。

管理小案例

领导如何进行决策

A局B公司近年来工作效率低下，缺乏生机，原任经理年龄较大，即将退休，局党委决定对该公司领导班子进行调整，任命一位新经理。因B公司内部推荐不出适当人选，于是经过局组织人事部门的考察，决定将C公司副经理王平调任为B公司经理。

王平是一位政治素质高、事业心强、富有改革创新精神的中年干部。他上任后，感到要当好B公司的经理，打开工作新局面，必须熟悉B公司的方方面面，因此，他不急于发号施令。他上任后的半个多月时间里，除了应付公司的例行公事，其余时间都花在了解公司的各方面情况上。通过一段时间的调查研究，他发现B公司存在如下问题：一是公司过分臃肿，部门林立，职能不清，造成在工作中互相推诿，有的科室还存在官多兵少的现象；二是规章制度不健全，工作纪律松懈；三是工作人员中，有相当一部分同志年龄偏大或文化专业素质较低。由于存在这些问题，造成公司效率低下，缺乏生机活力。为此，王平感到，要扭转公司的不良形象，打开工作新局面，必须对公司的机构和人员进行改革。同时，他又感到改革牵涉的面较大，自己又是新来B公司工作的，有关改革的重大事宜，还是先与其他几位公司领导协商。于是，王平找了几位副经理和党委成员，简要谈了一下自己的改革打算，他们听了以后欣然表示支持。王平倍受鼓舞，对公司的改革充满了信心。经过一段时间的深思熟虑，他想出了一个改革方案，主要包括以下两个方面的内容。

第一，以事为中心，按照机构设置科学化、合理化原则，精简机构，明确各部门职能，同时在精简机构的过程中，各科室实行优化组合，并引入竞争机制，通过双向选择，组成新的科室领导班子和成员。

第二，加强规章制度建设，各科室必须制定严格的考勤制度和岗位责任制等规章制度，用硬性管理方法整治公司的秩序，加强工作人员的纪律性，提高工作效率。

然后，王平召开了公司经理扩大会议，他概括地总结了B公司的情况，特别指出了存在的问题，同时提出了改革方案，请与会者畅所欲言，对改革方案充分发表自己的看法。他原以为，自己的改革设想已事先征求过其他几位领导的意见，提出的改革方案适应当前机构改革和干部人事制度改革的需要，又比较全面，现在提交大家讨论无非是形成一个统一的意见，没想到讨论会上却出现了各种不同的意见。有的同志认为主管局要求上下部门之间垂直对口，目前在主管局机构改革未进行的情况下，公司精简机构条件不成熟；有的同志认为在公司相当一部分人员年龄偏大和素质较低的情况下，实行优化组合阻力较大，不利于干部队伍的稳定，而且落聘人员难以安排，因此主张目前应加强对工作人员进行岗位业务知识培训，以提高他们的专业素质；有的同志认为光靠规章制度，采用硬性管理方法整治公司的秩序，会导致工作人员与领导的关系紧张，不利于充分持久地调动他们的工作积极性和创造性，因此主张在制定规章制度的同时，应注重教育引导，做好工作人员的思想政治工作，采用软硬结合的管理方法来激励他们提高工作责任感和加强工作纪律性。真是仁者见仁，智者见智，众说纷纭。会议整整开了一个下午，意见始终无法统一。究竟应该怎样改革呢？王经理感到很为难，他难以做出最后的决策，因为大家的意见都有一定的道理，会议因而未决而散。

问题：（1）王经理的改革方案是否正确？为什么未能在会上取得一致意见？

（2）假如你是新上任的 B 公司经理，在公司改革问题上将如何决策？

3. 经营决策方法

（1）确定型决策方法。该方法的基本特征是，假设事件的各种自然状态是完全肯定的，而且经过分析计算可以得到各种方案的明确结果。企业中多数决策问题是例行的、重复出现的，是程序性技术问题；也有些问题是未定型的，但条件与结果明确且易于判断，这些问题可以用“单纯择优方式”解决。一般对确定型决策也要采用适当的数学方法。

量本利分析法也称盈亏平衡分析法，是企业经营决策常用的有效工具。它根据产品销售量、成本、利润的关系，建立参数模型，分析经营决策方案对企业盈亏的影响。决策者可借助它对经营决策方案进行设计和选优。

（2）风险型决策方法。该方法可以将决策树作为决策手段，决策树的构成如下。

□表示决策节点，是对几种方案选择的结果，即最后选择的最优方案。

○表示状态节点，表示各种可行方案的自然状态节点，由状态节点引出的线叫概率分枝或状态分枝，表示方案在未来可能遇到的不同自然状态。

△表示结果节点，表示各种方案在各种自然状态下取得的收益值或损益值。

决策树如图 2-5 所示。

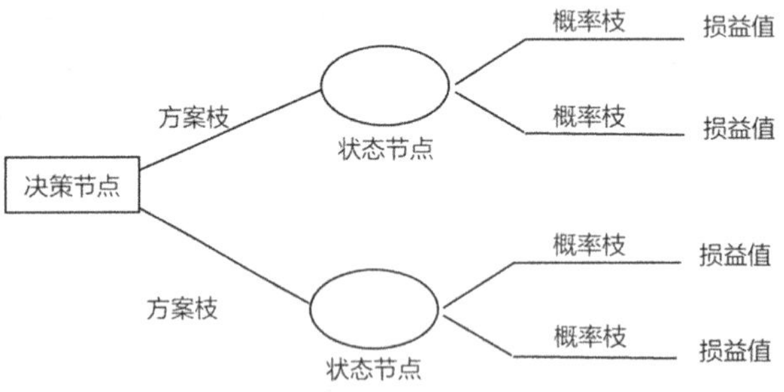

图 2-5 决策树

（3）不确定型决策方法。该方法需要注意以下四个原则。

第一，“最小后悔值原则”（大中取小原则）。①计算出各种方案在各种自然状态下的后悔值。它等于每种自然状态下（比如在很好的状态下）各种方案的最大收益值减去各种方案的收益值。②从中选出各种方案的最大后悔值。③比较，选出最小的值所对应的方案为最优方案。

第二，“大中取大原则”（乐观原则）。这种决策原则是决策者设想任何一种方案都是在收益最大的自然状态下发生的，决策时总是基于最好的结果，并争取好上加好。找出每种方案的最大收益值并比较，然后选择最大收益的方案作为最优方案。

第三，“小中取大原则”（悲观原则）。这种决策原则的运用，往往是决策者认为形势比较严峻，在未来发生的各种自然状态中，最坏状态出现的可能性比较大，或者决策者承受风险的能力比较低。具体方法：先找出各种方案在各种自然状态下的收益值，再找出各种方案收益值中的最小收益值，最后选择这些最小收益值中最大的。

第四，折中原则。既不是风险偏好者也不是风险厌恶者，而是介于两者之间。$0<a<1$，a 是乐观系数，方案的折中收益值＝a×该方案最大收益值＋（1－a）×该方案最小收益值。

（4）BCG 矩阵方法。BCG 矩阵方法是由波士顿咨询集团（Boston Consulting Group，BCG）创始人、美国著名的管理学家布鲁斯·亨德森在 20 世纪 70 年代初开发的。BCG 矩阵将组织的每个战略事业单位（SBUs）标在一种二维的矩阵图上，从而显示出哪个战略事业单位提供高额的收益，以及哪个战略事业单位是组织资源的漏斗。布鲁斯·亨德森认为：“公司若要取得成功，就必须拥有增长率和市场份额各不相同的产品组合。组合的构成取决于现金流量的平衡。”如此看来，BCG 矩阵的实质是通过业务的优化组合实现企业的现金流量平衡。

BCG 矩阵包含四种业务组合。

第一，问题型业务（高增长、低市场份额）。

这个领域中是一些投机性产品，带有较大的风险。这些产品可能利润很高，但占有的市场份额很小。这往往是一个企业的新业务，为发展问题型业务，企业必须建立工厂，增加设备和人员，以便跟上迅速发展的市场，并超过竞争对手，这些意味着大量的资金投入。“问题”非常贴切地描述了企业对待这类业务的态度，因为这时企业必须慎重回答“是否继续投资，发展该业务？”这个问题。只有那些符合企业发展长远目标、企业具有资源优势、能够增强企业核心竞争力的业务才能得到肯定的回答。得到肯定回答的问题型业务适合于采用增长战略，目的是扩大产品的市场份额，甚至不惜放弃近期收入来达到这个目标，因为要把问题型业务发展成为明星型业务，其市场份额必须有较大的增长。得到否定回答的问题型业务则适合采用收缩战略。

如何选择问题型业务是用 BCG 矩阵制定战略的重中之重、也是难点，这关乎企业未来的发展。对于增长战略中通过各种业务增长方案来确定优先次序，BCG 也提供了一种简单的方法，通过权衡选择投资回报率相对高而需要投入的资源不太多的方案。

第二，明星型业务（高增长、高市场份额）。

这个领域中的产品处于快速增长的市场中且占有支配地位的市场份额，但也许不会产生正现金流量，这取决于新工厂、设备和产品开发对投资的需要量。明星型业务是由问题型业务继续投资发展起来的，可以视为高速成长市场中的领导者，它将成为企业未来的现金牛业务。但这并不意味着明星型业务一定可以给企业带来源源不断的现金流，因为市场还在快速成长，企业必须继续投资，以保持与市场同步增长，并击败竞争对手。企业如果没有明星型业务就失去了希望，但群星闪烁也可能会闪花企业高层管理者的眼睛，导致他们做出错误的决策。这时他们必须具备识别行星和恒星的能力，将企业有限的资源投入到能够发展成为现金牛业务的恒星上。同样，明星型业务要发展成为现金牛业务适合于采用增长战略。

第三，现金牛业务（低增长、高市场份额）。

这个领域中的产品会产生大量的现金流，但未来的增长前景是有限的。这是成熟市场中的领导者，它是企业现金的来源。由于市场已经成熟，企业不必大量投资来扩展市场规模，同时作为市场中的领导者，该业务享有规模经济和高边际利润的优势，因而给企业带来大量现金流。企业往往用现金牛业务来支付账款，并支持其他三种需大量现金的业务。现金牛业务适合采用稳定战略，目的是保持产品的市场份额。

第四，瘦狗型业务（低增长、低市场份额）。

这个领域中的产品既不能产生大量的现金流，也不需要投入大量现金，这些产品没有希望提高绩效。一般情况下，这类业务常常是微利甚至是亏损的。瘦狗型业务存在的原因更多的是由于感情上的因素，虽然一直微利经营，但像人养了多年的狗一样恋恋不舍而不忍放弃。其实，瘦狗型业务通常要占用很多资源，如资金、管理部门的时间等，多数时候是得不偿失的。瘦狗型业务适合采用收缩战略，目的在于出售或清算业务，以便把资源转移到更有发展前景的业务上。

BCG 矩阵如图 2-6 所示。

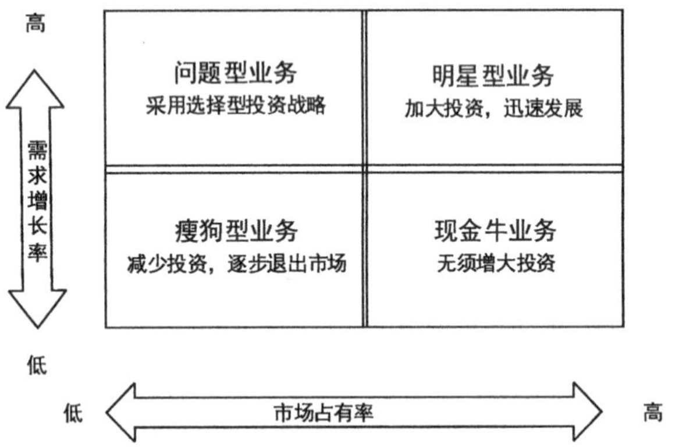

图 2-6 BCG 矩阵

（5）麦肯锡矩阵方法。麦肯锡矩阵（McKinsey Matrix）是 20 世纪 70 年代美国通用电气公司（GE）创建的新的投资组合分析方法，是一个能够对公司的战略事业单元进行业务组合分析的管理模型，麦肯锡矩阵也被称为“GE 矩阵”“业务评估矩阵”“GE 业务荧屏”。

麦肯锡矩阵主要用于进行业务选择、定位。企业可以根据矩阵情况对部门在经济市场上的影响力、实力及吸引力进行评估，也可以用于判断企业自身的强项和弱点，以便进行切实有效的战略规划。

在使用麦肯锡矩阵的时候，一般是根据具体业务模块在所在行业的吸引力和市场上的竞争实力两个维度进行评估，每个维度用高、中、低三个档来评价，形成一个 3×3 的矩阵，如图 2-7 所示。

在使用麦肯锡矩阵时，要确定每个战略业务单位在矩阵中的位置，必须将行业吸引力和市场竞争力中的每个因素进行量化。

一般来说，在对行业吸引力和市场竞争力进行度量时，可选用具有五等级的里克特等级度量法，如图 2-8 所示。

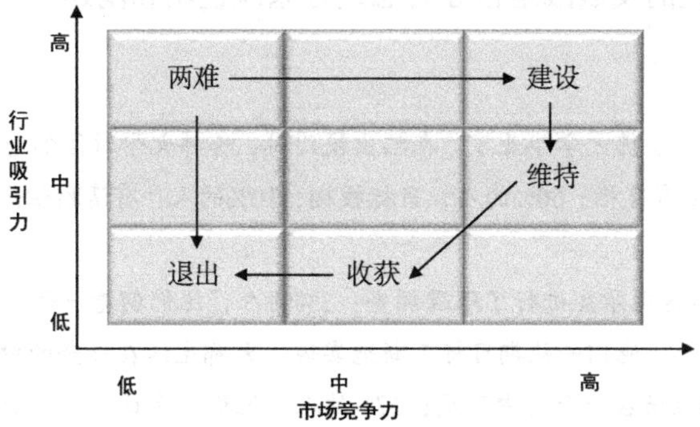

图 2-7　麦肯锡矩阵

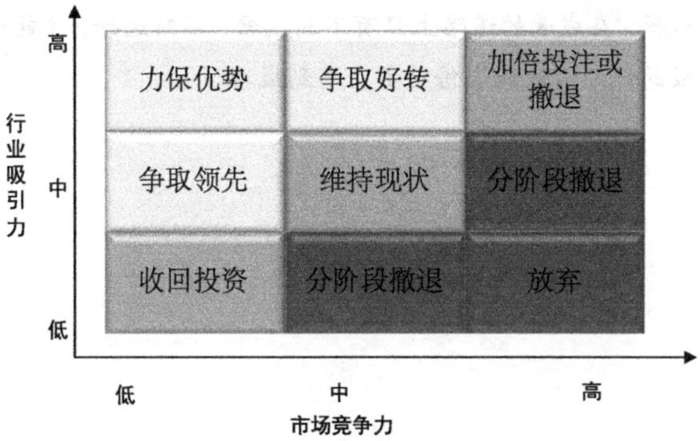

图 2-8　里克特等级度量法

在战略规划过程中，应用麦肯锡矩阵必须经历以下五个步骤。

第一，确定战略业务单位，并对每个战略业务单位进行内外部环境分析。根据企业的实际情况，或依据产品（包括服务），或依据地域，对企业的业务进行划分，形成战略业务单位，并对每个战略业务单位进行内外部环境分析。

第二，确定评价指标及每个指示的权重。确定市场吸引力和企业竞争力的主要评价指标，以及每个指标所占的权重。市场吸引力和企业竞争力的评价指标没有通用标准，必须根据企业所处的行业特点和企业发展阶段、行业竞争状况进行确定。但是从总体上讲，市场吸引力主要由行业的发展潜力和盈利能力决定，企业竞争力主要由企业的财务资源、人力资源、技术能力与经验、无形资源与能力决定。确定评价指标的同时，还必须确定每个评价指标的权重。

第三，进行评估打分。根据行业分析结果，对各战略业务单位的市场吸引力和竞争力进行评估和打分，并加权求和，得到每个战略业务单位的市场吸引力和竞争力总体得分。

第四，将各战略业务单位标在麦肯锡矩阵上。根据每个战略业务单位的市场吸引力和竞争力总体得分，将每个战略业务单位用圆圈标在麦肯锡矩阵上。在标注时，注意圆圈的大小表示战略业务单位的市场总量规模。有的还可以用扇形反映企业的市场占有率。

第五，对各战略业务单位策略进行说明。根据每个战略业务单位在麦肯锡矩阵上的位置，对各战略业务单位的发展战略指导思想进行系统说明和阐述。

❑管理感悟

有一年，一群大学生从哈佛大学毕业了。在临出校门时，哈佛大学对他们进行了一次关于人生目标的调查。结果：27%的人，没有目标；60%的人，目标模糊；10%的人，有清晰但比较短期的目标；3%的人，有清晰且长远的目标。

25 年后，哈佛大学对这群学生进行了跟踪调查：3%的人，他们朝着一个方向不懈努力，几乎都成为社会的成功人士；10%的人，他们的短期目标不断地实现，大都生活在社会的中上层；60%的人，他们安稳地生活与工作，几乎都生活在社会的中下层；27%的人，他们没有目标，生活过得很不如意，常常在抱怨这个“不肯给他们机会”的世界。

感悟

人生总会面临着很多选择，在成长的道路上只有不断摸索、不断选择，才能成熟。要想做好一件事情，行动之前需要制订一个有效的计划，才能事倍功半、马到成功。

🕘同步测试

一、概念题

1．内部环境

2．外部环境

3．SWOT 分析

4．计划

5．目标管理

6．滚动计划法

7．决策

8．定性预测

9．BCG 矩阵

10．麦肯锡矩阵

二、简答题

1．企业内部环境应包括哪些方面？

2．企业外部环境影响因素有哪些？

3．企业 SWOT 分析应该包括哪些内容？

4．五力模型中涵盖哪些竞争力？

5．计划在管理工作中有哪些作用？

6．请简述计划编制程序。

7．请分析预测与决策之间的关系。

8．请简要说明德尔菲法的优点和缺点。

9．请问有哪些定量预测方法？

10．请简要说明企业经营决策过程。

11．请简要说明 BCG 矩阵运用原理。

三、计算题

1．某工程项目的作业明细表如下所示。请根据此明细表画出网络图，并用计算作业时差的方法求出关键路线。

作业名称	紧前作业	作业时间（天）
A	——	5
B	——	8
C	A	10
D	A	8
E	B、D	5
F	C、E	15
G	B、D	15
H	F、G	20

2．某工程项目的作业明细表如下所示。请根据该表所给资料绘制出施工网络图，并找出关键作业和关键路线，同时求出工程的周期。

作业名称	紧前作业	作业时间（天）
A	——	5
B	——	8
C	A	10
D	A、B	12
E	A、B	10
F	C、D	10
G	E	10

3．某企业准备开发一种新产品，现有三种方案可供选择，有关资料如下表所示。请用决策树法进行决策。

方案	投资（万元）	收益（万元）			寿命（年）
		高需求 0.6	中需求 0.2	低需求 0.2	
A	1200	500	200	−200	10
B	800	300	100	0	10
C	400	200	100	100	10

4．某企业计划生产一种新产品。有三种生产制造方案可供选择：①改造原有生产线；②新建一条生产线；③自制与外购相结合。该产品需求量无从预测，但在三种不同销售情况时，各种方案的收益（万元）可以估计，有关资料如下表所示。

方　案	市场需求		
	畅销（万元）	销路一般（万元）	滞销（万元）
改造生产线	900	600	-200
新建生产线	1200	500	-400
自制与外购相结合	500	350	80

试用：（1）最小后悔值法和平均数法进行决策。

（2）小中取大法、大中取大法进行决策。

5．某糖果企业，产品主要有鲜奶糖、喜糖、喉糖、咖啡糖、水果糖、软糖，产品的年销售情况如下表所示。

请用波士顿矩阵法，分析该企业每项业务的地位及应采取的战略。

产　品	销售额（万元）	相对市场份额	同比增长率（%）
鲜奶糖	1500	1.3	20
喜糖	800	0.3	1
喉糖	500	0.5	15
咖啡糖	1000	1.2	8
水果糖	2500	1.5	5
软糖	4000	2	12

管理实践

能力提升任务单 2

任务名称	校园餐饮店运营 SWOT 分析		
组　长		组　员	
任务导入	1．设定一定的管理情景，运用 SWOT 进行内外部环境分析和调整经营策略。 2．管理情景：假设在校内成立面向在校师生的校园餐饮店，分析该餐饮店具备哪些优势及机会，同时分析该餐饮店面临的劣势和威胁。 3．以小组为单位。每组 4～5 人，设 1 名组长，先进行分组讨论，再通过 SWOT 进行内外部环境分析和调整经营策略。 4．在讨论交流过程中，及时记录小组成员关于校园餐饮店经营疑惑的问答。 5．各小组派代表对本小组的工作成果进行讲解，其他成员补充。 6．其他小组成员对讲解内容进行提问和质疑。 7．各小组完善自己的工作成果并提交电子版。		
成果形式	1．校园餐饮店 SWOT 经营环境分析报告。 2．校园餐饮店运营策略优化方案。		
学习体会			
老师评价	评语：		
	成绩：________　　　　　____年____月____日		

能力提升任务单 3

任务名称	校园餐饮五力模型分析		
组　　长		组　　员	
任务导入	1．设定一定的管理情景，运用五力模型进行环境分析和调整经营策略。 2．管理情景：假设小组为校内某一餐饮创业者，通过调查了解校内及周边现有竞争对手间争夺的激烈程度、潜在进入者的威胁、替代品的威胁、食材供应商议价及供应能力、校内师生对价格敏感度等情况。 3．以小组为单位。每组 4～5 人，设 1 名组长，以小组为单位进行讨论交流，构建校园餐饮五力模型。 4．在讨论交流过程中，及时记录小组成员关于校园餐饮五力模型疑惑的问答。 5．各小组派代表对本小组的工作成果进行讲解，其他成员补充。 6．其他小组成员对讲解内容进行提问和质疑。 7．各小组完善自己的工作成果并提交电子版。		
成果形式	1．某一经营主体校园餐饮五力模型（包含餐饮经营者现有竞争对手、潜在进入者的威胁、替代品、供应商和客户等信息）。 2．根据校园餐饮五力模型，试提出某一经营主体应对策略。		
学习体会			
老师评价	评语：		
	成绩：________　　　　　____年____月_____日		

能力提升任务单 4

任务名称	校园旅游出行计划编制		
组　　长		组　　员	
任务导入	1．设定一定的管理情景，由学生编制校园旅游出行计划。 2．管理情景：假设在校内创立一家旅游公司，现组织一批学生赴某地进行旅游，需要编制一个切实可行的出行计划。 3．以小组为单位。每组 4～5 人，设 1 名组长，以小组为单位进行讨论交流，编制校园旅游出行计划。 4．在讨论交流过程中，及时记录小组成员关于校园旅游计划疑惑的问答。 5．各小组派代表对本小组的工作成果进行讲解，其他成员补充。 6．其他小组成员对讲解内容进行提问和质疑。 7．各小组完善自己的工作成果并提交电子版。		
成果形式	校园旅游出行计划（要明确时间、行程、住宿、饮食等安排，旅行线路费用，风险防范，以及服务标准细则）。		
学习体会			
老师评价	评语：		
	成绩：________　　　　　____年____月_____日		

模块 3

组织与人力资源管理

知识点

组织；组织的作用；组织的类型；组织结构设计；职权；人力资源管理模块；人力资源规划的内容；人员招聘；人员甄选；考评；培训

技能点

辨别组织类型；优化组织结构；合理分配职权；优选人员招聘方法；优化考评方法；优选员工培训方法

学习目标

- 理解组织的含义，掌握组织的作用。
- 熟悉组织结构设计的原则，掌握组织结构设计的类型。
- 理解组织结构变革的趋势，掌握集权与分权。
- 理解人力资源规划，掌握人员招聘、甄选、考评、培训等内容。

单元 1　组织结构与职权

情景导入

组织的故事

刘备在樊城的时候，曹操分兵八路来攻打，刘备自知抵挡不住，便想逃跑，但又不忍心丢下百姓。当时因刘备爱民如子，百姓都要跟着他。于是，刘备只好带领百姓一同向襄阳撤退。同行军民 10 余万人，大小车辆数千，挑担背包者不计其数，扶老携幼，拖儿带女，浩浩荡荡，熙熙攘攘，每天才前行约 5 千米。渡江时更是乱乱纷纷，你推我搡，两岸哭声不绝。很快，曹操就带兵追了上来，刘备险些失去生命。

《圣经》里说，摩洛哥大旱，居民们为了活命，就跟着一个叫摩西的人去欧洲逃荒。一路上也是扶老携幼、将男带女、乱乱纷纷、熙熙攘攘，每天只走约 5 千米的路。居民们大小事情都找摩西解决，弄得摩西疲惫不堪。摩西听从一位老者的建议，每 10 个人选一个能干的当"小头儿"，"小头儿"们再选精明的人当"大头儿"，"大头儿"们再选更精明的人当"更大的头儿"，这些"更大的头儿"则由摩西指挥。居民们有事，逐级处理或上报；摩西有令，逐级下达和执行。这样一来，居民们就成了有秩序的队伍，行进速度加快了，很快便到达了目的地。

问题：上述两则小故事给我们带来哪些启示？

正文

一、组织的含义

（一）组织的一般含义

关于组织的含义，学者们从不同的角度进行了分析与概括。詹姆斯·穆尼认为，组织是某种人为达到某种共同目标联合起来的形式。巴纳德认为，正式组织是有意识地协调两个以上人的活动与力量的体系。卡斯特认为，组织是一个属于更广泛环境的分系统，并包括怀有目的并为目标奋斗的人们，是一个技术分系统——人们使用的知识、技术、装备和设施，是一个结构分系统——人们在一起进行整体活动，是一个社会心理分系统——处于社会关系中的人们，也是一个管理分系统——负责协调各分系统，并计划与控制全面的活动。组织的定义有很多，人们对组织的认识仍处于不断深入的过程中，随着人类实践的不断发展，人们的认识还会进一步演变和深化，但这并不妨碍人们对组织的理解。

我们认为，组织是人们自觉、有意识、有目的地加以协调两个或两个以上人的活动或力量的系统。从一般意义上讲，组织包括两层含义：一是指由若干因素构成的有序的结构系统（名词）；二是指一种根据一定的目的、按照一定的程序，对一些事物进行安排和处理的活动或行为（动词）。前者既包括社会组织也包括自然组织，后者则专指人们的活动。

（二）管理学意义上的组织

从管理学的角度讲，组织被看作是按照一定的目的和程序组成的一种权责角色结构，其中包括四个重要概念。

① 职权（Authority），指经由一定的正式程序所赋予某个职位的一种权力。

② 职责（Responsibility），指一个职位应该完成某项任务的责任。

③ 负责（Accountability），反映上下级之间的一种关系。下级有向上级报告自己工作绩效的义务或责任，上级有对下级的工作进行必要指导的责任。

④ 组织系统图（Organizational Chart），反映组织内各机构、岗位上下左右相互关系的一种图表。

从名词的角度讲，组织是为了达到某些特定的目标，经由分工与合作及不同层次的权利和责任制度而构成的社会系统。从动词的角度讲，组织是一种管理职能，即组织管理活动，设计并建立组织机构，安排人员职位，确定职务、职权、职责及其相互间的关系，以有效实现组织目标的活动。

互动测试：组织的要素包括哪些?

共同的目标；人员与职责；协作关系；信息交流。

二、组织的作用

（1）人力汇集和放大的作用。在人类社会发展中，一个人无法实现所期望的目标，于是就需要和他人合作，联合起来共同行动。组织实际上是个人力量的汇集，把分散的力量汇集成整体，进而在同其他组织系统的竞争中实现自身的价值。

管理小案例

诺曼底战役

1944 年 6 月 6 日凌晨，在法国的诺曼底，沉寂的夜空突然被震耳欲聋的马达轰鸣声划破。大批飞机轮番轰炸、扫射，几万名伞兵从天而降，向地面的据点和阵地发起猛攻。与此同时，海面上出现了数以千计的舰艇。舰艇迅速靠岸，在炮火的掩护下，无数步兵、坦克、装甲车潮水般地涌上海岸……这就是第二次世界大战时，欧洲盟军为开辟消灭德国法西斯的第二战场发动的著名的诺曼底战役。

这次战役动员了来自美国、英国、法国和加拿大等国的 287 万名军人的军队，15000 余架各式飞机，6000 多艘各类舰艇，全部集合在英国，到时一齐出动。很明显，如果没有组织作用，这么大的战役是没有办法发动的。

而且，不论是美国军队、英国军队，还是其他国家的军队，也不论是海军、陆军还是空军，都由欧洲盟军最高指挥部统一指挥，打破了国与国的界限，也打破了三军司令各自为政的惯例，这也是这次战役取得胜利的重要保证。没有统一指挥，别说这么大的战役，就是比这小得多的战役，要想取得胜利也是十分困难的。

问题：诺曼底战役对组织有什么启示?

（2）资源整合的作用。除了人力资源，组织还汇集了其他多种资源。组织通过精心的结构设计和合理的分工与协作，使各种资源最大限度地发挥作用，从而取得1+1＞2的效果，即所谓的整合作用。

管理小案例

拿破仑骑兵之不同

在欧洲历史上，拿破仑的法国骑兵曾经同马木留克骑兵交战。马木留克骑兵个个彪悍凶猛、骑术出色，一对一的较量，法国骑兵不是他们的对手。但交战的结果，却是人数较少、骑术逊色的法国骑兵打败了人数较多、骑术出色的马木留克骑兵。为什么呢？拿破仑曾得意地评论说："两个马木留克骑兵，绝对能打赢 3 个法国骑兵；100 个法国骑兵与 100 个马木留克骑兵势均力敌；300 个法国骑兵大体能战胜 300 个马木留克骑兵；而 1000 个法国骑兵则一定能打败 1500 个马木留克骑兵。"因为法国军队组织严密，结构合理，所以能发挥 $1+1>2$ 的功效；而马木留克骑兵的组织比较松弛，结构不合理，只能发挥 $1+1<2$ 的功效了。

问题：通过上述案例中法国骑兵和马木留克骑兵的对比，试总结组织的作用。

（3）满足人们的心理需求的作用。组织有满足人们某方面心理需求的作用，特别是组织中的非正式群体，本身就是根据人们的心理需求而建立的。人们在组织中可以获得安全感和归属感，可以满足社会交往的需要，建立自尊和自信。

管理小案例

疫情防控下的基层党组织

2020 年，面对突如其来的新冠肺炎疫情，基层党组织真正发挥了战斗堡垒作用，用实际行动践行了庄重的誓言，坚持人民至上、生命至上，以坚定果敢的勇气和坚忍不拔的决心，同时间赛跑、与病魔较量，迅速打响疫情防控的人民战、总体战、阻击战。组成了一道道人肉防线，风雨无阻、日夜兼程，测体温、劝离劝返，一户户采集信息，了解情况，便于短时间内摸清底数，为决策部署做好参谋工作。在此基础上，迅速反应，统筹兼顾，一手抓疫情防控，一手抓经济发展工作，抓紧协助恢复生产生活秩序，取得显著成效。中国的抗疫斗争，充分展现了基层党组织精神、基层党组织力量、基层党组织担当。

问题：（1）相较于其他国家，我国疫情防控有什么制度优势？

（2）在疫情防控过程中，全国上下党组织起到什么作用？

三、组织的类型

（一）公共组织、企业组织和第三部门

按组织性质可分为公共组织、企业组织和第三部门三类。

公共组织是服务于公共利益、不以营利为目的、不通过市场提供服务的组织，组织目标是追求公平。

企业组织是以营利为目的、以实现私人利益最大化为目标、通过市场提供产品或服务的组织，组织目标是追求效率。

第三部门是介于公共组织和企业组织之间的一切社会组织，又称"非营利组织"（NPO）或"非政府组织"（NGO）。第三部门由民间提供，不以营利为目的，以推进社会公益为宗旨，具有非营利性、民间性、志愿性、自治性、公益性等特征，如学会、协会、大学等，组织目标是追求道义。

互动测试：按组织性质不同，组织可分为哪几类？

公共组织、企业组织和第三部门。

（二）强制性组织、功利性组织和自治性组织

按组织权力可分为强制性组织、功利性组织和自治性组织三类。

强制性组织是根据外部法定权力强制人们必须服从的组织，如集中营、监狱、精神病院。它建立在外部强制权力的基础上。

功利性组织是以报酬、奖励等手段来使人们服从的组织，如企业组织、商业组织。它建立在相互自愿权力的基础上。

自治性组织是按组织章程的宗旨自主开展活动、人们自愿加入和服从的组织，如协会、学会、商会、医院、教会等。它建立在个体自主权力的基础上。

互动测试：按组织权力不同，组织可分为哪几类?

强制性组织、功利性组织和自治性组织。

（三）正式组织和非正式组织

按组织规范程度可分为正式组织和非正式组织两类。

1. 正式组织

正式组织是经过有计划的设计，将组织业务分配给各层次，做出系统的安排，并由规则来支持职责，强烈地反映出管理者的思想和信念，但其成员并不一定重视或接受管理者的社会、心理和行政的假设。

正式组织具有以下特征。

① 经过规划而不是自发形成的，组织机构的特征反映出管理者的思想和信念。

② 有十分明确的组织目标。

③ 讲究效率，协调地处理人、财、物之间的关系，以最经济有效的方式实现目标。

④ 分配角色任务，影响人们之间关系的层次。

⑤ 建立权威，组织赋予管理者正式的权力，下级必须服从上级。

⑥ 制定各种规章制度约束个人行为，实现组织的一致性。

⑦ 组织内个人的职位可以相互替代。

2. 非正式组织

非正式组织是在满足人们需要的心理推动下，比较自然地形成的心理团体，其中蕴含着深厚的友谊与感情因素。

非正式组织具有以下特征。

① 组织的建立以人们之间具有共同的思想、相互喜爱、相互依赖为基础，是自发形成的。

② 组织最主要的作用是满足个人不同的需要。

③ 组织一经形成就会产生各种行为规范，约束个人的行为。这种规范可能与正式组织的目标一致，也可能不一致，甚至发生抵触。

非正式组织对正式组织来讲，具有正反两方面的功能。非正式组织的正面功能主要体现在：非正式组织混合在正式组织中，容易促进正式组织工作的完成；正式组织的管理者

可以利用非正式组织来弥补成员间能力与成就的差异；正式组织可以通过非正式组织的关系与气氛获得组织的稳定；正式组织可以将非正式组织作为沟通工具；正式组织可以利用非正式组织来提高组织成员的士气等。而非正式组织的反面功能，主要体现为可能阻碍正式组织目标的实现等。

管理小案例

非正式组织防范

1993 年年底，正准备进行二次创业的实达电脑公司内部领导班子发生了冲突，结果是总经理带领 30 名骨干员工集体出走，差点使年轻的实达电脑公司折戟沉沙。1995 年，正处于高峰时期的小霸王，领导者段永平率几乎全部中层管理者集体请辞，另立门户，结果使辛辛苦苦营造起来的小霸王知名品牌可悲地成为历史。1998 年年底，瀛海威除总经理之外的管理层集体哗变，一度曾使瀛海威元气大伤。1999 年，北京现代城房地产公司 4 名销售副总监带领部分销售人员以 1825 万元的一次性费用被挖走。2000 年，创维集团以陆强华为首的销售团队集体跳槽，导致创维集团濒临崩溃。

问题：请结合上述案例，试分析如何防范非正式组织对企业的影响。

互动测试：非正式组织是根据什么形成的?

性格、气质、爱好、兴趣等。

（四）实体组织和虚拟组织

按组织形态可分为实体组织和虚拟组织两类。

实体组织是一般意义上的组织。

虚拟组织是伴随网络技术而产生的一种新的组织形式。

虚拟组织是一种以信息技术为支撑的人机一体化组织。其特征是以现代通信技术、信息存储技术、机器智能产品为依托，实现传统组织的职能和目标。

虚拟组织的成员对成果共同负责；成员在地理位置上是分散的；成员共同解决问题和制定决策；组织的人数通常少于20人。

管理小案例

NIKE 与 REEBOK 虚拟组织

NIKE 公司、REEBOK 公司，都是著名的运动鞋制造厂商。但实际上，NIKE 公司只有一个很小的制造单位，用来生产耐克鞋的气垫系统，而其余业务都是由外部供应商提供的。NIKE 公司把主要的力量集中在新产品研究开发和市场营销上，制造上采用“多层伙伴”策略，根据不同合作对象的特点，采取不同的合作方式，这使得 NIKE 公司的产值以每年 20%的递增率增长。著名的运动鞋制造厂商，更是完全不从事制造活动。

这两家公司实际上是与亚太地区的运动鞋制造厂签订合约，交由他们生产制造。NIKE公司和REEBOK 公司运用信息网络将所有的企业活动联系起来，都是典型的虚拟组织，虚拟组织使得它们能够快速地对市场上流行起来的顾客需求做出反应。

问题：结合上述案例，分析虚拟组织对企业经营的作用。

四、组织结构设计

（一）组织结构设计的含义

组织结构是表明组织各部分排列顺序、空间位置、聚散状态、联系方式及各要素之间相互关系的一种模式，即整个管理系统的框架，也是组织的全体成员为实现组织目标，在管理工作中进行分工协作，在职务范围、责任、权利方面所形成的结构体系。

组织结构设计是指根据组织目标或任务，以及组织所处的内外部环境及其变化，对一个组织的结构进行的规划、设计、构建和创新，确保组织能有效运转并实现组织目标。实际上，组织结构设计是一个组织变革的过程，通过创建柔性灵活的组织，动态地反映外部环境变化的要求，并在组织成长过程中有效地积聚新的组织资源，同时协调好组织中部门与部门之间的关系、员工与任务之间的关系，使员工明确自己在组织中应有的权利和应承担的责任，有效地保证组织活动的开展。

互动测试：组织结构的核心要素是什么?

职权。

（二）组织结构设计的基本原则

在长期的组织变革的实践活动中，西方管理学家曾提出一些组织结构设计的基本原则，如管理学家厄威克曾比较系统地归纳了古典管理学派泰勒、法约尔、韦伯等人的观点，提出了 8 条指导原则：目标原则、相符原则、职责原则、组织阶层原则、管理幅度原则、专业化原则、协调原则和明确性原则；美国管理学家孔茨等人，在继承古典管理学派的基础上，提出了健全组织工作的 15 条基本原则：目标一致原则、效率原则、管理幅度原则、分级原则、授权原则、职责的绝对性原则、职权和职责对等原则、统一指挥原则、职权等级原则、分工原则、职能明确性原则、检查职务与业务部门分设原则、平衡原则、灵活性原则和便于领导原则。我国在组织结构的变革实践中也积累了丰富的经验，相应地提出了以下组织结构设计原则。

1. 任务与目标原则

组织结构设计的根本目的是，实现组织的战略任务和经营目标，所以任务与目录原则是最基本的原则。组织结构的全部设计工作必须以此为出发点和归宿点，即组织任务、目标同组织结构之间是目的同手段的关系。衡量组织结构设计的优劣，要将是否有利于实现组织任务、目标作为最终的标准。从这个原则出发，当组织的任务、目标发生重大变化时，如从单纯生产型向生产经营型、从内向型向外向型转变时，组织结构必须做相应的调整和变革，以适应任务、目标的变化。如果进行组织机构改革，必须明确要从任务和目标的要求出发，该增则增，该减则减，避免单纯地把精简机构作为改革的目的。

2. 专业分工与协作原则

现代组织的管理，工作量大，专业性强，分别设置不同的专业部门，有利于提高管理工作的质量与效率。在合理分工的基础上，各专业部门只有加强协作与配合，才能保证各项专业活动的顺利开展，实现组织的整体目标。贯彻这个原则，在组织结构设计中要十分重视横向协调问题。

3. 有效管理幅度原则

由于受个人精力、知识、经验条件的限制，一名领导者能够有效领导的直属下级人数是有一定限制的。有效管理幅度不是一个固定值，它受职务的性质、人员的素质、职能机构健全与否等条件的影响。这个原则要求在进行组织结构设计时，领导者的管理幅度应控制在一定水平，以保证管理工作的有效性。由于管理幅度的大小同管理层次的多少成反比例关系，这个原则要求在确定组织管理层次时，必须考虑到有效管理幅度的制约。因此，有效管理幅度也是决定组织管理层次的一个重要因素。

4. 集权与分权相结合的原则

组织结构设计时，既要有必要的权力集中，又要有必要的权力分散，两者不可偏废。集权是大生产的客观要求，它有利于保证组织的统一领导和指挥，有利于人力、物力、财力的合理分配和使用，而分权是调动下级积极性、主动性的必要条件。合理分权有利于基层员工根据实际情况迅速而正确地做出决策，也有利于高层管理者摆脱日常事务，集中精力解决重大问题。因此，集权与分权是相辅相成的，是矛盾的统一。没有绝对的集权，也没有绝对的分权。组织在确定上下级管理权力分工时，主要应考虑的因素有组织规模的大小、组织生产技术的特点、各项专业工作的性质、各单位的管理水平和人员素质的要求等。

历史小故事

子贱放权

孔子的学生子贱有一次奉命担任某地方的官吏。当他到任以后，时常弹琴自娱，不管政事，可是他所管辖的地方被治理得井井有条，民兴业旺。这使那位卸任的官吏百思不得其解，因为他每天即使起早摸黑，从早忙到晚，也没有把地方治理好。于是，他请教子贱："为什么你能治理得这么好？"子贱回答说："你只靠自己的力量去治理，所以十分辛苦，而我是借助别人的力量来完成任务。"

问题：试分析上述小故事给企业管理带来哪些启示。

5. 稳定性与适应性相结合的原则

稳定性与适应性相结合的原则要求组织进行结构设计时，既要保证组织在外部环境和任务发生变化时能够继续有序地正常运转，又要保证组织在运转过程中能够根据变化的情况做出相应的变更，所以组织应具有一定的弹性和适应性。为此，需要在组织中建立明确的指挥系统、责权关系及规章制度，同时要求采用一些具有较好适应性的组织形式和措施，使组织在变动的环境中具有一种内在的自动调节机制。

（三）典型的组织结构

1. 直线型组织结构

直线型组织结构是最早、最简单的一种组织结构形式。其特点是组织中各种职务按垂直系统直线排列，组织中每个成员只接受一个最近的上级指挥，仅对该上级负责，并汇报工作。直线型组织结构如图 3-1 所示。

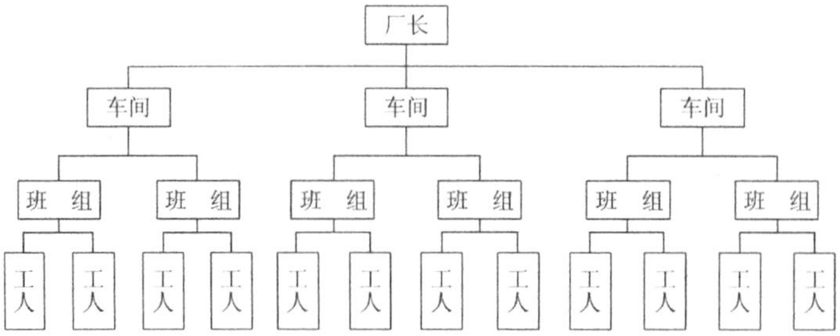

图 3-1　直线型组织结构

直线型组织结构的优点：指挥命令系统简单，决策迅速，命令统一；每个成员的责任和权限归属明确，知道自己向谁汇报，谁向自己汇报；容易维持组织纪律，确保组织秩序；组织结构简单，管理费用低。

直线型组织结构的缺点：只注意上意下传和下情上达，横向联系差；要求管理者是全能型的，否则难以做到恰当的指挥；缺少职能部门，不能依靠各方面的专家，许多具体事务必须由主管人员亲自处理。

互动测试：高层管理者的主要职责是什么?

决策、指挥和监督。

2. 职能型组织结构

该组织结构的特点是用专业分工的管理者代替直线组织的全能管理者。组织内除了直线主管，还相应地设立职能部门，各职能部门在自己的业务范围内，有权向下级下达命令和指示，各级负责人不仅要服从上级主管的领导，还必须接受上级各职能部门的领导和指示。职能型组织结构如图 3-2 所示。

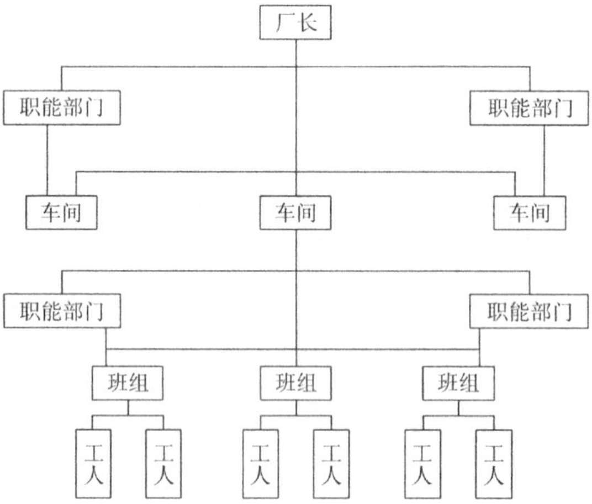

图 3-2　职能型组织结构

职能型组织结构的优点：适应现代复杂的组织技术和较细的管理分工的特点；发挥职能机构的专业管理作用；减轻上层主管人员的负担。

职能型组织结构的缺点：容易妨碍组织必要的集中领导和统一指挥，造成多头领导。

3. 直线参谋型组织结构

该结构组织又称直线职能型组织结构，具有以上两种组织结构的优点。其特点是以直线型为基础，在各级主管人员之下设置相应的职能部门，在保持直线组织统一指挥的原则上，增加了参谋机构。其中，直线部门是骨干，担负着实现组织目标所需要完成的直接业务，而职能部门只是同等级主管人员的参谋与助手，负责提出建议，提供信息，对下级职能部门进行业务指导，但无权对下级发号施令。直线参谋型组织结构如图 3-3 所示。

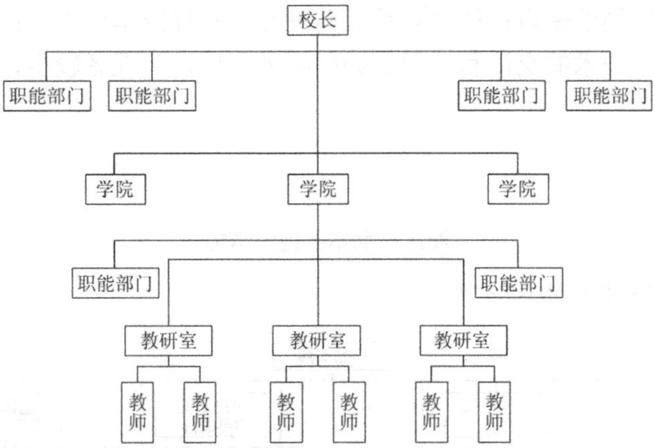

图 3-3 直线参谋型组织结构

直线参谋型组织结构的优点：既能保持统一命令的效果，又能发挥各种专家的作用；各级主管人员能腾出更多的时间从事自己应该做的工作。

直线参谋型组织结构的缺点：直线部门和职能部门之间的工作容易产生不协调，对经营管理产生不利的影响；如果给职能部门过大的权力，就会扰乱直线部门的指挥命令系统；如果不注意职能部门的建议，也会影响它们发挥积极性；设置职能部门会增加管理费用。

4. 事业部制组织结构

该组织结构是一种分权制的组织形式。事业部制组织结构是在总公司下面将产品或地区划分为许多事业部或分公司，这些事业部或分公司都是独立核算、自负盈亏的利润中心。其最大的特点是总公司只保留预算、重要人事任免和方针战略等重大问题的决策权，其他权力尽量下放。事业部制组织结构如图 3-4 所示。

事业部制组织结构的优点：保持了公司的灵活性和适应性，发挥了事业部的主动性和积极性，并使总公司和高层管理者从繁重的日常事务中解脱出来，得以从事重大问题的研究和决策；事业部是公司内部半独立的组织，可以开展竞争，比较成绩优劣，克服组织的僵化和官僚化。

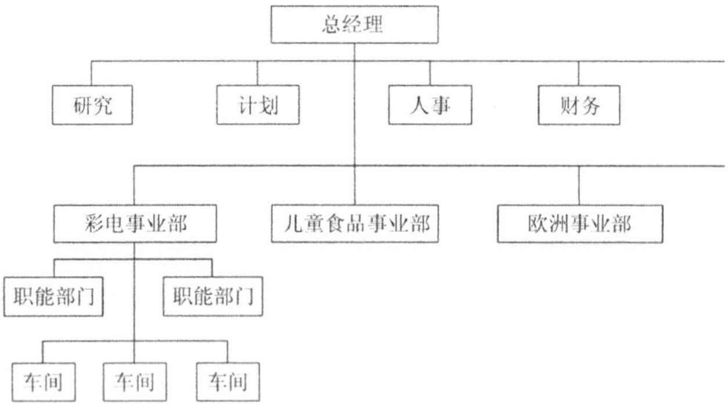

图 3-4　事业部制组织结构

事业部制组织结构的缺点：往往只重眼前利益，易导致本位主义；各事业部之间协作性差，不利于人才、技术的交流和公司资源的有效利用；管理者较多，易造成机构重叠，管理费用增加。

管理小案例

海尔产品本部组织结构

海尔产品本部组织结构如图 3-5 所示。

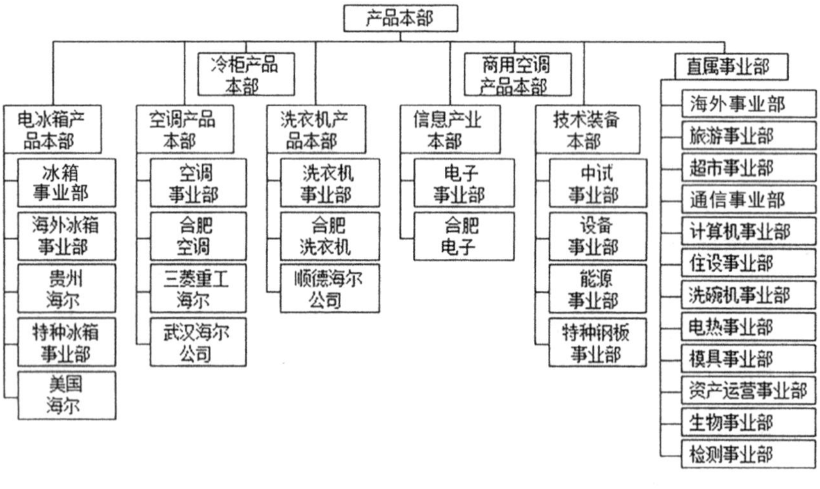

图 3-5　海尔产品本部组织结构

问题：（1）海尔如何构建事业部组织结构？

（2）请根据事业部组织结构知识，试说明海尔事业部组织结构的特点。

5. 矩阵式组织结构

矩阵式组织结构又叫规划-目标结构，由纵横两套管理系统叠加在一起组成一个矩阵，纵向系统是按职能划分的指挥系统，横向系统一般是按产品、工程项目或服务划分的管理系统。在这种组织结构中，同一名员工既与原职能部门保持组织与业务上的联系，又参与产品或项目小组的工作。为了保证完成一定的管理目标，每个项目小组都设负责人，在组织的最高管理者直接领导下进行工作。矩阵式组织结构如图 3-6 所示。

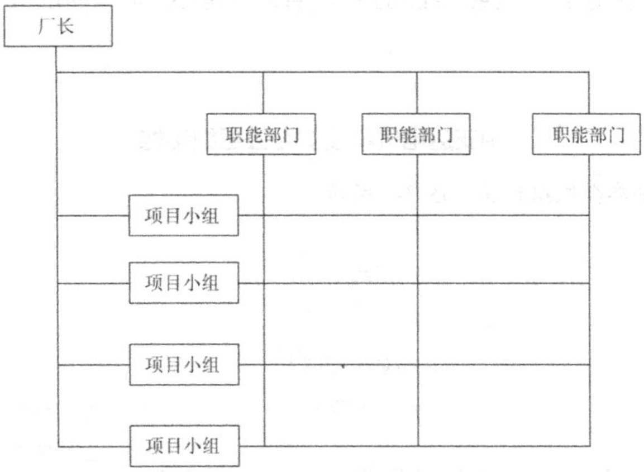

图 3-6　矩阵式组织结构

矩阵式组织结构的优点：打破了传统的一名员工只受一个部门领导的管理原则，使组织结构形成一种纵横结合的联系，加强了各职能部门的配合，具有较大的机动性和适应性；实现了集权与分权较优的结合；有利于发挥专业人员的潜力。

矩阵式组织结构的缺点：实行纵向、横向的双重领导，当双重领导的意见出现分歧时，下属会无所适从，出现工作差错时难以分清领导责任；组织关系较复杂，对项目负责人的要求比较高；具有临时性的特点，易导致人心不稳。

管理小知识

矩阵式组织结构应用

矩阵式组织结构是一种十分常见的组织结构，其应用已有 30 多年，一般适用于协作性和复杂性强的大型组织。IBM、福特汽车公司等企业都曾成功地运用过这种组织结构。矩阵式组织结构的高级形式是全球性矩阵式组织结构。一般认为，这种组织结构可以使企业因为提高效率而降低成本，同时因较好创新与顾客回应，使其经营具有差异化特征。这种组织结构除了具有高度的弹性，在各地区的全球主管可以同时接触到有关各地的大量资讯。它为全球主管提供了许多面对面沟通的机会，有助于企业的规范与价值转移，因而可以促进全球企业文化的建设。全球性矩阵式组织结构已用于全球性大企业如 ABB、杜邦、雀巢、菲利普、莫里斯等。

6. 委员会组织结构

委员会组织结构是一种为执行某方面职能而设置的管理者群体组织形式。它采用集体决策、集体领导的体制。委员会组织结构在组织中广泛使用。

委员会组织结构的属性：组织或运动中的委员会，既可以是临时的也可以是常设的；其职权属性，既可以是直线性质的也可以是参谋性质的。

委员会组织结构的优点：最大优势是集体决策，更加科学可靠；可代表各方利益，协调各种职能；如果是临时性的委员会，可不设专职人员，富有弹性。

委员会组织结构的缺点：委员会组织决策速度慢；可能出现决策的折中性；集体决策，责任不清。

委员会组织结构适用于一些经常性的专项管理职能或临时性的突击工作。

管理小案例

中安达电气科技安委会组织结构

中安达电气科技的安委会组织结构如图 3-7 所示。

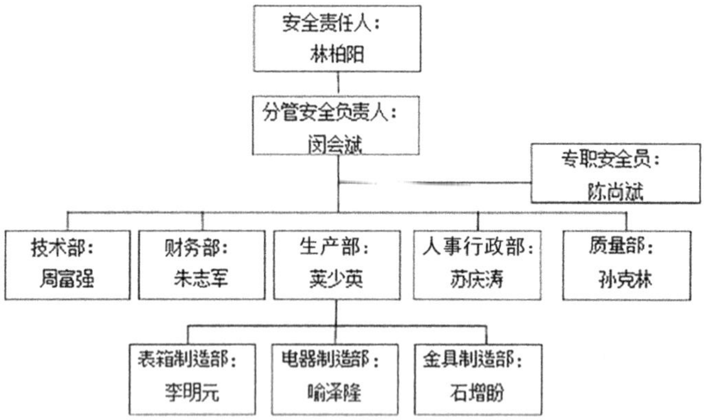

图 3-7　安委会组织结构

安全生产委员会（简称安委会），总体组织、负责公司的安全生产工作，应该由公司领导人员和相关部门的主要负责人组成。

安委会的主要职责：全面负责公司的安全生产管理工作；研究安全生产措施和制订劳动保护计划；检查和监督生产安全，调查处理发生的事故等。

各职责部门负责人是本部门第一安全责任人，对人员及日常安全工作负责。

安委会的日常事务由安全生产委员会办公室负责协调办理，人事行政负责联络工作。

问题：请问中安达电气科技安委会能否对企业安全生产进行有效管理？

7．集团控股型组织结构

控股型组织结构是在非相关领域开展多种经营的企业所常用的一种组织结构形式，如图 3-8 所示。集团控股型组织结构通过企业之间控股、参股，形成由母公司、子公司和关联公司组织的企业集团。各个分部具有独立的法人资格，是总部下属的子公司，也是公司分权的一种组织形式。一些大公司超越企业内部边界的范围，在非相关领域开展多种经营，对各业务经营单位不进行直接管理和控制，只在资本参与的基础上进行持股控制和具有产权管理关系。

集团控股型组织结构的优点：总公司对子公司具有有限的责任，风险得到控制。大大增加企业之间联合和参与竞争的实力。

集团控股型组织结构的缺点：战略协调、控制、监督困难，资源配置也较难，缺乏各公司的协调，管理变的间接。

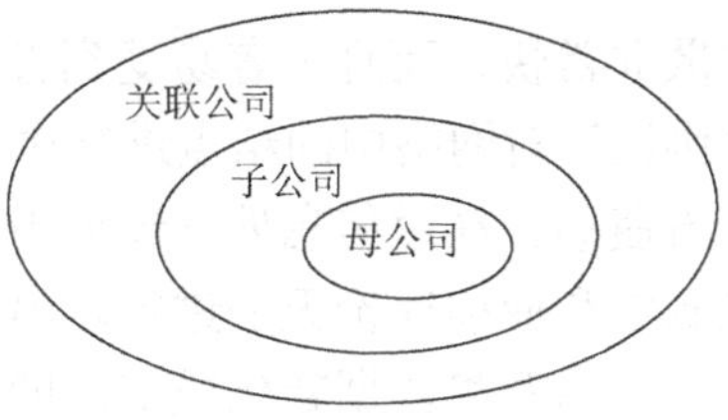

图 3-8 控股型组织结构

8. 网络型组织结构

网络型组织结构是目前流行的一种新的组织形式，它使管理者对于新技术、时尚或者来自海外的低成本竞争能具有更大的适应性和应变能力。

网络型组织结构是利用现代信息技术手段而建立和发展起来的一种新型组织结构。网络型组织结构是一种很小的中心组织，依靠其他组织以合同为基础进行制造、分销、营销或者其他关键业务的经营活动的结构。在网络型组织结构中，组织的大部分职能从组织外“购买”，这为管理者提供了高度的灵活性，并使组织集中精力做自己擅长的事。网络型组织结构如图 3-9 所示。

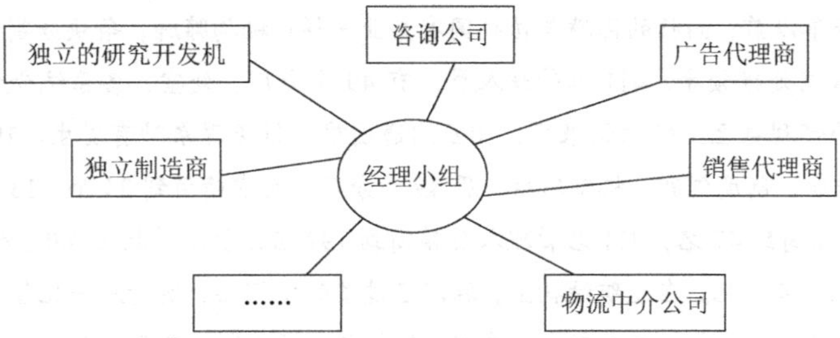

图 3-9 网络型组织结构

网络型组织结构的优点如下。

（1）有利于构建学习型组织。组织结构是实现知识管理的杠杆力量，网络型组织能够在组织内部与外部环境发生变化时，持续地适应环境并不断地自我改进。

（2）网络型组织结构通过减少管理层次来减少信息失真，增强上下级的直接联系。在信息技术发展的今天，减少了企业的中层管理者，缩短了上下级之间的距离，所以减少了信息传递过程中的失真情况。

（3）网络型组织结构能够通过“无边界”的资源整合，充分发挥员工的合作和自主意识，激发员工的积极性和能动性，通过信任和开诚布公来促进员工的合作。

（4）网络型组织结构中的各组织单元建立在现代信息网络技术平台上，彼此之间有着紧密合作，使信息的处理速度大大提高。

网络型组织结构的缺点如下。

（1）网络型组织结构加剧了企业资源规划的难度。网络型组织结构中的每个组织单元都可以自主管理，但又要接受核心权力的控制。而且，由于组织单元的自主经营，如果不能正确地划分清权责，容易出现管理混乱的局面。

（2）企业的管理风险增加。在网络型组织内部，各个结点相对独立，如果某些结点出现问题，这种网络型组织的扩散非常快，而且不容易受到管理层的控制。因此，在网络型组织结构中要有更加明确的“协议”对网络中的结点进行协调、控制。

（3）工作效率的提高存在着瓶颈。高速信息处理过程中可能无法对全过程进行检测和控制，导致信息的采集、决策制定和业绩评价无法进行。另外，信息源汇集到一起存在信息过载的风险。在这种情况下，信息及将数据转化成信息的工具也可能会失效，而人为的破坏、欺诈，记录的篡改和偷窃的风险，也比传统组织结构大大增加。

（四）组织结构变革与创新的趋势

1. 扁平化

扁平化是指管理层次的减少和管理幅度的扩大，其具有两个显著特点：①组织能够对大量复杂信息进行快捷、及时地处理和传输，大大缩减原有进行信息处理和传输工作的中间管理层次；②管理者向下属大量授权，组织成员的独立工作能力大大提高。

管理小案例

斯达扁平化管理

斯达组织结构变革以前，面临的困境与传统国有企业一样：机构臃肿，条块分割，人浮于事。全厂有13名厂级领导、136名处级领导、411名管理人员，有49个分厂、处室，各系统分成条块，每个厂级领导各管一摊，部门局部利益至上的意识很浓，相互沟通困难，推诿现象时有发生。1997年引进外资、实施技术改造、资产重组、制度创新、机制转换，原49个分厂、处室精简到24个，13名厂级领导精简到5名，136名处级领导精简到47名，411名管理人员精简到199名，员工总数由4800人精简到2300人。

信息化使组织机构扁平化。在组织结构上，取消了过多的中间层，实行扁平化管理，采取事业部制结构，分别是生产部、技术开发部、财务部、企管部、销售部、事务部。在各事业部之上设有由高级经理所组成的，由8名参谋管理人员、13台计算机支持的总经理办公室，下设两个中心（数据管理中心、文件管理中心），协助总经理管理这些多功能的事业部。斯达建立了以总经理为主的生产经营决策中心、以总工程师为主的技术管理中心、以总经济师为主的经济控制中心和以总会计师为主的资金运作中心。

斯达通过信息技术变革组织结构，其核心思想是建立各个部门相互制约的平衡机制，运用信息技术彻底改变传统业务流程。通过业务流程的相互制约建立相应部门，分配相应的权力，而不是按常规的先设立职能部门，再分配权力。

问题：斯达扁平化管理为企业带来哪些变化？

2. 柔性化

柔性化是指不设置固定的和正式的组织机构，而代之以一些临时的以任务为导向的团队式组织。柔性化弥补了传统层级制组织等级分明、层级较多和官僚主义等缺陷，提高了组织对环境动态变化的适应能力。

3. 分立化

分立化是指从一个大公司里分离出几个小公司，把公司部门与下属单位之间的内部型的上下级关系变为类似于外部型的公司与公司之间的关系。分立化有两种方式：一种是横向分立，即按照产品的不同种类进行分立；另一种是纵向分立，即按照一种产品的不同生产阶段进行分立。

4．网络化

网络化是以某个核心企业为主体，通过一定的目标和手段，把一些相关企业组织联结起来形成一个合作性的企业组织群体。网络化有两种形式；一种是外部网络，即各个独立的企业组织之间的联盟，具有强大的虚拟功能；另一种是内部网络，即通过重组把企业改组为由若干个独立的经营单位组成的网络制组织。网络型组织形式的基本单元是独立的经营单位。

5．虚拟化

虚拟化是组织网络化的极端形式，包括两个方面。

第一，单体组织的虚拟化。实际上是组织内部的网络化，通过 IT 网络终端把其雇员及雇员与顾客直接连在一起，将尽可能多的实体转变成数字信息，减少实体空间，更多地依赖电子空间，最终使组织本身成为空壳。

第二，组织间关系的虚拟化。由几个有共同目标和合作协议的组织构成，成员之间可能是合作伙伴，也可能是竞争对手，它改变了过去组织之间完全你死我活的输赢关系，而代之以共赢的关系。同时，每个成员将各自的商业活动减少到一两个，即所谓的核心能力，成员只专注于自己最有竞争力的业务。虚拟组织在完成一项指定的项目后就会解散，而其成员组织将继续加入其他的虚拟组织中去。

五、职权分配与职权关系

职权是构成组织结构的核心要素，对于组织的合理构建与有效运行具有重要作用。

（一）职权分配

1．职权与职权分配

职权是指由于占据组织中的职位而拥有的权力。与职权相对应的是职责，是指占据组织职位而必须承担的责任。职权是履行职责的必要条件与手段，职责则是行使职权所要达到的目的。

管理者的职权有以下三种类型。

（1）直线职权，即直线人员所拥有的决策指挥权，如下达命令、指挥下级等。

（2）参谋职权，即参谋人员所拥有的咨询权和专业指导权，如职能管理者提供咨询、建议，以及在本专业领域内的指导权等。

（3）职能职权，即参谋人员所拥有的、由直线主管所授予的决策权或指挥权，如经理授权给某职能管理者在某个问题上的指挥权。

职权分配是指为有效履行职责、实现工作目标，而将组织的权力在各管理部门、管理层次、管理职务中进行配置与分授。

2．职权分配的基本类型

（1）职权横向分配，即依目标需要将职权在同一管理层次的各管理部门和人员之间进行合理配置。例如，公司将人员招聘权交给人事部门，而将人员使用权交给各业务部门。

（2）职权纵向分配，即依目标需要将职权在不同管理层次的部门或人员之间进行分割，主要表现为集权与分权，领导者向下级授权。例如，总经理将某项重要业务的决定权授予被派到外地负责谈判的部门经理。

3．职权横向分配的原则

职权在组织中横向分配时，必须遵循以下原则。

（1）服务于组织目标原则。职权在各部门的分配，必须从有利于实现组织目标和工作任务出发。

（2）统一指挥与协调原则。各部门之间权力的分配，必须保证整个组织实现统一指挥，不能令出多门，要有利于各部门之间的协调运行。

（3）责权对等、权责明晰原则。各部门或人员所拥有的权力一定同应履行的职责相对等，并且明确规定权力与职责的范围、界限。权责界限不清，必然造成管理上的混乱。

（4）权力制衡原则。权力的设置，既要有助于推进工作，又要适当地加以制约。在各管理部门之间，应建立既能高效率地完成工作任务，又能有必要的制约、平衡作用的权力机构。例如，立法、执行与监督三者之间的科学分立、协调与制约。

4．集权与分权

集权与分权是指职权在不同管理层之间的分配与授予。所谓集权，是指较多的权力和较重要的权力集中在组织的高层管理者手中；所谓分权，是指较多的权力和较重要的权力分散授予组织的基层管理者。集权与分权是任何组织正常运行必须面对的问题。而且，集权与分权是相对的，没有任何组织是绝对集权或绝对分权的。

集权有利于组织实现统一指挥、协调工作和更为有效的控制，但也会加重高层管理者的负担，从而影响重要决策的质量，并且不利于调动下级的积极性与主动性，难以适应外部环境的变化。分权的优缺点与集权相反。因此，应根据组织目标、内外部环境的变化正确决定集权与分权程度，但现代管理中总的趋势是加强职权分权化。

影响集权与分权的主要因素如下。

（1）组织因素。①组织规模。组织规模的不断扩大导致分权化。②产品结构及生产技术的特点。单一产品结构更强调集权，而多品种，特别是产品差异大的产品结构则要求分权。③职责与决策的重要性。重大问题的决策权更有可能集中在高层管理者手中。④管理控制技术发展程度。有了更为科学有效的控制手段可以更多地将权力下放。

（2）环境因素。①外部环境。例如，组织面临市场的复杂与变动程度。当组织面临复杂多变的市场时，必须实行分权，以便更及时、更准确地满足市场的需要。再如，当出现极为复杂的政治形势时，组织可能要保有相当的集中政策的权力，以便整体协调。②内部环境。比如一个组织的历史传统、组织文化等，这些都将影响到集权与分权程度。

（3）管理者与下级因素。①管理者的管理哲学、性格、喜好、能力。例如，不同管理者的管理观念、管理方式不同，集权或分权的程度就会不同。②被管理者的素质与对分权的兴趣。对具有较高素质的被管理者应授予更多的权力。

集权与分权的关键在于，所集中或分散权力的类型与大小。在判断或评价集权或分权的标准上，决策权比执行权更为重要，人权、财权比一般业务权更为重要，最终决定权比建议权、过程参与权更为重要。管理者应该根据实现组织目标的需要，结合上述影响因素，正确地确定集权或分权的类型与大小，实现科学的职权分配。

互动测试：影响组织集权与分权的主要因素有哪些?

组织因素；环境因素；管理者与下级因素。

管理小案例

集权与分权

法国统盛·普连德公司是一个生产电子产品、家用电器、放射线和医用电子仪器的大型电器公司。该公司下属分公司遍布全球，年销售额达几十亿法郎。如何管理这个庞大的公司，公司的总裁实行的是分权管理制度。

该公司的每个分公司都自成一个利润中心，都有自己的损益报表，各事业部的经理对其管辖的领域拥有充分的决策权。同时他们尽量把权力授给下级，充分发挥分权管理制度的最佳效果。与此同时，这些分公司每年年底都要编制投资预算报告呈交总公司审核。预算调整权限是 10%，如果超过这个数额必须报高一级主管审批。

该公司并不是把所有的权力分散，在分散小权力的同时，也集中一些大权力，如投资和财务方面的权力，这两个方面总公司严格控制。另外，总公司还将 100 多名管理控制员分派到每个分公司，他们的主要任务是观察各部门的管理、生产、作业是否正常。

问题：（1）衡量集权与分权的标志有哪些?

（2）结合上述案例谈谈你对集权体制、分权体制的看法（优点和缺点比较）。

（3）既然是分权体制，集中大权力和派出管理控制员的做法是否有违分权的精神?

（二）授权

授权是管理者通过为员工和下属提供更多的自主权，以达到组织目标的过程。授权是管理者智慧和能力的扩展和延伸，必须遵循客观规律和原则，授权过程是科学化和艺术化的过程。

1. 授权的优越性

授权是分权的重要实现形式，其优越性如下。

（1）授权有利于组织目标的实现。通过科学的授权，使员工拥有实现目标所必需的权力，自主运作，更好地实现目标。

（2）授权有利于管理者从日常事务中解脱出来，集中力量处理重要决策问题。“授权是管理者的分身术”，高明的管理者都会恰当地授权。

（3）授权有利于激励下级。下级若拥有完成任务的权力，则能按照自己的意图，独立自主地进行工作，获得一种被信任感和满足感，这有利于调动其工作的积极性、主动性和创造性。

（4）授权有利于培养、锻炼下级。下级在自主运用权力、独立处理问题的过程中，会不断地提高管理能力，提升综合素质。

管理小案例

管理者如何授权

某公司某车间岗位设置如下：车间主任一名，工人若干名。车间主任，大学本科学历，29岁，正规院校相关专业的毕业生。工作态度端正，尽职尽责，管理有思路，公司其他人员也认为这个车间的工作尚可。但是，本车间工人却始终不能认可这位主任，甚至与他格格不入，对他一肚子意见，车间整体工作受到影响。通过调查了解，虽然这位主任吃苦耐劳、工作尽心尽力，但是工人最不满意的地方，是他的管理方法上存在的一些问题——授权问题。这位主任在日常工作中，大事小事事必躬亲，有什么工作不知道安排布置，总是自己干，唯恐出现差错，过分强调基层管理者“身体力行”的作用，弄得工人手足无措。不知道授权，导致了“领导干，工人看”的局面，造成了工人一致的抵抗情绪。

从上述案例中可以看出一个简单的问题，管理者要给自己一个合理的定位，根据工作需要，恰当的授权可以提高工作效率，如果不懂得授权反而会影响工作。管理是一门学问，而授权是管理中的艺术，是通过别人来实现自己的目标的艺术。对于一名管理者而言，尤其是高层管理者，若想真正通过下属实现你的预期目标，唯一要做的就是学会授权。有关材料显示，在中国，80%以上的管理者不懂得授权。由于受到传统观念的影响，在他们看来，下属的能力永远不如自己，授权给下属唯恐他们把事情办砸，所以大事小事事必躬亲，整天忙得晕头转向，成效却不显著，甚至会遭到下属的反对或抵触。

问题：根据上述案例，试分析在授权过程中应注意哪些问题。

2. 授权的原则

授权时，应遵循如下原则。

（1）依目标需要授权原则。授权是为了更有效地实现组织目标，所以必须根据实现目标和工作任务的需要，将相应类型与程度的权力授予下级，以保证其有效地开展工作。

（2）适度授权原则。授权的程度要根据实际情况，要考虑到工作任务及下级的情况灵活决定。既要防止授权不足，又要防止授权过度。

（3）职、权、责、利相当原则。在授权时要注意职务、权力、职责与利益四者之间的对等与平衡，要真正使受权者有职、有权、有责、有利。要注意授权成功后合理报酬的激励作用。

（4）职责绝对性原则。管理者将职权授予下级，仍必须承担实现组织目标的责任。这种职责对于管理者而言，并不随授权而转移给下级。

（5）有效监控原则。授权是为了更有效地实现组织目标，所以在授权之后，管理者必须采取必要的监督控制手段，使其所授权力不失控，确保组织目标的实现。

3. 授权的类型

管理中的授权一般分为以下类型。

（1）口头授权与书面授权。

（2）个人授权与集体授权。

（3）随机授权与计划授权。

（4）长期授权与短期授权。

（5）逐级授权与越级授权。

4. 授权的步骤

简单的授权没有必要划分步骤，而较为规范的授权可以划分为以下三个步骤。

（1）下达任务。授权的目的是完成任务、实现目标，所以授权过程始于下达任务。首先，要选择好授权对象，其要有正确行使权力的能力，并能有效完成任务。其次，要下达明确的任务，规定所要实现目标的标准，而且尽可能量化，说明相应要求和完成时限。

（2）授予权力。管理者要将完成任务、实现目标所需的相应类型和程度的权力授予下级。要做到权责对等，并使职责与一定的利益挂钩。管理者授权时要特别注意明确权力界限，切不可含糊不清、令出多门。还要注意在授权的同时，给予下级充分的信任，全力支持下级的工作，使下级大胆使用获得的权力。

（3）监控与考核。在授权过程中，即下级运用权力推进工作的过程中，管理者要以适当的方式与手段进行必要的监督与控制，以保证权力的正确运用与组织目标的实现。在工作任务完成后，管理者要对授权效果、工作绩效进行考核与评价。

（三）正确处理职权关系

1. 建立明晰的职权结构

若要处理好职权关系，使各管理部门、各管理人员职权关系协调，工作配合默契，最基本的是要建立明晰的职权结构，即通过组织、体制、制度对职权进行划分与规范。

（1）建立清晰的等级链，实行层级管理。在任何组织中，从高层到低层，都必须建立清晰的、由各管理层次组成的等级链。由上至下层层命令，由下至上层层报告，领导隶属关系清楚，命令、报告渠道畅通，防止越级指挥与越级请示，从而保证职权关系的有序维系。

（2）明确划分权责界限。各级管理部门和人员，如果权责界限不清就会造成职权系统的根本性混乱。组织应明确规定各管理部门或人员的职责范围、职权类型、权力界限、适用条件、行使期限等，特别是对需要两个以上部门或人员配合共同行使职权的，更要明确主次及具体权责界限。一般在组织规章中通过职务说明书加以规定。

（3）制定并严格执行政策、程序和规范。职权必须要在政策、程序和规范允许的范围内运用，否则就是职权的滥用或越权。建立健全有关职权运用的规范体系，并严格遵循规范体系用权，是维系正常职权关系的重要保证。

2. 协调职权关系

管理者在运用职权履行职责的过程中，要善于协调职权关系，使科学的规范体系与灵活有效的能动行为有机结合，完善组织的职权系统。

（1）相互尊重职权。实践证明，凡上下级关系不协调、职权关系混乱的，往往是互相侵犯职权导致的。上级要尊重下级，特别是下级的职权。上级要大胆授权，将应交给下级的权力真正交给下级，尊重下级的职权，充分信任他们，使下级真正有职有权，能够按自己的意愿独立自主地进行决策或指挥。上级不可越级指挥，不可越俎代庖。即使下级权力运用不当，出现了错误，上级也要先鼓励后批评，并勇于为下级承担责任。而下级也要尊重上级的职权与权威。对于上级的指示要认真执行，即使指示有疏漏之处，也要竭尽全力弥补漏洞，使上级指示落到实处并取得成效。当众对抗上级指示是对上级职权的最大侵犯，是上级难以容忍的事情。下级要善于将自己独立自主的用权过程同上级的目标与意图有机结合。下级不可越权、擅权，不应决定本应由上级决定的事项。

（2）加强沟通与配合。无论是上下级之间，还是同级横向部门之间，要使职权关系协调，就必须加强沟通与配合。上级要真心实意地提倡民主管理，积极鼓励下级参与管理，而下级则应将重大或上级感兴趣的决策及执行情况及时向上级请示与汇报。下级在采取重大举措前一定要取得上级的全力支持，并注意及时向上级进行信息反馈。在管理实践中，许多争执或矛盾往往不是由实质性的分歧造成的，而更多的是由于沟通不当而引起的误解或“挑理”。

与上下级职权关系的协调类似，同级部门之间也应相互尊重职权并加强沟通与配合。

职业道德与企业伦理

美的集团集权与分权管理

无论美的集团的规模如何扩大，其分权体系总的指导思想可以归纳为“16字方针”，即“集权有道，分权有序，授权有章，用权有度”。

“集权有道”，这个道从字面上理解是“道理”，指收权要有秩序，要按相关规则办事，集权不能乱收权，不能想收就收，但是在该集权的时候，对于应该集中的权力，一定要集中。

“分权有序”，这个序从字面上理解是“顺序”，是指放权要按次序、要循序渐进，先小后大，慢慢放，而不是盲目放权，也不是一视同仁。现在的事业部拥有巨大的权力，但并不是一开始进行事业部改革的时候就有的，而是在发展过程中慢慢下放的。一些产业单位，其经营能力可能强弱不均，那么分配给它们的权力也会有区别。

“授权有章”，这个章从字面上理解是“规章”，是指授权要按组织规定，要在一定的原则下进行，这个章在美的集团主要是指《分权规范手册》。

“用权有度”，这个度从字面上理解是“程度”，是指用权要有范围，经理人在集团赋予的权力范围内进行经营，不能越“线”，不能滥用权力。

《分权规范手册》的内容又可归纳为“一个结合，十个放开，四个强化，七个管住”，具体内容如下。

一个结合，与责权利相统一的集权与分权相结合。

十个放开，将机构设置权、基层干部的考核任免权、劳动用工权、专业技术人员聘用权、员工分配权、预算内和标准内费用开支权、计划内生产性投资项目实施权、生产组织权、采购供应权、销售权十项基础权力下放。

四个强化，强化预算管理、强化考核、强化审计监督、强化服务。

七个管住，管住目标、管住资金、管住资产、管住投资、管住发展战略、管住政策、管住事业部正副总经理和财务负责人。

单元 2 组织人力资源管理

情景导入

陈光的烦恼

陈光最近被提升为公司新成立的广告部主任，被授权对外招聘 5 名员工。陈光长时间从事营销广告工作，对人事工作一无所知。但是，他必须在一周内，制订出招聘计划并付诸实施，这让他产生很大的压力。如果你是陈光，应该招聘什么样的人？你有什么选拔人才的标准吗？进行人员招聘有哪些步骤？

正文

一、人力资源管理概述

（一）人力资源的含义与特征

1. 人力资源的含义

人力资源又称劳动力资源或劳动力，是指能够推动整个经济和社会发展，具有劳动能力的人口总和。经济学中把为了创造物质财富而投入生产活动中的一切要素通称为资源，组织活动中的基本资源有四种，即人力资源、物力资源、财力资源、信息资源，其中人力资源是所有资源中最宝贵的资源，是第一资源。

历史小故事

王珐鉴才

在一次宴会上，唐太宗对王珐说："你善于鉴别人才，尤其善于评论。你不妨从房玄龄等人开始，都一一做些评论，评价一下他们的优缺点，同时和他们比较一下，你在哪些方面比他们优秀？"

王珐回答说："孜孜不倦地办公，一心为国操劳，凡所知道的事没有不尽心尽力去做，在这方面我比不上房玄龄；常常留心于向皇上直言建议，认为皇上能力德行比不上尧舜很丢面子，在这方面我比不上魏征；文武全才，既可以在外带兵打仗做将军，又可以进入朝廷进行管理担任宰相，在这方面我比不上李靖；向皇上报告国家公务，详细明了，宣布皇上的命令或者转达下属官员的汇报，能坚持做到公平公正，在这方面我不如温彦博；处理繁重的事务，解决难题，办事井井有条，在这方面我不如戴胄；至于批评贪官污吏，表扬清正廉署，疾恶如仇，好善喜乐，这方面比起其他几位能人来说，我也有一日之长。"唐太宗非常赞同他的话，而大臣们也认为王珐完全说出了他们的心声，都说这些评论是正确的。

问题：（1）企业应该如何选才？

（2）上述小故事对于现代企业管理有何启示？

2. 人力资源的特征

（1）能动性。人具有主观能动性，能够有目的地进行活动，有目的地改造外部物质世界。人力资源的能动性是其区别于物力资源的一个重要特征。

（2）二重性。人力资源的二重性——生产性和消费性是人力资源的特征，也是人力资源不同于其他资源的重要特征。人力资源的生产性强调其首先是物质财富的创造者，而且是有条件的创造。例如，人力资源必须与自然资源等其他非人力资源相结合，有足够的活动空间与时间，并有相应的条件才能进行创造。人力资源的消费性则强调人力资源的维持需要消费一定量的物质财富，并且是无条件的消费。当然，当人力资源的数量过剩，质量结构与现行经济结构及社会需求相互脱节或不匹配时，就会造成人力资源和物力资源的双重浪费，有碍于社会的发展。

（3）时效性。人力资源与一般资源不同，如矿产资源，矿产资源一般可以长期储存，不采不用，品质不会降低。人力资源则不同，储而不用，人的才能就会荒废、退化。工作性质不同，人的才能发挥的最佳期也不同。一般而言，25～45 岁是科技人才的黄金年龄，37 岁为其峰值。时效性要求人力资源开发要抓住人的年龄中最有利于职业发展的阶段，实施最有效的激励。

（4）社会性。人力资源处于特定的社会和时代中，不同的社会形态、文化背景都会反映和影响人的价值观念、行为方式、思维方法。人力资源的社会性要求人力资源在开发过程中需要特别注意政治制度、国家政策、法律法规及文化环境的影响。

（5）连续性。人力资源开发的连续性（持续性）是指，人力资源是可以不断开发的资源，不仅人力资源的使用过程是开发的过程，培训、积累、创造过程也是开发的过程。

（6）再生性。人力资源是可再生资源，通过人口总体中个体的不断替换更新和劳动力的“消耗—生产—再消耗—再生产”的过程实现其再生。人力资源的再生性除受生物规律支配外，还受到人类自身意识、意志的支配，以及人类文明发展活动的影响和新技术革命的制约。

（二）人力资源管理的含义和模块

1. 人力资源管理的含义

人力资源管理是指在经济学与人本思想指导下，通过招聘、甄选、培训、报酬等管理形式对组织内外相关人力资源进行有效运用，满足组织当前及未来发展的需要，保证组织目标实现与成员发展的最大化的一系列活动的总称。它是预测组织人力资源需求并制订人力需求计划、招聘选择人员并进行有效组织、考核绩效支付报酬并进行有效激励、结合组织与个人需要进行有效开发以便取得最优组织绩效的全过程。

2. 人力资源管理的六大模块

人力资源管理的六大模块是指通过模块划分的方式对企业人力资源管理工作所涵盖的内容进行的一种总结，具体是指人力资源规划、招聘与配置、培训与开发、绩效管理、薪酬福利管理、劳动关系管理。

人力资源管理六大模块之间相互衔接、相互作用、相互影响，从而形成人力资源管理的有效体系。其中，人力资源规划是人力资源管理的起点，主要通过规划帮助组织预测未来的人员需求数量及基本素质构成；招聘与配置，以人力资源规划为输入之一，相当于组织的血液，为组织提供营养，解决组织人员配置、人岗匹配的问题；培训与开发，其主题是“育人”；绩效管理是六大模块的核心，是其他模块的主要输入，旨在帮助人、提高人，解决组织如何用人的问题；薪酬福利管理，旨在激励人，解决企业留人的问题；劳动关系管理，旨在管理人、裁人，帮助企业形成合理化人力资源配置的有效循环。

管理小案例

各就各位

某知名作家去报社办报，结果没几天自己就主动辞职。这并不是说他没有能力写稿子，而是他不懂怎样把报纸办得令读者叫好，他自己也感觉办报比写小说还累。于是，作家继续拿起他的笔写小说。

老板在用人上同样会遇上像作家这样的人才，他们的确是很优秀、很出众的人才，只是由于他们对某些事务或某类工作不熟悉，操作起来不仅显得吃力还显得被动。有的人适合搞科研，有的人适合做管理，有的人喜欢习文，有的人酷爱练武。一个优秀的老板，应该清楚地了解其下属的所长，让他们各就各位、各尽其能。

如同那位作家，报纸没办好，既浪费了自己的时间，也为报社带来了不必要的经济损失。在这种情况下，老板最理智的办法就是，让这个人回到他原来的地方，做他应该做得好的事情。即使把这个得意之才留下来，也只能是赔了夫人又折兵。

作为一个管理者，你必须十分明白团体的工作目标，了解团体的需要，并明白个人的工作情形，在适当的时候做出明确果断的决定，不可受任何人情因素的影响，如此方能成功。

问题：通过上述案例，请问企业选人用人需要注意什么？

职业道德与企业伦理

员工职业生涯规划

员工职业生涯规划是对员工职业生命的精细化管理，是指个人发展与组织发展相结合，对决定员工职业生涯的主客观因素进行分析、总结，确定事业奋斗目标，并选择实现这个目标的职业，编制相应的工作、教育和培训的计划，对每个步骤的时间、顺序和方向做出合理的安排。

具体而言，职业生涯规划管理工作包括以下六个步骤。

第一，职业通道体系设计。系统化的职业通道设计旨在减少组织的刚性对人力资源的制约，释放员工的潜在能量，将员工的个人发展目标和组织的发展愿景相统一。

职业通道体系设计的具体内容如下。

（1）组织目标梳理。分析组织未来的发展方向，并预测组织规模与组织资源的变化，由此分析组织发展所能带来的职业发展机会，包括晋升机会、新增职位机会、职责扩展机会、价值提升机会、能力提升机会等。

（2）岗位体系梳理。以现有岗位体系为基础，结合组织发展趋势，梳理组织未来的岗位体系，进行职系、职类的划分，为职业发展通道的设计提供框架。

（3）职业发展通道设计。设计各类岗位、各个岗位在组织内的多种发展路径，明确每种路径的实现条件与步骤，为每个岗位设计出多元化的发展通道。

第二，自我评估体系。为了帮助员工更客观、更全面地认识自己，选择各类自我测评工具，并编写成统计表格，下发全员进行自我测评。例如，职业满意度测验、职业锚测验、霍兰德职业倾向测验、卡特尔16PF 性格测验等。测评之前需要对员工进行必要的培训、示范，测评过程要统一开展、实时指导、全程封闭，测评结果要点对点反馈并做必要的解释，对外要严格保密。

第三，编制《职业生涯规划设计书》，确定职业目标。在充分认识组织环境及自我的前提下，确定《职业生涯规划设计书》模板，组织员工完成设计书，引导员工确定职业目标。在员工完成《职业生涯规划设计书》的过程中，需组织自我战略分析引领练习、职业规划研讨小组等活动，使员工更准确、更客观地确定职业目标。

第四，开展员工评估，明确与职业目标的差距。选择适当的方法和工具，依据职业目标岗位的胜任要求，对员工的综合素质进行评估，找到员工与职业目标的差距。

第五，依据自我差距，制订行动计划。组织员工编写《职业发展行动计划表》，制订具有针对性的行动计划，并明确行动的内容、时间要求、检视方法等。《职业发展行动计划表》编制完成后，要对计划的实施进行跟进、反馈、检视。

第六，构建匹配的职业发展支持体系。将根据员工不同的职业生涯发展阶段，提供培训、绩效评价、工作实践和开发性人际关系建立等有针对性的训练，不断开发员工的潜能，激励其进步。

二、人力资源规划

（一）人力资源规划的含义

人力资源规划是指为了实现企业的战略目标，根据企业的人力资源现状，科学地预测企业未来的人力资源供需状况，并制定相应的政策和措施，从而使企业的人力资源供给和需求达到平衡，并使企业和个人都获得长期的利益。

这个定义包括四层含义。

（1）企业制定人力资源规划的目的是实现企业的战略目标，保证企业可持续发展。任何企业的成功都依赖于在合适的时间有合适的人员在合适的岗位上。在现代社会中，人力资源是企业最宝贵的资源，拥有充足数量和良好素质的人力资源，是企业实现战略目标与持续发展的关键。

（2）人力资源规划的制定是企业在对现有的人力资源的数量、质量、结构等各方面进行盘点，并运用科学的方法对未来的人力资源需求与供给进行分析的基础上进行的。这是因为企业外部的政治、经济、法律、技术、文化等环境因素一直处于动态变化中，相应地就会引起企业内部人员结构的变化。因此，企业必须对这些变化进行科学的预测与分析，以满足企业对人力资源的需求。

（3）制定必要的人力资源政策和措施是人力资源规划的主要环节。突然去找一个合适的人填补一个职位通常是不可能的，因此，人力资源规划的实质就是在人力资源供求预测的基础上制定出正确、清晰、有效的人力资源政策和措施，以实现人力资源的供求平衡，满足企业对人力资源的需求。

（4）人力资源规划要使企业和个人都获得长期的利益。人力资源规划是为实现企业战略目标服务的，要实现这个目标，人力资源规划就要着眼于充分发挥组织中每个人的积极性、主动性和创造性，切实关心企业员工在物质、精神和业务发展等方面的需求，为他们实现个人目标创造良好的条件。只有这样企业才能留住人才，提高员工的工作效率，才能吸引、招聘到企业所需要的人才，从而提高整个企业的运行效率，实现企业的战略目标。

（二）人力资源规划的内容

人力资源规划的内容一般包括两个方面，即总体规划与业务规划。

1. 人力资源总体规划

人力资源总体规划是人力资源管理活动的基础，它是以企业战略目标为基础，对规划期内人力资源管理的总目标、总方针与政策、实施步骤及总费用预算等做出的总体安排。

2. 人力资源业务规划

人力资源业务规划是人力资源总体规划的展开和具体化，其执行结果应能保证人力资源总体规划目标的实现。它包括人员配备计划、人员补充计划、人员使用计划、人员培训开发计划、绩效考评计划、薪酬激励计划、劳动关系计划、退休解聘计划等。每项业务计划都由目标、政策或办法及预算等部分构成。应当注意人力资源业务规划内部的平衡，比如人员补充计划与人员培训开发计划之间，薪酬激励计划与人员使用计划、人员培训开发计划之间的衔接和协调。当企业需要补充某类员工时，如果信息能及早到达培训部门，并列入人员培训开发计划，则这类员工就不必从外部招聘。又如，当员工通过培训提高了能力和素质，但在使用和薪酬方面却没有相应的政策和措施，就容易挫伤员工接受培训的积极性。下面详细介绍人力资源业务规划的内容。

（1）人员配备计划。人员配备计划表示企业中长期处于不同职位、部门或工作类型的人员的分布状况。企业中各个职位、部门所需要的人力资源都有一个合适的规模，而且这个规模会随着环境的变化而发生变化。人员配备计划就是要确定合适的规模，以及与之对应的人员结构，这是确定企业人员需求的重要依据。

互动测试：人员配备的原则是什么?

经济效益原则；任人唯贤原则；因事择人原则；量才使用原则；程序化、规范化原则。

（2）人员补充计划。企业中经常会因为各种原因而出现空缺职位或新职位，比如企业规模的扩大，人员的退休、辞职、解聘等，这就需要企业制定必要的政策和措施，以保证空缺职位和新职位能够得到及时的补充。

（3）人员使用计划。人员使用计划的主要内容是人员晋升计划和人员轮换计划。人员晋升计划是根据企业的人员分布状况、层级结构、未来发展制定人员的晋升政策。人员轮换计划是为了培养员工的多方面技能、丰富员工工作经历，而制订的工作岗位定期流动的计划。晋升表现为员工岗位的垂直上升，轮换则是员工岗位的水平变动。

互动测试：人员确定需要考虑哪些因素?

组织规模；业务的复杂程度；管理部门的数目；管理人员的储备需要。

（4）人员培训开发计划。人员培训开发计划是企业在对员工所需知识和技术进行评估的基础上，为保证组织的中长期发展而事先制订的人才储备计划。企业通过对员工进行培训，一方面可以使员工更好地适应工作，为企业的发展储备人才；另一方面，培训计划的好坏逐渐成为企业人才吸引力的重要方面。需要注意的是，人员培训开发计划与人员配备计划、人员使用计划有密切的联系，企业应根据可能出现的职位空缺及其出现的时间，分阶段、有目的地对员工进行培训。培训包括企业经营班子培训、中层管理者培训、学历培训、员工素养培训、技术与技能培训、晋升和轮岗培训、新员工上岗培训等。

（5）绩效考核计划。绩效考核就是收集、分析、评价和传递员工在其工作岗位上的工作行为表现和工作结果等方面信息的过程。企业根据绩效考核可以决定人员任用、人员调配、人员培训、劳动报酬等。绩效考核也是企业对员工进行激励的有效手段。

（6）薪酬激励计划。薪酬激励计划包括薪酬结构、工资总额、福利项目、激励政策、激励重点等内容。

（7）劳动关系计划。劳动关系计划是关于如何减少和预防劳动争议、改进劳动关系的计划。

（8）退休解聘计划。企业需要通过制订退休解聘计划，做好员工的退休工作和解聘工作，使员工离岗过程正常化、规范化。

（三）人力资源规划的程序

人力资源规划的程序大体可分为四个阶段：收集研究相关信息阶段、人力资源供求预测阶段、人力资源规划制定阶段和人力资源规划执行阶段。

1. 收集研究相关信息阶段

信息资料是企业制定人力资源规划的依据。一般情况下，与制定人力资源规划有关的信息资料主要包括以下三个方面的内容。

（1）企业战略。由于人力资源规划是战略性人力资源规划，因此弄清楚企业战略是制定人力资源规划的前提。企业战略主要包括企业使命、战略目标、经营领域、竞争优势、战略选择和战略重点，这些因素的不同组合会对人力资源规划提出不同的要求。因此，企业制定人力资源规划时，必须收集并深入研究与企业战略相关的信息。

（2）企业外部环境。企业的人力资源规划必然会受到企业外部环境的制约。例如，相关的政治、法律、经济、人口、文化、教育等，劳动力市场的供求状况，劳动力的择业期望等。随着知识经济时代的到来，市场变化速度越来越快，产品生命周期越来越短，消费者的偏好日趋多元化，导致企业面临的外部环境越来越难以预测。这对人力资源管理工作，特别是对战略性的人力资源规划提出了更高的要求。如何使企业的人力资源规划既能适应外部环境变化导致的人力资源需求变化，又能弥补传统的人力资源管理框架造成的人力成本过高的缺陷，已成为战略性人力资源规划所面临的重要问题。因此，对企业外部环境进行细致、深入的分析，是提高人力资源规划质量的重要环节。

（3）企业内部人力资源现状。分析企业内部人力资源现状是企业制定人力资源规划的基础。要实现企业的战略目标，首先应对企业的人力资源现状进行调查研究，即对现有人力资源的数量、素质、状况、潜力、流动比率等进行全面的统计和科学的分析。在此基础上，不仅要找出现有人力资源与企业发展要求的差距，还要确定如何充分挖掘现有人力资源的潜力以满足企业发展的需要。

2. 人力资源供求预测阶段

在收集和研究了相关信息之后，就要选择合适的预测方法，对人力资源的供求进行预测。预测的目的是掌握企业对各类人力资源在数量和质量上的需求，以及能满足企业需求的内外部人力资源供给情况，得出人力资源的净需求数据。在进行供给预测时，内部供给预测是重点，外部供给预测应侧重于关键人员。人力资源供求预测具有较强的技术性，是人力资源规划中的重要组成部分。

3．人力资源规划制定阶段

在收集研究相关信息和人力资源供求预测的基础上，要制定出与企业战略相吻合或基本一致的人力资源规划的目标。这一目标分为“硬性”目标和“软性”目标两种。“硬性”目标是指企业的人力资本的总量、一线员工占全部员工的比例、人员年龄结构、学历层次、职称比例等一些可以用定量来表达的目标。“软性”目标是指员工满意度、员工成熟度、员工与岗位的匹配度、经理人或管理者素质与形象提升程度、组织效能的提高程度、企业文化建设目标等不宜量化的目标。人力资源规划的目标，需要取得企业高层管理者的认同和支持。

人力资源规划的制定工作，包括人力资源总体规划的制定和各项业务规划的制定。供求预测的结果是制定人力资源总体规划和各项业务规划的重要依据。对供大于求和供小于求的情况应分别在规划时采取不同的措施，使人力资源达到供求平衡。同时应注意各项业务规划之间的关系，以确保它们之间的衔接与平衡。

4．人力资源规划执行阶段

人力资源规划的执行是人力资源规划的最后一项工作，主要包括三个方面：实施、审查与评价、反馈。

（1）实施。实施是人力资源规划执行中最重要的方面。实施前要做充分的准备工作，实施时应严格按照规划进行，并设置完善的监督和控制机制，以确保人力资源规划实施的顺利进行。

（2）审查与评价。当人力资源规划实施结束后，并不意味着人力资源规划执行完毕，对人力资源规划进行综合的审查与评价也是必不可少的环节。通过对人力资源规划的审查，可以调整企业有关人力资源方面的项目及其预算，控制人力资源成本；可以听取管理人员和员工对人力资源管理工作的建议，充分调动广大管理人员和员工参与人力资源管理的积极性，有利于调整人力资源规划和改进人力资源管理。在发达国家的大企业中，人力资源规划的审查工作通常是由人力资源管理委员会完成的。该委员会由一位副总裁、一位人力资源部经理、若干名专家和员工代表组成。该委员会的职责是定期检查各项人力资源政策的执行情况，并对相关目标和政策提出修订意见，交董事会审批。

对人力资源规划的评价，可以采用比较法：实际招聘人数与预测需求人数的比较，劳动生产率实际提高水平与预测提高水平的比较，实际的执行方案与规划的执行方案的比较，实际的人员流动率与预测的人员流动率的比较，实施行动方案后的实际结果与预测结果的比较，劳动力的实际成本与预算成本的比较，行动方案的实际成本与预算成本的比较。

在比较过程中，以上各项目实际情况与预测情况之间的差距越小，说明人力资源规划越合理。在人力资源规划的审查与评价过程中，还要注意选择正确的方法，以保证审查与评价的客观、公正与准确。

（3）反馈。对审查与评价的结果进行及时反馈是人力资源规划实施后不可或缺的步骤，通过反馈可以发现人力资源规划的不足之处。通过对人力资源总体规划与各项业务规划进行动态的跟踪与修改，使其更符合实际情况，从而更好地保证企业战略目标的实现。

（四）人力资源规划的制定

人力资源规划的制定工作是由一个专门的工作小组负责的，这个小组通常由公司总裁或分管人事的副总裁直接领导，协调各部门，以利于协同工作。该小组的工作内容：收集相关信息，预测人力资源供求状况，起草及修改规划文件，报企业高层管理者审核批准。

1. 人力资源总体规划的制定

虽然各个企业的人力资源总体规划不尽相同，但是典型的人力资源总体规划应该包括以下基本内容，如表 3-1 所示。

表 3-1 人力资源总体规划范本

人力资源总体规划
1. 规划的时间段：
2. 规划的原则：
3. 目前情景分析：
4. 未来情景分析：
5. 具体内容（执行时间、负责人、检查人、检查日期、预算） （1） （2） （3） …………
6. 规划的制定者：
7. 规划的制定时间：

（1）规划的时间段。确定人力资源总体规划的时间段，并具体写明开始时间和结束时间。人力资源总体规划属于战略性的长期规划，其时间段通常为 3 年或 3 年以上。

（2）规划的原则。确定人力资源总体规划的目标应遵循以下原则：①人力资源总体规划的目标要与企业整体规划的目标紧密联系起来，因为人力资源总体规划是企业整体规划的有机组成部分，所以人力资源总体规划的目标必须服从于企业整体规划的目标；②人力资源总体规划要具体明确，不要泛泛而谈；③人力资源总体规划要简明扼要，便于理解和记忆。

（3）目前情景分析。主要是指在收集信息的基础上，对企业现有的人力资源状况进行分析，将此作为制定人力资源总体规划的依据。

（4）未来情景分析。主要是指在收集信息的基础上，在人力资源总体规划的时间段内，预测企业未来的人力资源供求状况，进一步明确制定人力资源总体规划的依据。

（5）具体内容。这是人力资源总体规划的关键部分，内容要表达得十分具体，比如招聘时，不要只写“招聘人员”，而要详细写明“××公司招聘××位××人才”。

每个方面都要包括以下几项内容。

① 执行时间，写明执行开始和执行结束的具体日期，如 2015 年 7 月 1 日至 2018 年 6

月 30 日。

② 负责人，即负责执行该项目的具体人员，如人力资源部经理赵丹女士。

③ 检查人，即负责检查该项目执行情况的人员，如人力资源管理副总裁林峰先生。

④ 检查日期，写明具体的检查日期与时间，如 2006 年 7 月 1 日上午 8 时。

⑤ 预算，写明每项内容的具体预算，如人民币贰拾万元整。

（6）规划的制定者。人力资源总体规划的制定者既可以是人力资源部也可以是其他人员，比如高层管理人员、其他职能部门管理人员及人力资源专家等，既可以是一个人也可以是一个群体。

（7）规划的制定时间。这是指人力资源总体规划正式确定的日期，如董事会通过的日期、总经理批准的日期、总经理工作会议通过的日期等。

2. 人力资源业务规划的制定

人力资源业务规划涉及人力资源管理的各个方面，如人员补充计划、人员使用计划、人员培训开发计划、绩效考评计划等。由于这些计划是相互影响的，因此在制定人力资源业务规划时要充分考虑各项计划的综合平衡问题。例如，人员培训开发计划会使员工的素质通过培训得到提高，工作绩效得到改善，但如果员工的绩效没有改善，这就会使员工觉得培训是在浪费时间，从而挫伤其参加培训的积极性。同时，各项计划还应与企业中的其他计划相互协调，避免出现不一致甚至相冲突的情况，如薪酬激励计划要与企业的财务计划等协调一致。

三、招聘与甄选

（一）人员招聘

1. 人员招聘的概念

人员招聘是指通过各种方式，把具有一定技巧、能力和特征的申请人吸引到企业空缺岗位上的过程。人员招聘实际上是企业与应聘者之间双向选择和匹配的动态过程。人员招聘的最终目的是实现员工个人与岗位的匹配，也就是人与事的匹配。这种匹配有两层含义：一是岗位的要求与员工个人素质相匹配，二是工作报酬与员工个人的需要相匹配。只有实现这种双重匹配，才能既保证员工胜任某个岗位又保证该岗位对员工拥有长久的吸引力。在招聘的过程中要遵循公开、公平、全面考评、择优录取的原则。

2. 人员招聘的程序

人员招聘的程序由若干个前后衔接的环节组成，大致分为招募、选拔、录用、评估四个阶段，这四个阶段可用图 3-10 来表示。

3. 人员招聘的方法

招聘方法是指人力资源部门为吸引招聘对象所使用的方法。由于招聘岗位的不同、人力资源需求与要求的不同、新员工到位时间和招聘费用的限制等，要求人力资源部门在招聘过程中必须因地制宜地选择招聘方法。

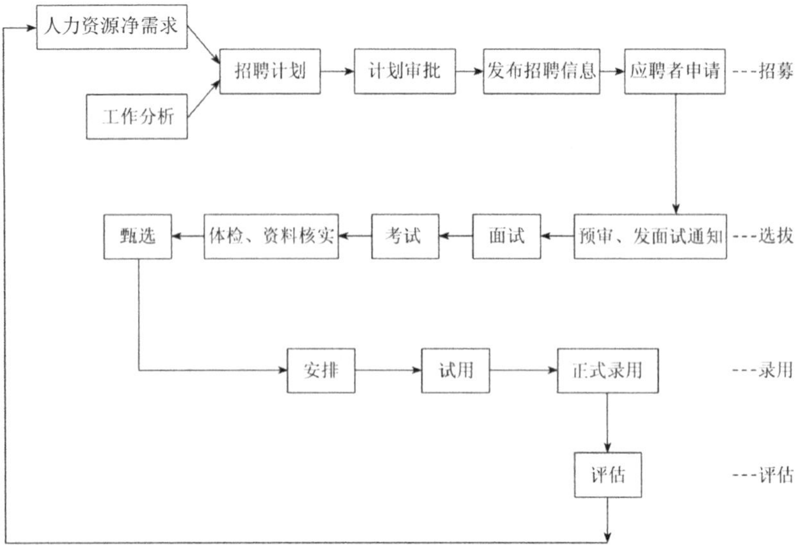

图 3-10　人员招聘的程序

根据招聘对象的来源，我们将招聘分为内部招聘与外部招聘，它们采用的方法也不同。

（1）内部招聘。现代人力资源管理与传统人事管理的一个重要区别是“内”与“外”的区别。前者注重企业内部人力资源的开发利用，注重从企业内部发现、挖掘人才，而后者则不注重企业内部人力资源的开发利用，往往注重从企业外部寻找人才。

（2）外部招聘。企业外部招聘是常规途径。相对于内部招聘，外部招聘的最大好处是能为企业带来新鲜血液和新的管理方法或专业技能。外来人员由于新加入企业，没有太多的思想束缚，与其他人员之间没有复杂的关系，而且急于展现自己的价值，往往容易发现问题，提出各种建议，推动企业的发展。

互动测试：企业外部人员招聘途径有哪些?

广告应征；员工推荐；中介机构推荐；学校分配；临时性支援服务。

（二）人员甄选

1. 人员甄选的概念

通过招聘吸引来一批申请者后，人力资源管理的下一步就是要确定谁是空缺职位最合适的人选，这就是甄选过程。它是对申请者进行甄别、筛选，以确保最合适的候选人得到这个职位。

甄选是一种预测行为，它设法预测聘用哪位申请者能确保工作成功。这里的“成功”是指按照企业评价人员绩效的考核标准，能把工作做好。

甄选活动的着眼点在于：减少做出错误拒绝和错误录用的可能性，增加做出正确决策的概率。如果我们用应聘者日后的工作表现来评价目前的人员甄选决策，就会得到如图 3-11 所示的四种结果。

日后的工作表现 \ 人员甄选决策	录用	淘汰
好	正确的决策	错误的拒绝
差	错误的录用	正确的决策

图 3-11　人员甄选决策的结果

2．人员甄选的方法

（1）笔试。笔试是通过纸笔测验的形式，对应聘者的基础知识、专业知识、管理知识、综合分析能力和文字表达能力进行衡量的一种方式。通过笔试，人力资源部门可以对应聘者的知识结构、实践经验和工作熟练程度做出初步判断。

历史小故事

神偷请战

用人之道，最重要的是要善于发现、挖掘、发挥下属的一技之长。用人不当事倍功半，用人得当事半功倍。

《淮南子·道应训》记载，楚将子发爱结交有一技之长的人，并把他们招揽到麾下。有个其貌不扬，号称“神偷”的人，也被子发待为上宾。有一次，齐国进犯楚国，子发率军迎敌。双方交战三次，楚军三次败北。子发麾下不乏智谋之士、勇悍之将，但在强大的齐军面前，全都无计可施。

这时神偷请战。他在夜幕的掩护下，将齐军主帅的睡帐偷了回来。第二天，子发派使者将睡帐送还给齐军主帅，并对他说：“我们出去打柴的士兵捡到您的帷帐，特地赶来奉还。”当天晚上，神偷又去将齐军主帅的枕头偷来，再由子发派人送还。第三天晚上，神偷连齐军主帅头上的簪子都偷来了，子发照样派人送还。齐军上下听说此事，甚为恐慌，主帅惊骇地对幕僚们说：“如果再不撤退，恐怕子发要派人来取我的人头了。”于是，齐军不战而退。

一个团队总是需要各式各样的人才。人不可能每一方面都出色，也不可能每一方面都差劲，再差劲的人也有一方面比他人出色。一个成功的领导者不在于他自己能做多少事情，而在于他能很清楚地了解每个下属的优缺点，在适当的时候派合适的下属去做适合他们的事情，这样往往会取得出人意料的效果。

同样，一个领导者要有容人之量，也许说容人之智更恰当。工作就是工作，千万不能夹杂自己的个人喜好。也许你今天看不起的某个人，他日正是你事业转机的得力之臣。

用兵无固定方式，如水无固定流向，能依敌情变化而取胜的，就是用兵如神了。

问题：请根据上述小故事，试说明领导者如何选人用人。

（2）面试。面试是通过主考官与应聘者面对面的信息沟通，考察应聘者是否具备与职位相关的能力和个性品质的一种人员甄选方法。面试具有直观、深入、灵活、互动的特点，不仅可以判断应聘者的学识水平，还可以判断应聘者的能力、才智及个性心理特征等。面试评分表 3-2 所示。

表 3-2　面试评分表

<table>
<tr><td colspan="2">姓　名</td><td></td><td>性　别</td><td></td><td>籍　贯</td><td></td><td>学　历</td><td></td><td>申请职位</td><td></td></tr>
<tr><td colspan="2">面试测评要素</td><td>专业水平</td><td colspan="2">分析和解决问题能力</td><td colspan="2">语言表达能力</td><td colspan="2">应变能力</td><td>职位要求的其他相关因素</td><td>合计</td></tr>
<tr><td colspan="2">分　值</td><td>60</td><td colspan="2">20</td><td colspan="2">10</td><td colspan="2">5</td><td>5</td><td>100</td></tr>
<tr><td colspan="2">评分要点</td><td>能否紧密结合工作情况回答问题；专业知识与业务水平</td><td colspan="2">工作思路是否清晰，判断分析问题是否准确、深刻、透彻，有无独特的见解；解决问题的办法、措施是否得当</td><td colspan="2">语言表达的逻辑性、条理性、简练性、准确性、流畅性，以及感染力和说服力</td><td colspan="2">反应的机敏程度；临场应变情况，面对压力心理承受能力和自制力；处理问题的灵活性和有效性</td><td>个人的兴趣、知识、经验、成就、文化素养、个性特征、仪表气质等与拟任职位的适应程度</td><td rowspan="4"></td></tr>
<tr><td rowspan="3">评分标准</td><td>好</td><td>48～60</td><td colspan="2">16～20</td><td colspan="2">8～10</td><td colspan="2">5</td><td>5</td></tr>
<tr><td>中</td><td>36～47</td><td colspan="2">12～15</td><td colspan="2">6～7</td><td colspan="2">3～4</td><td>3～4</td></tr>
<tr><td>差</td><td>0～35</td><td colspan="2">0～12</td><td colspan="2">0～5</td><td colspan="2">0～2</td><td>0～2</td></tr>
<tr><td colspan="2">要素得分</td><td></td><td colspan="2"></td><td colspan="2"></td><td colspan="2"></td><td></td><td></td></tr>
<tr><td colspan="2">主考官评语</td><td colspan="9">主考官签字：
年　月　日</td></tr>
</table>

管理小案例

别具一格的面试

某公司欲招聘若干名管理人员，通知所有应聘人员在某月某日某时到位于某大厦的公司统一面试。等到面试那天，公司派人提前在该大厦大厅内接待前来应聘的人员，并请大家在大厅内等候，等到所有应聘人员到齐之后，接待人员告诉了大家一个不幸的消息：电梯坏了，需要大家由接待人员带领，爬几十层楼梯到公司的办公室参加面试。有些人听后立即就走了，有些人爬到一半就放弃了，只有少数几个人坚持到最后。结果，这些坚持到最后的人被录用了。这是一个典型的非结构型面试。事实上，电梯根本就没有坏，主考官就是想考一考应聘人员的吃苦耐劳和坚忍不拔精神。

问题：通过上述案例，请问面试可以通过哪些方式？在面试中应该注意什么问题？

四、考评

通过招聘进入企业的人员，在实际工作中不一定能取得令人满意的工作绩效。同时，企业的要求和员工的能力都在不断地变化，当员工能力的变化与其所在岗位的要求不相适应时，企业就需要进行适当调整。因此，在员工上岗以后，如何对其工作表现进行考评，是保持人与事最佳组合所必须开展的工作。

（一）考评的含义

考评是指相关部门或人员（考核主体）按照一定的方法和程序（考核方法和程序），对组织中各部门、各岗位（考核对象）在一定时期（考核期）表现出来的工作绩效或能力素质（考核内容）所做的评价。

考评按不同的标准，有不同的分类。

按考评的性质分，有定性考评和定量考评。

按考评的主体分，有上级考评、自我考评、同级考评、下级考评、顾客考评等。

按考评的时间分，有日常考评、定期考评、长期考评、不定期考评等。

按考评的形式分，有口头考评与书面考评、直接考评与间接考评、个别考评与集体考评等。

按考评的内容分，有品质基础性考评、行为基础性考评、能力基础性考评、效果基础性考评、综合性考评等。

（二）考评的内容

对员工的工作绩效进行考评，需要依据一定的考评标准，遵循一定的考评程序，运用一定的考评方法。有人说，德才兼备是贤臣、圣人，可遇不可求；有才无德是奸臣、小人，要控制使用；有德无才是忠臣、贤人，可交付事情而非事业；无德无才是庸臣、庸人，确无可用之处。因此，企业在进行员工考评时，应该从以下四个方面考虑。

德，包括思想政治、工作作风、社会道德及职业道德等方面。古今中外，德的考核始终是首要因素，尤其是执掌权力的各级管理者，更应重视对“德”的考评。

能，指员工从事工作的能力，包括体能、学识、智能等内容。能力是考评的重点和难点。

勤，指员工的积极性和工作中的表现，包括出勤率、纪律性、干劲、责任心、主动性等。积极性决定着人的能力发挥程度，只有将积极性和能力结合起来考评，才能发现员工的潜力。

绩，指员工的工作效率及效果，包括员工完成工作的数量、质量，以及为企业做出的其他贡献。绩效是企业对员工的最终期望，当然要作为考评的基本内容。

（三）考评的方法

1. 目标管理法

目标管理法是通过将企业的整体目标逐级分解成个人目标，最后根据被考核人完成工作的情况进行考核的一种绩效考核方法。在开始工作之前，考核人和被考核人应该对需要完成的工作内容、时间期限、考核标准达成一致。在时间期限结束时，考核人根据被考核人的工作情况及原来制定的考核标准进行考核。

2. 关键绩效指标法

关键绩效指标法以企业年度目标为依据，通过对员工工作绩效的分析，确定反映企业、部门和员工个人一定期限综合业绩的关键性量化指标，并以此为基础进行绩效考核。

3. 等级评估法

等级评估法根据工作分析，将被考核岗位的工作内容划分为相互独立的几个模块，在每个模块中用明确的语言描述完成该模块工作需要达到的工作标准。同时，将标准分为几个等级选项，如“优、良、合格、不合格”等，考核人根据被考核人的实际工作表现，对每个模块的完成情况进行评估。总成绩就是被考核人的考核成绩。

管理小案例

且慢下手

大多数的同事都很兴奋，因为单位调来了一位新主管，据说是个能人，专门被派来整顿业务。可是，日子一天天过去，新主管却毫无作为，每天彬彬有礼进办公室后，便躲在里面很少出门。那些原本紧张得要死的“坏分子”，现在反而更猖獗了。新主管哪里是个能人，根本就是个老好人，比以前的主管更容易唬。

四个月过去了，新主管却发威了，“坏分子”一律革职，能者则获得提升。下手之快，断事之准，与四个月前表现保守的他相比，简直像换了一个人。年终聚餐时，新主管在酒后致辞：“相信大家对我刚上任时的表现和后来的大刀阔斧一定感到不解，现在听我说个故事，大家就明白了。”

“我有位朋友，买了栋带着大院子的房子，他一搬进去后就对院子全面整顿，杂草、杂树一律清除，改种自己新买的花卉。某日，原来的房主回访，进门后大吃一惊地问，那株名贵的牡丹哪里去了？我这位朋友才发现，他居然把牡丹当草给割了。后来，他又买了一栋房子，虽然院子更杂乱，但是他按兵不动。果然，冬天以为是杂树的植物，春天里开满花；春天以为是野草的，夏天却是锦簇；半年都没有动静的小树，秋天居然红了叶。直到暮秋，他才认清哪些是无用的植物而大力铲除，并使所有珍贵的草木得以保存。”

说到这儿，新主管举起酒杯说：“我敬在座的每一位！如果这个办公室是个花园，你们就是其间的珍木，珍木不可能一年到头开花结果，只有经过长期的观察才认得出啊！”

“路遥知马力，日久见人心”，一位员工的价值高低绝不能凭管理者一时的观察或只看表面的现象。真正了解一个人，需要长时间、持续地观察。只有通过细致彻底的观察，才能正确评估出一个人的价值，为他安排合适的工作。

花匠总是勤于给花草施肥浇水，如果它们茁壮成长，就会形成一个美丽的花园，如果它们不成材，则把它们剪掉。

问题：通过上述案例，管理者在评价员工时应该注意什么？

4. 平衡记分卡

平衡记分卡从企业的财务、顾客、内部业务过程、学习和成长四个维度进行评价，并根据战略的要求赋予各指标不同的权重，实现对企业的综合测评，从而使管理者能整体把握和控制企业发展，最终实现企业的战略目标。

5. 重要事件法

重要事件是指考核人在平时注意收集被考核人的“重要事件”，这里的“重要事件”是指那些会对部门的整体工作绩效产生积极或消极影响的重要事件。重要事件要形成书面记录，考核人根据这些书面记录进行整理和分析，最终形成考核结果。

互动测试：企业对员工的考评内容包括哪些方面?

德、能、勤和绩。

五、培训

培训是企业开发现有人力资源和提高员工素质以实现企业目标的基本途径。

（一）培训的目的和意义

从上述培训的定义中可以看出，培训不仅要有助于企业目标的实现，还要能满足员工成长和发展的需要。培训的最终目的是实现企业和员工的共同成长。培训在企业发展和人力资源管理中具有以下四个方面的意义。

（1）通过员工知识与技能的培训，提高他们适应岗位的能力。人既不是天生就会做很多事情，也不是天生就知道如何运用自己的潜能。要使员工发挥潜能、胜任岗位工作，就必须对其进行培训。

（2）培训有助于统一思想，强化员工对企业价值观的认同。每个企业都有自己的文化观念、价值观念、行为准则，员工只有了解并接受企业的文化理念，才能在其中有效地工作。

（3）培训有助于员工自我发展目标的实现，从而有利于员工队伍的稳定。

（4）培训有助于开发员工的潜能，使企业现有的人力资源得到充分利用。

（二）培训的原则

1．激励原则

培训是一种重要的人力资本投资方式，它不仅可以满足企业发展的需要，还可以使受训者的人力资本增值。

2．因材施教原则

企业内工作岗位众多，不同岗位的内容、性质及要求差别较大，而且员工在知识水平、兴趣、经验、能力等方面也存在明显的差异。

3．实践原则

培训要想真正实现其目标，就不能仅仅依靠教导，应坚持实践原则，为受训者提供实际操作的机会，使他们在实践中体会，从实际操作中提高能力。

4．理论联系实际、学用一致原则

培训的目的是改变员工态度、提高员工素质和工作技能，使员工更好地与工作相适应。

5．目标原则

目标管理是管理的有效手段之一，培训作为人力资源管理活动中重要的一环也必须遵守目标原则。

（三）培训的方法

1．讲授法

讲授法属于传统的培训方法，优点是运用起来方便，便于培训师控制整个过程；缺点

是单向信息传递，反馈效果差。讲授法常用于一些理念性知识的培训。

2．视听技术法

视听技术法通过现代视听技术（如投影仪、DVD、录像机等工具）对员工进行培训，优点是运用视觉与听觉的感知方式，直观鲜明；缺点是受训者的反馈与实践较差，且制作和购买的成本高，内容易过时。视听技术法多用于企业概况、传授技能等培训，也可用于概念性知识的培训。

3．讨论法

讨论法按照费用与操作的复杂程序又可分成研讨会与小组讨论两种方法。研讨会多以专题演讲为主，中途或会后允许受训者与演讲者进行交流沟通，优点是信息可以多向传递，与讲授法相比反馈效果较好，缺点是费用较高。小组讨论的特点是信息交流方式为多向传递，受训者的参与性高，费用较低。小组讨论多用于巩固知识，提高受训者分析、解决问题的能力与人际交往的能力，但对培训师的要求较高。

4．案例研讨法

案例研讨法通过向受训者提供相关的背景资料，让其寻找合适的解决方法。这种方法费用低、反馈效果好，可以有效提高受训者分析解决问题的能力。另外，培训研究表明，案例、讨论的方法也可用于知识类的培训，且效果更佳。

案例研讨法的优点：

① 可以帮助受训者学习分析问题和解决问题的技巧；

② 能够帮助受训者确认和了解解决问题的不同方法。

案例研讨法的局限性：

① 需要较长的时间；

② 可能同时激励与激怒不同的受训者；

③ 与问题相关的资料有时可能不甚明了，影响分析的结果。

5．角色扮演法

受训者在培训师设计的工作情况中扮演角色，其他人与培训师在受训者表演后做适当的点评。角色扮演法由于信息传递多向化、反馈效果好、实践性强、费用低，因而多用于人际关系的培训。

角色扮演法的优点：

① 能激发受训者解决问题的热情；

② 可增加培训的多样性和趣味性；

③ 能够激发热烈的讨论，使受训者各抒己见；

④ 能够提供在他人立场上设身处地思考问题的机会；

⑤ 可避免可能的危险与尝试错误的痛苦。

角色扮演法的局限性：

① 观众的数量不宜太多；

② 培训效果可能受限于受训者过度羞怯或强烈的自我意识。

6. 自学法

这种方法较适合于一般理念性知识的学习，由于成人学习具有偏重经验与理解的特性，让具有一定学习能力与自觉的员工自学是既经济又实用的方法，但此方法也存在监督性差的缺陷。

7. 互动小组法

互动小组法也称敏感训练法，该方法主要适用于管理者的实践训练与沟通训练。通过受训者在培训活动中的亲身体验来提高他们处理人际关系的能力。该方法虽可明显提高受训者的人际关系与沟通的能力，但其效果在很大程度上依赖于培训师的水平。

8. 网络培训法

网络培训法是一种新型的计算机网络信息培训方法，投入较大。该方法使用灵活，符合分散式学习的新趋势，可以节省员工集中培训的时间与费用。这种培训方式信息量大，新知识、新观念传递优势明显，更适合成人学习。因此，特别为实力雄厚的企业所青睐，也是培训发展的一个必然趋势。

9. 个别指导法

个别指导法也叫“师傅带徒弟”“学徒工制”，是由一个在年龄上或经验上资深的员工，帮助一位较资浅者进行个人发展或生涯发展的方法。师傅的角色包含了教练、顾问及支持者。身为教练，会帮助资浅者发展其技能；身为顾问，会提供支持并帮助资浅者建立自信；身为支持者，会以保护者的身份积极介入各项事务，让资浅者得到更重要的任务，或者运用权力让资浅者升迁、加薪。

个别指导法的优点：

① 在师傅指导下开展工作，可以避免盲目摸索；

② 有利于资浅者尽快融入团队；

③ 可以消除资浅者刚刚进入企业的紧张感；

④ 有利于传统的优良工作作风的发扬；

⑤ 资浅者可以获得丰富的经验。

个别指导法的缺点：

① 师傅可能有意保留自己的经验；

② 师傅不良的工作习惯会影响资浅者；

③ 师傅的水平对资浅者学习效果有较大的影响；

④ 不利于资浅者在工作岗位上的创新。

职业道德与企业伦理

人才使用的要求

1. 高瞻远瞩，引进人才

发挥人才的作用，首先要引进人才，千军易得，一将难求。管理者只有高瞻远瞩，才能慧眼识珠，引进高素质的人才。

首先，管理者要具有虚怀若谷、甘当伯乐的品格。千里马常有，而伯乐不常有。管理者要当伯乐，而且要甘当伯乐，善于将思维敏锐、朝气蓬勃、德才兼备的人才引进，并能委以重任。

其次，管理者要具有披荆斩棘的决心。由于种种原因，一些管理者、职能部门降低了引进人才的德才标准，引进的“人才”难免鱼龙混杂、良莠不齐。此外，管理者在使用人才时存在着严重的门户之见，不着眼于长远发展，不以德才兼备为标准，存在盲目排外的问题。

2．健全制度，重用人才

重用人才，建立健全人才责权制度。人才难以履行职责，威信降低，并处于进退两难的尴尬境地。管理者只有采取“放水养鱼”的政策，扩大各类人才的相应权力，建立对等的、科学的责权制度，才能使各类人才合理地开展工作，保证其聪明才智的发挥。

3．优化环境，留住人才

管理者欲长期留住人才，必须加强物质环境、精神环境的建设。首先，要大力改善物质环境。管理者要积极为人才创造优质的工作条件，努力提高其生活待遇。重点满足人才的必要需求，使人才的物质环境不断改善。其次，要全面优化精神环境。精神环境包括诸多方面，如组织的威信，领导干部的作风，规章制度、工作秩序的基本状况等。

4．拓宽途径，发展人才

拓展途径，使人才得到充分发展。人才不是取之不尽、用之不竭的“才矿”，而是需要经过合理开发、不断培植、可持续利用的特殊资源。

❑管理感悟

用人之道

去过庙里的人都知道，一进庙门，首先是弥陀佛笑脸迎客，而在他的北面，则是黑口、黑脸的韦陀。但相传在很久以前，他们并不在同一个庙里，而是分别掌管不同的庙。

弥勒佛热情快乐，所以来的人非常多，但他什么都不在乎，丢三落四，没有好好管理账务，所以依然入不敷出。而韦陀虽然管账是一把好手，但成天阴着个脸，太过严肃，导致来的人越来越少，最后香火断绝。

佛祖在查香火的时候发现了这个问题，就将他俩放在同一个庙里，由弥勒佛负责公关，笑迎八方客，于是香火大旺。而韦陀铁面无私，锱铢必较，则让他负责财务，严格把关。在两人的分工合作中，庙里一派欣欣向荣的景象。

感悟

其实，在用人大师的眼里没有废人，正如武功高手，不需要名贵宝剑，摘花飞叶即可伤人，关键看如何运用。

同步测试

一、概念题

1．组织

2．非正式组织

3．职权

4．集权

5．分权

6．授权

7．人力资源

8．人力资源管理

9．人力资源规划

10．人员甄选

二、简答题

1．请简述组织的作用。

2．请简述组织的类型。

3．请简述组织结构设计需遵循的基本原则。

4．请比较几种典型的组织结构设计的优点和缺点，并简述适用性。

5．请结合企业管理发展，分析组织结构变革呈现哪些发展趋势？

6．请简述管理者在授权过程中需遵循的原则。

7．请简述人力资源管理的六大模块。

8．请简述人员招聘的程序。

9．请简述人员甄选的方法。

10．请简述考评的方法。

11．请简述培训的方法。

三、组织案例分析

水泊梁山组织结构与人力资源管理

《水浒正传》末回："忠义堂石碣受天文"之后，梁山泊一百零八壮士均已上应天象，排定位置。且说宋江与军师吴学究、朱武等计议，堂上要立一面牌额，大书"忠义堂"三字，山顶上立一面杏黄旗，上书"替天行道"四字。忠义堂前绣字红旗二面：一书"山东呼保义"，一书"河北玉麒麟"。外设飞龙飞虎旗、飞熊飞豹旗、青龙白虎旗、朱雀玄武旗，黄钺白旄，青伞皂盖，绯缨黑纛，中军器械外，又有四斗五方旗，三才九曜旗，二十八宿旗，六十四卦旗，周天九宫八卦旗，一百二十四面镇天旗。选定吉日良时，杀牛宰马，祭献天地神明，挂上忠义堂断金亭牌额，立起"替天行道"杏黄旗。宋江当日大设筵宴，亲捧兵符印信，颁布号令："诸多大小兄弟，各各管领，悉宜遵守，毋得违误，有伤义气；如有故违不遵者，定依军法治之，决不轻恕。"计开：

梁山泊总兵都头领二员：呼保义宋江、玉麒麟卢俊义。

掌管机密军师二员：智多星吴用、入云龙公孙胜。

一同参赞军务头领：神机军师朱武。

掌管钱粮头领二员：小旋风柴进、扑天雕李应。

马军五虎将五员：大刀关胜、豹子头林冲、双鞭呼延灼、霹雳火秦明、双枪将董平。

马军八骠骑兼先锋使八员：小李广花荣、金枪手徐宁、青面兽杨志、急先锋索超、没羽箭张清、美髯公朱仝、九纹龙史进、没遮拦穆弘。

马军小彪将兼远探出哨头领一十六员："镇三山"黄信、"病尉迟"孙立、"丑郡马"宣赞、"井木犴"

郝思文、“百胜将”韩滔、“天目将”彭屺、“圣水将”单廷、“神火将”魏定国、“摩云金翅”欧鹏、“火眼狻猊”邓飞、“锦毛虎”燕顺、“铁笛仙”马麟、“跳涧虎”陈达、“白花蛇”杨春、“锦豹子”杨林、“小霸王”周通。

步军头领一十员：“花和尚”鲁智深、“行者”武松、“赤发鬼”刘唐、“插翅虎”雷横、“黑旋风”李逵、“浪子”燕青、“病关索”杨雄、“拼命三郎”石秀、“两头蛇”解珍、“双尾蝎”解宝。

步军将校一十七员：“混世魔王”樊瑞、“丧门神”鲍旭、“八臂哪吒”项充、“飞天大圣”李衮、“病大虫”薛永、“金眼彪”施恩、“小遮拦”穆春、“打虎将”李忠、“白面郎君”郑天寿、“云里金刚”宋万、“摸著天”杜迁、“出林龙”邹渊、“独角龙”邹润、“花项虎”龚旺、“中箭虎”丁得孙、“没面目”焦挺、“石将军”石勇。

四寨水军头领八员：“混江龙”李俊、“船火儿”张横、“浪里白条”张顺、“立地太岁”阮小二、“短命二郎”阮小五、“活阎罗”阮小七、“出洞蛟”童威、“翻江蜃”童猛。

四店打听声息，邀接来宾头领八员：东山酒店——“小尉迟”孙新、“母大虫”顾大嫂；西山酒店——“菜园子”张青、“母夜叉”孙二娘；南山酒店——“旱地忽律”朱贵、“鬼脸儿”杜兴；北山酒店——“催命判官”李立、“活闪婆”王定六。

总探声息头领一员：“神行太保”戴宗。

军中走报机密步军头领四员：“铁叫子”乐和、“鼓上蚤”时迁、“金毛犬”段景住、“白日鼠”白胜。

守护中军马饶将二员：“小温侯”吕方、“赛仁贵”郭盛。

守护中军步军饶将二员：“毛头星”孔明、“独火星”孔亮。

专管行刑刽子二员：“铁臂膊”蔡福、“一枝花”蔡庆。

专掌三军内探事马军头领二员：“矮脚虎”王英、“一丈青”扈三娘。

掌管监造诸事头领一十六员：

行文走檄调兵遣将一员：圣手书生萧让；

定功赏罚军政司一员：铁面孔目裴宣；

考算钱粮支出纳入一员：“神算子”蒋敬；

监造大小战船一员：“玉蟠竿”孟康；

专造一应兵符印信一员：“玉臂匠”金大坚；

专造一应旗袍袄一员：“通臂猿”侯健；

专治一应马匹兽医一员：“紫髯伯”皇甫端；

专治诸疾内外科医士一员：“神医”安道全；

监督打造一应军器铁筵一员：“金钱豹”汤隆；

专造一应大小号炮一员：“轰天雷”凌振；

起造修缉房舍一员：“青眼虎”李云；

屠宰牛马猪羊牲口一员：“操刀鬼”曹正；

排设筵宴一员：“铁扇子”宋清；

监造供应一切酒醋一员：“笑面虎”朱富；

监筑梁山泊一应城垣一员：“九尾龟”陶宗旺；

专一把捧帅字旗一员：“险道神”郁保四。

问题：（1）请根据《水浒正传》，试画出水泊梁山组织结构。

（2）根据人力资源管理知识，请问水泊梁山如何选拔人、任用人？依据是什么？对现在企业管理有什么启示？

管理实践

能力提升任务单 5

<table>
<tr><td>任务名称</td><td colspan="3">学校组织结构与职权</td></tr>
<tr><td>组　　长</td><td></td><td>组　　员</td><td></td></tr>
<tr><td>任务导入</td><td colspan="3">1. 设定一定的管理情景，由学生调查学校组织结构与职权分配情况。
2. 管理情景：在任课老师指导下，查阅学校网站，调查学校的组织结构，试画出学校组织结构图，分析属于哪种组织结构类型？并分析该组织结构的优缺点。
3. 以小组为单位。每组 4～5 人，设 1 名组长，先进行分组讨论，再画出学校组织结构图，明确职权分配方法。
4. 在讨论交流过程中，及时记录小组成员关于学校组织结构设计与职权分配的问答。
5. 各小组派代表对本小组的工作成果进行讲解，其他成员补充。
6. 其他小组成员对讲解内容进行提问和质疑。
7. 各小组完善自己的工作成果并提交电子版。</td></tr>
<tr><td>成果形式</td><td colspan="3">1. 说明学校组织结构，明确相应岗位的职权。
2. 学校组织结构的类型及优缺点。
3. 学校组织结构设计的交流总结报告。</td></tr>
<tr><td>学习体会</td><td colspan="3"></td></tr>
<tr><td rowspan="2">老师评价</td><td colspan="3">评语：</td></tr>
<tr><td colspan="3">成绩：__________　　　　　　　　____年_____月______日</td></tr>
</table>

能力提升任务单 6

<table>
<tr><td>任务名称</td><td colspan="3">员工招聘与测评</td></tr>
<tr><td>组　　长</td><td></td><td>组　　员</td><td></td></tr>
<tr><td>任务导入</td><td colspan="3">1. 设定一定的管理情景，通过小组形式开展员工招聘与测评模拟。
2. 管理情景：假设在校内创立一家旅游公司，现就旅游业务促销人员向社会公开招聘，制定面试人员测评方案。通过模拟面试现场、角色互换、扮演面试人员和测评专家，开展员工招聘与测评。
3. 以小组为单位。每组 4～5 人，设 1 名组长，通过小组讨论制定测评方案。
4. 在模拟面试过程中，及时记录员工招聘与测评存在的问题与不足。
5. 各小组派代表对本小组的工作成果进行讲解，其他成员补充。
6. 其他小组成员对讲解内容进行提问和质疑。
7. 各小组完善自己的工作成果并提交电子版。</td></tr>
<tr><td>成果形式</td><td colspan="3">1. 面试人员测评方案。
2. 面试人员测评总结报告。</td></tr>
<tr><td>学习体会</td><td colspan="3"></td></tr>
<tr><td rowspan="2">老师评价</td><td colspan="3">评语：</td></tr>
<tr><td colspan="3">成绩：__________　　　　　　　　____年_____月______日</td></tr>
</table>

模块 4

领导与指挥艺术

知识点

领导；领导职能；领导的作用；传统领导理论；领导新理论；领导的类型；领导艺术；激励；经济人；社会人；自我实现的人；复杂人；激励理论；指挥

技能点

理解领导内涵；运用领导理论指导企业管理；掌握领导的类型；灵活运用领导艺术；运用激励理论指导企业管理；灵活运用指挥艺术

学习目标

- 熟悉领导与领导职能，掌握领导的内容与作用。
- 熟悉领导理论，根据企业经营情况灵活运用领导艺术。
- 正确理解激励，全面了解“人”及其主要观点。
- 熟悉激励理论，根据企业经营情况优化激励措施。

单元1 领导与领导方式

情景导入

刘备的领导力

《三国演义》中的刘备，从一个卖草席的破落皇族起家，首先依附刘焉、卢植、刘表等人，然后依靠关羽、张飞、赵云、诸葛亮等武将谋士，最后时机一到取得了蜀国天府之地。刘备的文韬武略都不如别人，更没有英雄气概，却能让别人自愿追随他，得到他想要的东西。因为刘备有出色的领导力，为什么这样说呢？

正文

领导是管理的重要职能之一。任何组织，当确定了组织目标，建立了相应的组织结构以后，就要依靠管理者履行领导职能，实施指挥、协调与激励活动，推动组织目标的实现。掌握领导理论，提高领导艺术，对于增强领导的有效性有着重要意义。

组织是各种要素的集合，也是人的集合。凡是有人的地方，就有领导者存在。任何组织，无论其规模大小，总会有领导者，他们对内主持整个组织，对外代表组织的全部，是组织的象征，带领和推动组织向前发展。

一、领导与领导职能

“领导”作为名词用时，指的是人，即领导者。领导者有以下两种类型。

第一种领导者，居于组织的领导职位，是组织中所有被称为“上级”的人，包括全部的直线管理人员及配有下属的职能机构的负责人。这些人拥有合法的职务权力，对被领导者进行指挥命令和奖励处罚。

第二种领导者，没有正式的领导职位，但对他人有影响力。这种领导者具有非同凡响的领导才能，而且并不是组织中所有处于领导职位的人都具有这方面的领导才能。

“领导”作为动词用时，指的是指引、引导和动员他人思想与行为的过程。领导者通过其领导过程，带领人们朝着一个更好的方向发展，并且不损害他人的利益。这样，他领导下的人们才有可能形成具有凝聚力和战斗力的团体，对远景目标形成共识，并努力实现这一目标。

领导职能则是一种比较狭义的概念，仅指在目标既定的条件下如何影响一个组织或群体的成员去实现目标。在组织的各种生产要素中，人的因素在很大程度上能够直接或间接地决定组织目标的实现及实现的程度。一个优秀的领导者能够有力地影响其下属，使下属现有的技能、才智和技术水平得到充分发挥，从而使组织取得更高的绩效。

领导职能与管理工作中的计划、组织、控制等职能的区别突出地表现在，领导职能是与人的因素密切关联的，因而在领导职能发挥作用的过程中，虽然管理心理学、组织行为学方面的知识必不可少，但领导行为往往具有更大的艺术性。因此，我们将领导职能定义为指导和影响群体或组织成员为实现群体或组织目标而努力做出贡献的过程或艺术。

综上所述，领导职能包含以下四个方面的含义。

（1）领导者一定与其所领导的群体或组织的其他人员有联系。这些人包括其直接的下属，可能还包括组织中的其他成员。他们可能心甘情愿地服从或被迫无奈地屈服于该领导者的权力，使自己处于被领导的地位。

（2）权力在领导者和其他成员中的分配是不平等的。领导者拥有相对强大的权力，使其能够影响组织中其他成员的行为，而其他成员却没有这样的权力，或者所拥有的权力并不足以改变其被领导的地位。

（3）领导者能对被领导者产生各种影响。领导者具有引导下属思想和指挥下属行动的权力，他不仅能够指导下属“如何去做”，还能够影响其“去做什么”。领导者能够通过影响被领导者，使其表现出某种符合组织期望的行为。

（4）领导者的目的是影响被领导者去实现组织目标并努力做出贡献。与其他管理职能一样，领导职能也具有明确的目的性。这种目的性体现在两个方面：一是使组织目标更好地实现，二是使组织成员能在工作中更好地发展和进步。

职业道德与企业伦理

优秀领导者的个人素质

（1）处事冷静，但不优柔寡断。优秀领导者都具有处事冷静的特点，善于考虑事情的多个方面或问题涉及的各利害关系方，不易冲动行事。优秀领导者虽然处事冷静，但并不优柔寡断，往往会在周密思考后果断做出决定或清晰地阐明自己的观点。具有这种特征的领导者往往能使事情或问题得到比较妥当的处理，同时有利于形成良好的人际关系。

（2）做事认真，但不事事求“完美”。优秀领导者做事非常认真仔细，但他们同时懂得什么事情需要追求“完美”（尽善尽美），什么事情“差不多就行”（达到基本标准）。具有这种特征的领导者往往能把事情“做对”，并且比一般人更容易创造价值。

（3）关注细节，但不拘泥于小节。优秀领导者善于关注事情的细节，善于留意观察身边的人和事，善于抓住问题的要害，善于将问题“扼杀”在萌芽状态。优秀领导者虽然善于关注细节，但不会过分拘泥于小节，不会在意别人的小过错或小过失。具有这种特征的领导者往往能大幅度减少“问题”的发生，日常管理工作也会井然有序。

（4）协商安排工作，绝少发号施令。领导者不是发号施令的“监工”。一个能让下属主动“追随”的领导者，依靠的是他（她）的个人魅力和领导力，而不是他（她）手中的权力。优秀领导者绝少对下属发号施令，往往采用和下属商量的方式布置和安排工作。具有这种特征的领导者往往能让下属心甘情愿地完成被安排的任务，这样的领导者也往往能营造出和谐团结的团队氛围。

（5）关爱下属，懂得惜才爱才。优秀领导者善于尊重和关爱下属，往往视下属如“兄弟”，懂得怎样去珍惜和爱护与自己朝夕相处、共同拼搏的“战友”。具有这种特征的领导者往往会让下属有一种“如家”的感觉，无形中也让下属更积极、更主动、更无怨无悔地付出。

（6）对人宽容，甘于忍让。优秀领导者胸怀宽广，对人宽容、甘于忍让，善于将心比心，善于考虑别人的难处和利益，善于“挖起荆棘并种下玫瑰”。具有这种特征的领导者往往易于形成良好的人际关系，并往往能在需要时得到别人最真诚的支持和帮助。

（7）严以律己，以行动服人。优秀领导者不会让自己独立于各种规章制度之外，他们往往身体力行、以身作则，用自己的实际行动来影响和带动身边的人。具有这种特征的领导者往往“其身正，不令而行”。

二、领导的影响力与权力

领导是一种影响力，是对成员施加影响的艺术或过程，从而使成员情愿为实现组织目标而努力。领导的本质是影响力，领导是一个艺术化的过程，领导的目的是激发成员服务于组织目标。也就是说，领导不是一个静态事物，它是一个过程，实质上是一个行为过程，即所谓的领导行为。领导者就是致力于实现这个过程的人。

领导行为的核心在于影响和推动，其特征在于能够担负目标使命，并使其他成员贯彻实施。成功的领导者不是指身居高位，而是指有一大批追随者和拥护者，并且使组织群体取得良好绩效。领导者的影响力日渐成为衡量其成功领导的重要标识。

领导的影响力的来源基础是权力，包括合法权力、奖赏权力、惩罚权力（强制权力）、感召力、知识力，前三种属于职位权力，后两种属于非职位权力。

合法权力是在组织内正式等级中某个职位被赋予的管理成员的法定权力，包括奖赏权力、惩罚权力，影响范围十分广泛。

奖赏权力是决定提供或取消奖励与报酬的权力，奖赏权力的作用发挥源于成员心理期望奖励的需要，奖赏权力与惩罚权力是相对应的。

惩罚权力是通过物质或精神上的威胁，强制成员顺从的权力，是奖赏权力的反面。

感召力是指领导者的眼光、气度、品格、形象令成员钦佩、折服，以至仿效，自然而然地也就乐于接受领导者的影响。

知识力是指拥有较多知识的领导者得到成员的羡慕和尊敬而产生的力量。

三、领导的内容与作用

领导意味着组织成员的追随与服从。正是来自其下属和组织其他成员的追随与服从，才使领导者在组织中的地位得以确立，并使领导的过程成为可能。而下属和组织的其他成员追随和服从某些领导者的原因在于，这些被他们所信任的领导者能够满足他们的愿望和需求。正是在充满艺术性的领导过程中，领导者巧妙地将组织成员的愿望和需求的满足与组织目标的实现结合起来。当然，要实现这种结合，领导的过程就不可避免地要与沟通、激励等发生关系，这也说明领导工作实际上包含了与人的因素相关的其他活动内容，如激励、沟通、营造组织气氛和建设组织文化等。领导对组织绩效具有决定性的作用，领导的这种决定性作用具体表现在以下四个方面。

1. 激励作用

任何组织都由具有不同需求、欲望和态度的个人所组成，组织成员的个人目标与组织目标不可能完全一致。领导的目的就在于把个人目标与组织目标结合起来，引导组织成员满腔热情地为实现组织目标努力奋斗。领导的作用在很大程度上表现为调动组织中每个成员的积极性，使其以高昂的士气自觉地为组织做出贡献。一个组织的领导者，就像交响乐队的指挥官一样，他能充分激励、协调乐队的每个成员，使他们把才能充分发挥出来。在他的指挥和统率之下，整个乐队协调配合，从而奏出和谐、优美的乐章。

2. 指挥作用

在组织的集体活动中，领导者应当通过引导、指挥、指导或先导活动，帮助组织成员最大限度地实现组织的目标。尽管引导、指挥、指导、先导等活动在形式上略有差异，但共同的要求都是领导者不是站在组织成员的后面去推动、去督促，而是作为带头人来引导他们前进，鼓舞他们努力实现组织的目标。拿破仑·波拿巴曾说过："只有糟糕的将军，没有糟糕的士兵。"我国也有俗语说："干部，干部，先走一步。"领导者只有站在成员的前面，用自己的行动带领他们为实现组织的目标而奋斗，才能真正起到指挥的作用。

3. 协调作用

组织的目标是通过许多人的集体活动来实现的。即使组织制定了明确的目标，但由于组织中的成员对目标的理解、对技术的掌握和对客观情况的认识因个人知识、能力、信念等方面的差异而不同，所以成员在思想认识上会产生分歧，在行动上会出现偏离目标的现象。因此，需要领导者来协调组织成员的关系和活动，使他们步调一致地朝着共同的目标前进。

4. 沟通作用

领导者是组织的管理者和联络者，在信息传递方面发挥着重要作用，是信息的传播者、监听者、发言人和谈判者，在管理的各层次中起到上情下达、下情上述的作用，以保证管理决策和管理活动顺利进行。

引导不同成员努力朝着一个目标奋斗，协调这些成员在不同岗位的行动，激发成员的工作热情，使他们在追求目标的过程中保持高昂的斗志，这就是领导者在组织和率领成员为实现组织目标而努力工作的过程中必须发挥的具体作用。

四、传统领导理论

什么样的人适合担当领导者？领导者能否"克隆"（培训）？有效的领导者是怎样执行领导职能的？管理学家一直在试图解释领导现象背后的本质。传统领导理论可以分为三类：特质理论、行为理论、权变理论。

（一）特质理论

特质理论基于假设：领导者与非领导者在个人性格特征上有明显的差别，试图从被公认的成功的领导者身上归纳出领导者的共同特征，以此来解释他们成为领导者的原因，并作为描述和预测领导者的领导有效性的标准。换种说法就是，特质理论指出了什么样的人才能成为有效的领导者。

研究人员列举了领导者应具有的许多特征，大体分为以下几类：身体特征、背景特征、智力特征、个性特征、与工作有关的特征、社会特征。

美国管理学家吉赛利提出了八种个性特征和五种激励特征。个性特征：才智、首创精神、督察能力、自信心、适应性、决断能力、性别、成熟程度。激励特征：对工作稳定的需求、对金钱奖励的需求、对指挥别人的权力的需求、对自我实现的需求、对事业成就的需求。

吉赛利认为，才智和自我实现对于取得成功关系重大，指挥别人的权力的概念并不是很重要，督察能力基本上是指运用管理职能来指导他人的能力，性别特征和管理成功与否没有多大关系。

国内外的管理学家列出从简单到复杂的相差甚远的领导者特质清单。国外逐渐得到认可的是才能与智慧、沟通技巧、评估能力三个方面的性格特征，三者与领导者的领导有效性具有比较密切的关联。国内通常从思想品德、知识才能、体能心理三个方面罗列有效的领导者的标准模式，认为具备这些理想条件的人才能很好地执行领导职能。无论如何，在领导者所具备的众多素质中，核心在于其价值取向，尤其是追求完美目标的理想。

就主观而言，领导者是否愿意更大范围地影响他人，是否希望更多的人追随自己的行动，反映在行为上就是热情地推销自己的主张，极力说服他人，喜欢拥有追随者和支持者。内驱力是建立在自信心基础上的对领导责任、权力和成就的追求，并且主动提高领导水平和领导艺术，提高组织效率，取得更好的领导效果，从而获得更广泛的领导力。

领导者应该具有比普通员工更高的各种能力条件，但是在基本条件上应该具有以下特点。

（1）风格。领导者应具有一种令员工佩服、敬仰，使同行折服的领导风格。领导者应具有较强的个性，根据领导者的不同条件，领导风格各具特点，这就要求领导者创新，绝不能一成不变地模仿别人的管理模式。例如，有的领导者的领导风格是雷厉风行，说办就办；有的领导者的领导风格是稳重、谨慎，三思而后行；有的领导者的领导风格是积极听取各方面的意见和建议；有的领导者的领导风格是自己认定的事自己做主……尽管领导者的领导风格不同，但都是以单位或个人的发展为主要目标进行各种活动的。

管理小案例

松下幸之助的领导风格

一名优秀的管理者是不会把“笨蛋”这个词用在他的下属身上的，是不会轻易对下属说“你不行”的，即使下属事情做得不是很到位，他们也不会直接指出其中的不足，因为那样会打击下属的信心。

日本松下电器创始人松下幸之助的领导风格以“严厉”著称，但是他培养人的能力是被业界称道的，其秘诀之一就是不轻易对下属说“你不行”。

有一次，松下幸之助对他公司的一位部门经理说：“我每天要做很多决策，并要批准他人的很多决策。实际上，只有40%的决策是我真正认同的，余下的60%是我有所保留的，或者说是我认为还可以的。”

这位部门经理很惊讶地说：“如果您不认可的话，一口否决了就行啊！”

松下幸之助说：“你不可以对任何人说‘你不行’，对于那些你认为还可以的决策，你完全可以在实行过程中给予提出决策的人指导，让他们达到你所预期的高度，因为任何人都不喜欢被否定。”

问题：通过上述案例，试简述松下幸之助的领导风格。

（2）人格。人格主要是指领导者的道德品质。领导者在进行管理时，必定会遇到各种涉及国家利益、组织利益、小团体利益及领导者个人切身利益的情况和问题。如何处理这些情况和解决这些问题，是将国家、组织的利益放在首位，还是将小团体、个人的利益放在首位，领导者的人格就可充分地表现出来。

（3）品格。品格指的是管理范畴的品格。一般来说，容忍、果断、诚实、勇敢、热诚、公正、勤奋、宽容、明智、创新、忍耐等都应该是领导者具备的品格，可是一个人不可能同时具备领导者应具备的所有品格，这时候领导者就应该加强学习、提高素质，努力弥补自身的不足。

（4）性格。每个人的性格在其成长过程中逐渐形成，对领导者来说，个人的性格不太容易改变。因此，领导者应该根据自己的性格，考虑应该找什么样的人员与自己合作。性格因人而异，因此在管理层最好进行性格搭配。一个组织里不应该所有领导都是外向型的人，也不应该全都是内向型的人。一个好的搭配，应既有外向型的领导，也有内向型的领导；既有急性子的领导，也有慢性子的领导；既有在前面冲锋陷阵的领导，也有在后面出谋划策的领导。出现问题时，一个唱红脸，一个唱白脸，工作就会做得有声有色。

历史小故事

曹操宽宏大量

官渡之战，曹操以少胜多击败袁绍。袁绍逃跑时，图书、车仗等物来不及带走，都扔了。曹操的亲信在翻捡这些杂物的时候发现，书里夹着一些书信，这些是曹操部下和袁绍暗通消息的信件，便把这些书信拿给曹操看。曹操翻看了一下，内容多是赞美袁绍的，有的人还表示要离开曹操投奔袁绍。亲信建议曹操把写信的人全部抓起来处死，曹操不但没有那么做，反而命令把这些书信全部烧掉。亲信大为不解，曹操笑着说："那时袁绍实力那么强大，我都无法自保，何况大家呢？"曹操把这些书信烧掉以后，那些曾写信给袁绍的人大为感动，从此死心塌地地为曹操卖命，曹操大度能容人的品格也传为千古美谈。

问题：通过上述小故事，试说明曹操具有哪些方面的领导特质。

（二）行为理论

行为理论不是静态地观察领导者与非领导者的差别，而是研究领导者与非领导者行为方式的差别，试图找出领导者行为方式的共同特征，成为训练领导者的标准与指南。

行为理论包括美国俄亥俄州立大学的二维构面理论、罗伯特·布莱克和简·穆顿的管理方格论、怀特与利匹特的三种领导方式、利克特管理系统、阿基里斯的成熟不成熟连续流、雷定的三维构面理论等，其中，美国俄亥俄州立大学与密歇根大学是行为理论的主流。

1. 二维构面理论

美国俄亥俄州立大学 1945 年开始研究领导行为，在 1965 年由 R.M.史托格迪尔与 C.L.沙特尔教授提出了二维构面理论。领导行为的特别之处体现在两个方面，即定规与关怀。定规就是规定领导者与下属的关系，建立明确的组织类型、信息渠道与工作方法程序；关怀就是领导者信任与尊重下属的意见与情感，强调个人需要，建立良好的人际关系与组织气氛。将定规与关怀的程度差异作为两个维度，将领导者行为划分为四种典型类型，其中的高定规与高关怀类型通常能够取得比其他两种更好的员工绩效结果（见图 4-1）。

美国密歇根大学也提出了类似的领导行为模型，将影响领导有效性的领导方式圈定在员工导向与生产导向两个方面，分别讨论领导行为在任务与人员两个方面的独特表现与领导有效性的关系。这样的思路成为后来众多领导行为模型的基础。

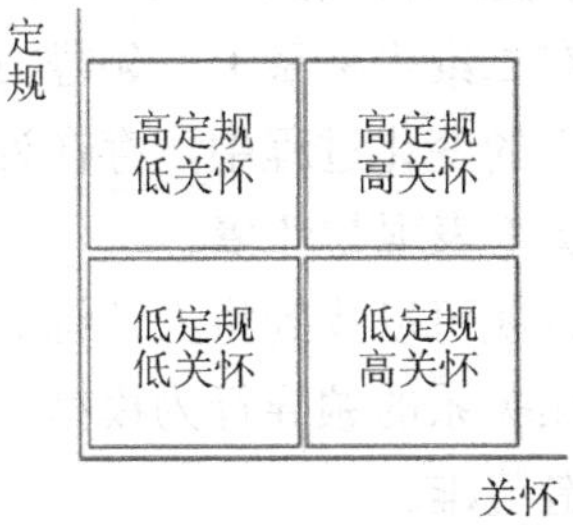

图 4-1　二维构面领导行为坐标

2. 管理方格论

1964 年美国管理学家罗伯特・布莱克和简・穆顿在前人的基础上，发展出管理方格论来分析领导行为的特征。管理方格论根据领导行为在关心生产与关心人两个方面的表现程度差异，将领导行为划分为 81 种类型，其中有 5 种为典型的领导行为，并且阐述了这 5 种典型的领导行为的特点与管理价值（见图 4-2）。

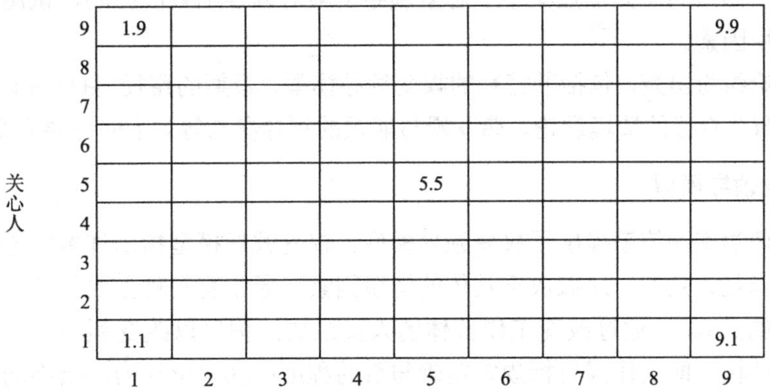

图 4-2　管理方格

1.1 贫乏型：领导者仅仅完成维持职务的最低限度工作，以不出差错为目标。

9.1 任务型：领导者只重视任务完成的结果，忽视下属需要的关心。

1.9 乡村俱乐部型：领导者注重关怀下属的需要，忽视任务完成效果。

5.5 中庸之道型：在维持足够的任务效率与下属满意度之间寻求平衡。

9.9 团队型：综合各种措施，对任务效率与下属满意度高度关心。

其中，9.9 团队型领导行为是最佳的。

3. 其他领导行为模型

除此之外，还有许多管理学家提出各种领导行为模型，总体的思想与美国俄亥俄州立大学、密歇根大学的类似。

怀特与利匹特根据领导者控制和影响被领导者方式的不同，把领导方式分为三种：独裁式、民主式、放任式。利克特将管理系统归纳为四种类型：专制权威式、开明权威式、协商式、群体参与式。坦南鲍姆和施米特认为，领导方式在以领导为中心与以员工为中心两个方面表现出特征，可以描绘在二维坐标系上。领导方式的变化有一种连续性，在完全以领导为中心向完全以员工为中心的变化过程中，存在许多种典型领导方式，具体采取哪种领导方式取决于领导者素质、员工表现与环境。

如果行为理论是正确的，那么就可以找到将人训练成领导者的途径。令人遗憾的是，将领导行为与领导有效性建立必然关系的领导行为模型并不成功，实际上众多的领导者甚至是特定环境的产物，所谓时势造英雄。

互动测试：典型领导方式有哪些类型?

独裁式；民主式；放任式。

（三）权变理论

在发现独裁式在某些组织使得领导绩效明显、民主式在另一些组织使得领导绩效明显、放任式也在有些组织使得领导绩效明显之后，管理学家开始意识到领导绩效的优劣，不仅取决于领导者本身素质、领导行为方式（领导风格），还受到领导者和被领导者所处环境的影响。于是，热门的研究焦点集中于思索领导情境对领导绩效的影响，试图分解出影响领导绩效的情境因素。

权变理论纷纷出笼，包括菲德勒的权变领导模型、豪斯的路径-目标理论、保罗·赫塞与肯尼思·布兰查德的情境理论、弗罗姆与耶顿的领导参与等。下面主要介绍前三种理论。

1. 权变领导模型

美国管理学家菲德勒提出了权变领导模型。权变领导模型指出许多领导行为可能是有效的，也可能是无效的，这取决于具体的情境因素。通常有三种主要的环境因素：①“领导者与下属的关系”，通过改变工作群体的人员组成结构可以改变领导者与下属的关系；②工作任务结构，即工作或目标规定明确与否的程度；③职位权力，指不同于领导者个人权力的正式权威。根据三种情境因素的不同组合方式，可以形成八种对领导者从最有利到最不利的环境类型，其中三种情境因素均具备的情况为最有利的领导环境。领导者需要根据所处的环境类型选择匹配的领导行为，才能获得良好的领导绩效。

领导者的领导行为可以通过最难共事者问卷（LPC）进行评价（如果以相对积极的词汇描述最难共事者，说明乐于与同事形成友好的人际关系，属于关系导向型，反之则是任务导向型），若 LPC 评价与领导者所处的环境类型评估分数匹配就会取得最佳领导效果。最难共事者问卷如表 4-1 所示。

表 4-1　最难共事者问卷

快乐	8	7	6	5	4	3	2	1	不快乐
友善	8	7	6	5	4	3	2	1	不友善
拒绝	1	2	3	4	5	6	7	8	接纳
有益	8	7	6	5	4	3	2	1	无益
不热情	1	2	3	4	5	6	7	8	热情

续表

紧张	1	2	3	4	5	6	7	8	轻松
疏远	1	2	3	4	5	6	7	8	亲密
冷漠	1	2	3	4	5	6	7	8	热心
合作	8	7	6	5	4	3	2	1	不合作
助人	8	7	6	5	4	3	2	1	敌意
无聊	1	2	3	4	5	6	7	8	有趣
好争	1	2	3	4	5	6	7	8	融洽
自信	8	7	6	5	4	3	2	1	犹豫
高效	8	7	6	5	4	3	2	1	低效
郁闷	1	2	3	4	5	6	7	8	开朗
开放	8	7	6	5	4	3	2	1	防备

菲德勒分析了各种管理模式，并指出最佳领导方式的“权变”取决于团体工作情境的有利性（见图 4-3、表 4-2）。一个最有利的情境例子是，领导者很为团体成员所推崇，有着崇高的权力地位和明确规定的工作。

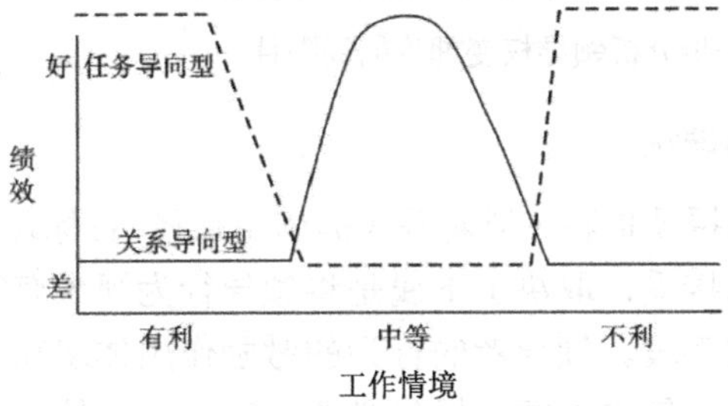

图 4-3　菲德勒权变领导模型

表 4-2　工作情境

环境类型	1	2	3	4	5	6	7	8
领导者与下属的关系	好	好	好	好	差	差	差	差
任务结构	高	高	低	低	高	高	低	低
职位权力	强	弱	强	弱	强	弱	强	弱

管理小案例

《三国演义》中的领导权变思想

在《三国演义》中，有许多体现领导权变思想的案例，既有正面的经验，也有反面的教训。其中，马谡失街亭、诸葛亮演空城计的故事都是经典案例。三国时期，魏明帝太和三年（229 年），蜀国丞相诸葛亮率领大军北伐，布阵于渭水沿岸的祁山，从西边进攻魏国。魏明帝为了抵御蜀国大军，把大本营迁到长安，同时起用名将司马懿作为统率，率兵迎战。司马懿足智多谋，是当时唯一能够与诸葛亮一较高低的将领。诸葛亮打听到由司马懿担任统率，就派手下大将马谡，率兵前往固守处于粮道关口的街亭。马谡精通兵法，才华横溢，他所献的许多计策都被诸葛亮所采纳，深得诸葛亮的赞赏和信任。马谡到了街亭之后，不顾诸葛亮在出发前的一再叮嘱，必须在当道下寨，而是按照熟读的兵书，擅作主张，将营盘设置在山顶上。按照兵书上所讲的内容，“凭高视下，势如破竹”“置之死地而后生”等，占领高处，可以从高处轻易地观察到敌人的行动，并且由上往下，可以一鼓作气，势如破竹地击败敌军。司马懿率领大军向街亭进发，听说蜀军已经严阵以待，不得不由衷地佩服诸葛亮的谋略。当他看见蜀军在山顶上安营扎寨时，却大笑起来，立即派兵包围了蜀军下寨的小山，切断了蜀军的水源。马谡的军队由于被切断了水源，又看到被魏军重重包围，于是军心大乱，在三天内土崩瓦解。蜀军痛失街亭，导致了让世人不胜惋惜、发人深省的“诸葛亮挥泪斩马谡”的悲剧。

由于马谡军事失误丧失街亭战略要地，面对司马懿大军压境，诸葛亮不得不调整战略，准备撤退。就在诸葛亮分拨已定，令5000人去西城三县搬运粮草，身边只留有2500人之际，忽然接到消息说司马懿率15万大军往西城蜂拥而来，处在这个弹丸之地的2500人听到这个消息后尽皆失色，皆感死期将至。诸葛亮却号令四门大开，旌旗藏匿，只叫几个老人四处打扫卫生。自己鹤氅纶巾，引二童登上城楼，焚香操琴，神情自如，悠然自得。司马懿见状，以为城里埋伏着重兵，诸葛亮城上弹琴是诱兵之计，于是引军而退。诸葛亮得以转危为安，安全撤退。

问题：（1）结合上述案例谈谈权变式领导的重要性。

（2）结合上述案例分析权变式领导应该具备的素质修养。

（3）结合上述案例进一步分析领导权变理论的局限性。

2. 豪斯的路径-目标理论

加拿大多伦多大学教授罗伯特·豪斯等人提出了路径-目标理论。路径-目标理论认为，领导者的行为能否为下属接受，取决于下属是将领导行为视为获得个体满足的即时源泉，还是作为个体未来满足的手段。领导者的行为的激励作用体现在，建立下属需要满足与其绩效紧密关联的机制，为下属提高绩效提供必要的辅助、支持、指导和奖励。因此，最富有成效的领导方式是，领导者通过指明实现目标的途径来帮助下属，激发下属潜在的动机，并为下属扫清各种障碍。

路径-目标理论把领导方式分为四种类型：支持型、参与型、指令型、成就型。领导者在选择领导方式时应考虑两类权变因素：下属个人的特点（经验、感觉、知觉能力）和环境因素（任务的结构、正式权力系统设计、工作的群体）。

路径-目标理论提出了两类情境作为领导行为与结果之间关系的中间变量，它们是下属控制范围之外的环境（任务结构、正式权力系统及工作群体），以及下属个性特点中的一部分（控制点、经验和感知能力）。要想使下属的产出较多，环境因素决定了作为补充所要求的领导行为类型，而下属个性特点决定了对环境和领导者行为做出何种解释。在工作环境中，领导者必须确认员工的任务是否已经结构化了，正式权力系统是否最适合于指挥型或参与型领导，以及现在的工作群体是否满足了员工的社会和尊重需要。

路径-目标理论证明：当领导者弥补了员工或工作环境方面的不足，就会对员工的绩效和满意度起到积极的影响。但是，当任务本身十分明确或员工有能力和经验处理它们而无须干预时，如果领导者还要花费时间解释工作任务，则下属会把这种指导性行为视为累赘多余，甚至是侵犯。

3．情境理论

保罗·赫塞与肯尼思·布兰查德提出的情境理论属于重视下属的权变理论。

领导者的领导方式（领导风格），应当依据其下属的成熟度选择。所谓成熟度是指个体对自己行为负责的能力与意愿，通过工作成熟度与心理成熟度两个要素进行衡量。工作成熟度是指个人的知识与技能，工作成熟度高的个体拥有应付工作需要的知识与技能，可以在无须别人指导下完成工作；心理成熟度是个体行为的意愿与动机，心理成熟度高的个体的工作动力来自心理上的动机鼓励，不需要太多的外部鼓励。

员工的成熟都会经历四个发展阶段：不成熟（既无能力又不情愿）、初步成熟（缺乏能力但是愿意）、比较成熟（具备能力却不愿意）和成熟（既拥有能力又愿意）。领导者的领导方式按照工作导向与关系导向划分为四种典型类型：命令型（高工作导向－低关系导向）、说服型（高工作导向－高关系导向）、参与型（低工作导向－高关系导向）和授权型（低工作导向－低关系导向）。将领导者的类型与员工的成熟度对应起来，找到员工处于各种成熟度状态时对应的领导方式（见图 4-4）。

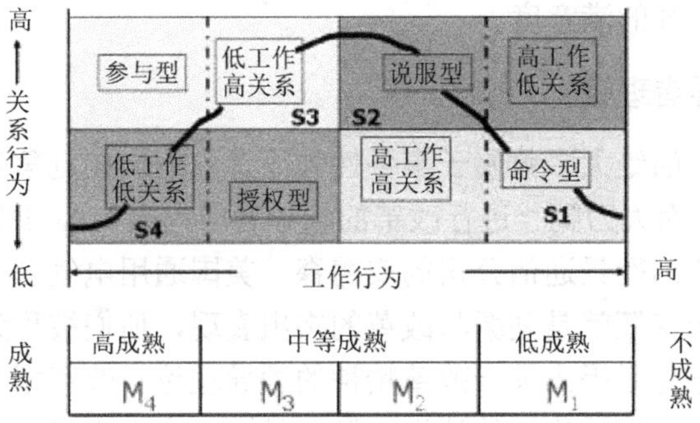

图 4-4　情境领导模型

管理小案例

美国微软情境领导

美国微软公司技术中心培训经理的情境领导模型如表 4-3 所示。

表 4-3　美国微软公司技术中心培训经理的情境领导模型

	D4 自主自信者（用 S4 的方法管理）	D3 能干谨慎者（用 S3 的方法管理）	D2 失望的初学者（用 S2 的方法管理）	D1 热情的初始者（用 S1 的方法管理）
优点	技能好；工作高效；工作榜样；自主能力强；具有影响力	自主性较好，一般无须监督；能力和技能优良；工作高效	现实感强；好问；目的性强	不满足于过去经验；能用新眼光看待旧问题；没有学习上的约束感；自我挑战
缺点	过分自信，行为可能越界，由此引起同事不满；达到目标后可能懈怠；拒绝改变；容易自满	自信心容易动摇；需要有人鼓励；没有充分可信性	需要指导和监督；可靠性较弱；无法达到目的时容易有挫折感；容易厌倦日常事务；自信心差	需要指导和监督；可靠性弱；可能犯高成本错误；可能主动犯错误

五、领导新理论

（一）领袖魅力理论

20 世纪八九十年代，美国克莱斯勒汽车公司的总裁艾柯卡、美国军队的总司令麦克阿瑟等著名的公众心目中的领导者，并没有表现出符合前面所述的领导行为模式，却同样取得了极为出色的领导效果。这些被以前研究所忽视的领导者成为管理学家研究的焦点，管理学家研究发现是这些领导者身上的领袖魅力发挥着巨大的作用。

著名学者罗伯特・豪斯在 1977 年开始领导者的领袖魅力研究，而瓦伦・本尼斯与加拿大麦吉尔大学的杰・康格、鲁宾德拉・卡农格则进行了后续的拓展研究。

罗伯特・豪斯列出了魅力型领导的三个特点：有令人折服的远见和目标意识，有非常明确的目标和对目标价值的认识；对目标的实现有不可动摇的信念；能够向下属转达目标的内容和实现目标的信心。

越来越多的事实证明，领导者的领袖魅力与员工的高满意度和高绩效有着显著的相关性。与有领袖魅力的领导者共同工作，员工会受到激励而愿意付出更多的努力，也会因为喜爱领导者而表现出更高的满意度。

（二）改革型领导者理论

领导行为模式探讨的绝大多数属于事务性领导者，他们在竞争日趋白热化的经营环境中显得有些力不从心，而大刀阔斧进行改革的领导者成为人们心目中的“英雄”，比如美国苹果公司的乔布斯、美国网景通信公司的安德森、美国通用电气公司的杰克・韦尔奇等显赫一时。这些人的共同特征就是创新与改革的杰出表现，他们被称为改革型领导者。美国管理学家巴斯与傅伊德先后提出关于改革精神的领导理论。改革型领导者关心每位员工的需要，提高员工对完成目标的价值的认识，激发员工追求更高层次的需求，以便实现组织的目标。

管理小案例

美国通用汽车公司的土星计划

自从第一次能源危机后，日本汽车就开始在号称汽车王国的美国大展雄风。省油、价廉、耐用、售后服务好成为日本汽车横扫北美市场的利器。全世界规模较大、市场占有率较高的通用汽车公司，营运和获利都大幅下滑。面对一片恐慌之声，通用汽车公司的罗杰・史密斯开始进行一项官僚组织与劳资结合的计划，称为土星计划。他认为事已至此，要击倒日本，就必须加入他们的行列。他说：“让我们走出这个狭窄的圈子，去发现其他人知道的是什么。和本田的合作，至少可以让通用获得最新汽车技术和管理方法的第一手资料。”冒着和“敌人勾结”的议论，他力排众议，开始和本田合作。接下来就是改革官僚化且无效率的层级组织，改变工序控制，实现生产设备在科技上的高度整合。最后就是劳资结构的重整，要求劳资双方一起工作，共同决策，共负盈亏，资方不得任意遣散劳工，劳工不得动辄威胁罢工。这些改变使通用汽车公司脱胎换骨，终于扭转乾坤，再创生机。

问题：上述案例中美国通用汽车公司的土星计划给公司带来哪些变化？

六、领导的类型

按照不同的标准可对领导进行不同的分类。

1. 按权力控制程度分类

按权力控制程度，领导可分为集权型领导、分权型领导、均权型领导。

集权型领导是指工作任务、方针、政策及方法，都由领导者决定，然后布置给下属执行。

分权型领导是指领导者只决定目标、政策、任务的方向，对下属在完成任务各个阶段的日常活动不加干预。领导者只问结果，不问过程与细节。

均权型领导是指领导者与下属的职责权限明确划分。下属在职权范围内有自主权。这种领导方式主张分工负责、分层负责，以提高工作效率，更好地实现目标。

互动测试：按权力控制程度，领导可分为哪几类?

集权型领导、分权型领导和均权型领导。

2. 按领导重心所向分类

按领导重心所向，领导可分为“以事为中心”的领导、“以人为中心”的领导、“人事并重式”的领导。

“以事为中心”的领导认为，凡事要以工作为中心，强调工作效率，以最经济的手段取得最大工作成果，将工作的数量、质量及达成目标的程度作为评价成绩的指标。

“以人为中心”的领导认为，只有下属是愉快的、愿意工作的，才会产生最高的效率、最好的效果。因此，领导者尊重下属的人格，不滥施惩罚，注重积极的鼓励和奖赏，注意发挥下属的主动性和积极性，注意改善工作环境，注意给予下属合理的物质待遇，从而保持其身心健康和精神愉快。

“人事并重式”的领导认为，既要重视人，也要重视工作，两者不可偏废。既要充分发挥下属的主观能动性，也要改善工作的客观条件，使下属既有饱满的工作热情，又有主动负责的精神。领导者对工作要求严格，下属必须按时保质保量地完成工作任务，创造出最佳成果。

3. 按领导者的态度分类

按领导者的态度，领导可分为体谅型领导、严厉型领导。

体谅型领导是指领导者对下属十分体谅，关心其生活困难，注意建立互相依赖、互相支持的友好关系，注意赞赏下属的工作成绩，提高其工作水平。

严厉型领导是指领导者对下属要求严厉，重组织、轻个人，要求下属牺牲个人利益服从组织利益，明确每个人的责任，执行严格的纪律，重视监督和考核。

4. 按决策权力大小分类

按决策权力大小，领导可分为专断型领导、民主型领导、自由型领导。

专断型领导是领导者把决策权集于一人手中的一种领导方式。这种领导方式可以说是以行政权威推行工作，下属无权参与，没有自主权，完全处于被动的地位；重视行政手段，严格规章制度，缺乏灵活弹性。由于决策错误或客观条件变化，贯彻执行发生困难时，不查明原因，多归罪于下属。对下属奖惩缺乏客观标准，只是按领导者的好恶决定。

民主型领导是一种权力集中在集体，重大决策和政策均由集体成员讨论决定、共同执行的领导方式。领导者同下属互相尊重、彼此信任。领导者通过交谈、会议等方式同下属交流思想、商讨决策，注意按职授权，注重让下属自主发挥应有的才能。奖惩有客观标准，不以个人好恶行事。

自由型领导是一种自由放任、各行其是、各自为政的领导方式。领导者对下属的工作关心不多，让下属自由行事，所以又称放任型领导方式。领导者有意分散领导权，给下属极大的自由。

互动测试：按决策权力大小，领导可分为哪几类?

专断型领导、民主型领导和自由型领导。

七、领导艺术

（一）决策的艺术

领导者在做决策时，除了遵循科学的决策程序，还必须讲究决策的艺术。

1. 对信息的确认

决策是建立在正确信息的基础上的，因此领导者在做决策之前，必须注重对信息尤其是重要信息的确认与去伪存真工作。对信息的确认可以通过咨询、调查、考察等多种渠道来进行。对信息确认的经验也非常重要，平时注重留主去次、去伪存真经验的积累。

2. 广泛征求意见

决策方案的形成及选择，领导者必须充分征求有关专家、相关部门主管人员和群众的意见。这样一来，领导者既可以集思广益、群策群力，获得更多的信息、有创意的思路和方案，开阔思路和眼界，使自己考虑问题较为全面、深入，所做的决策更加科学与完备，又可以树立民主工作作风的形象，有利于上下级统一思想认识，从而使决策方案得以顺利实施。

3. 充分重视反面意见

没有反面意见，一致通过的决策往往是有问题的决策。“真理有时会掌握在少数人手里”，所以领导者必须充分重视反面意见。除了在会议上鼓励和支持大家发表反面意见，必要时领导者还可以通过私下个别谈话的方式征求反面意见。

4. 重视经验，又不局限于经验

自己和他人的经验对于处理同类决策问题是十分有益的，经验一般可以作为处理同类决策问题的基础，应该充分借鉴。但经验毕竟是过去的，他人经验的背景与自己所要决策的问题所处的背景多多少少存在着这样或那样的不同。因此，在决策时，领导者既要借鉴有益的经验，又要充分考虑经验背景的可比性，必须在经验的基础上有所创新，切不可原封不动地套用经验。

5. 决策意向的吹风

领导者在对决策问题有意向方案时，为了在更大范围内征求意见，或者测试他人对这个意向方案的支持度与承受力，可以采用吹风透露或传递消息的方式发布信息，然后根据收集到的反馈信息调整意向方案，或者做出对这个意向方案实施或放弃的决策。

6. 决策方案的试点

对于那些涉及面较广、争议较大且一时难以把握正确与否的重大问题的决策，可以采用对中选方案小范围试点的方式进行运作。这样做既可以降低因决策失误带来的风险，又可以为中选方案的修正与大范围的全面实施积累经验。

（二）用人的艺术

1. 善于发现人才

不断发现和起用新人是组织保持生机与活力的关键所在。正所谓“千里马易找，伯乐难寻”，在任何组织中都会存在这样或那样的人才，关键是领导者能否做到慧眼识才。领导者想要发现人才，就必须做到深入基层，有针对性地与人接触、深入了解；不偏听偏信别人对一个人的评价；不以老眼光固定对一个人的看法，即不以一时一事论英雄，对任何人都应持“士别三日，当刮目相看”的观点；在组织中建立岗位竞争机制，营造积极向上的气氛，为人才提供通过招聘、毛遂自荐、试用等方式脱颖而出的机会，所谓“千里马既是识出来的，更是跑出来的”正是这个道理。

历史小故事

曾国藩慧眼识人

在清朝咸丰年间，曾国藩为了充实军队，到处招兵买马、广纳人才，但不管是别人介绍的，还是自荐的，他都要亲自过目，才为所用。一次，曾国藩招了三个人，约定在一处相见。可是，曾国藩就是不见他们，让他们三个人在房子里等待。大约过了几个小时，三个人在房子里各有自己的举动。其中，第一个人坐在房子里，就是不作声；第二个人在房子里一边走动一边沉思，好像胸有成竹；第三个人在房子里等了一会儿就显得不耐烦了。这时，曾国藩告知三个人过段时间来就行了，他们就是他要用之人。后来，有人问曾国藩，为什么都没有交谈，就决定要这三个人了呢？曾国藩解释说，第一个人做事比较稳重，但过于死气沉沉，年老必多病；第二个人是不可多得的人才，办事稳重，有理有节，有条不紊；第三个人办事非常勇敢，但性格急躁，以后可能功成名就，战死疆场。很多年以后，果然像曾国藩所说的那样。第一个人是王某，因年老病发，不久死在战场；第二个人是彭玉麟，立战功、建水师，官至兵部尚书；第三个人是江忠源，立战功，官至安徽巡抚，但后来在庐洲战死。

问题：（1）在上述小故事中，曾国藩是如何慧眼识人的？

（2）上述小故事对于企业管理者有哪些启示？

2. 用能人，不用完人

金无足赤，人无完人。但凡能人往往会存在这样或那样的毛病与缺点，作为领导者不应求全责备。只要工作需要，这个人具有业务能力与岗位要求的相关能力，具有良好的职业道德，敬业勤业，具有基本的做人品行，领导者就应考虑使用。事实上，在现实中并不存在所谓的完人。当然，当能人的毛病与缺点有碍于工作时，领导者应当指出，使其收敛或改正，以有利于其更好地开展工作。

3．用人所长，避其所短

尺有所短，寸有所长。有的人业务能力强，但有些骄傲；有的人原则性强，办事果断，但与别人的协作能力弱一些；有的人能团结同事，协作能力强，但缺乏主见；有的人组织能力强，但业务能力弱。人才是由其长处所决定的，领导者用人需要考虑一个人的长处，才能充分发挥人力资源的效用。“智者取其谋，愚者取其力，勇者取其威，怯者取其慎”是古人对充分发挥人力资源效果的精辟论述。所以领导者在用人时必须注重弃人所短、用人所长，因其材以取之，审其能以任之。

4．疑人不用，用人不疑

领导者选用人才时，需要对人才进行多方面的考核。对于那些能力有限、德行不好、综合素质不高，对其顾虑重重的人选，要果断地不予录用，否则会一直使领导者分心，最终还有可能要为其“收拾残局”，并给工作带来重大损失；而对那些基本条件具备、特长突出的人选，则要大胆地予以录用，授之以权，委之以任，给予充分的信任，使其能够自主地、大胆地开展工作。“以信任换忠诚”是领导者在用人上应铭记的原则。

历史小故事

孙权用人不疑

诸葛瑾，字子瑜，琅琊阳都人，诸葛亮的哥哥。东汉末年，军阀混战，诸葛亮于隆中躬耕陇亩，后经“三顾茅庐”出山为刘备所用。其兄诸葛瑾，避乱江东，经孙权姊婿弘咨荐于孙权，受到礼遇。初为长史，后为南郡太守，再后为大将军，领豫州牧。

诸葛瑾受重用，引起一些人的嫉妒，暗诡中伤其明保孙吴，暗通刘备，为其弟诸葛亮所用。一时间，谣言四起，满城风雨。明辨是非的孙吴将领陆逊听说后很震惊，当即上表保奏，声明诸葛瑾心胸坦荡，忠心事吴，决无此不忠不孝之事，恳请孙权不要听信诡言，应该消除对他的顾虑。孙权道：“子瑜与我共事多年，恩如骨肉，彼此了解得十分透彻。对于他的为人，我是知道的，不合道义的事不做，不合道义的话不说。刘备从前派诸葛亮来东吴的时候，我曾对子瑜说过：‘你跟诸葛亮是亲兄弟，而且弟弟应随兄长，在道理上也是顺理成章的，你为什么不把他留下来呢？如果你要他留下来，他不敢违其兄意，我也会写信劝说刘备，刘备也不会不答应。’当时，子瑜回答我说：‘我的弟弟诸葛亮已投靠刘备，应该效忠刘备；我在你手下做事，应该效忠于你。这种归属决定了君臣之分，从道义上说，都不能三心二意。我兄弟不会留在东吴，如同我不会到蜀汉去是一个道理。’这些话足以显示出他的高贵品格，哪能出现像流传的那种事呢？子瑜是不会负我的，我也决不会负子瑜。前不久，我曾看到那些文辞不实的奏表，当场便封起来派人交给子瑜，我并写了一封亲笔信给子瑜，很快就收到了他的回信，他在信中论述了天下君臣大节自有一定名分的道理，使我很感动。可以说，我和子瑜已是情投意合，还是相知有素的朋友，绝不是外面那些流言蜚语所能挑拨得了的。我知道你和他是好朋友，也是对我的一片真情实意。这样，我就把你的奏表封好，像过去一样，也交给子瑜看，也好让他知道你的一片良苦用心。”

问题：（1）处在动乱年代，孙权为什么用人不疑？对于我们有哪些启示？

（2）若要用人不疑，这个“人”应该具备哪些方面的要求？

5. 培养、爱护人才与激励人才

领导者对人才要加强指导与培训，及时指出他们的缺点，以使他们迅速成长起来，胜任岗位工作。领导者要积极地为人才开展工作创造有利条件，及时、充分地肯定他们的成绩，允许他们在工作中犯错误，同时要帮助其分析问题的症结，指出前进的方向，并帮助其树立信心，改正错误。此外，还要通过激励机制的建立与实施，给予成绩突出的人才大力表彰、物质奖励和晋级提拔，使其更加努力工作，并通过其示范作用，在组织中营造比学赶超、积极向上的氛围，从而使组织充满活力。

6. 尊重人才，但不迁就人才

尊重人才就是指领导者重视和重用人才，尊重人才的人格、工作方式、做事方法、生活方式，给予人才充分的信任。只有尊重人才，才能有效地调动他们的工作积极性，使上下级之间相互尊重、信任与合作，同心同德、协调一致地做好工作。但尊重人才并不意味着一味地迁就他们的缺点与错误，搞一团和气，只会助长他们的脾气和缺点，使他们积小错为大错，反而对他们有害。因此，从关心与爱护人才的角度出发，领导者对待人才该坚持原则的就要坚持原则，该批评指正的就要批评指正。当然，领导者要讲究方式方法。此外，还必须通过岗位竞争机制、培训制度培养人才后备力量，以对在位人才形成竞争压力，促使他们积极向上、改正缺点与错误。

7. 用人适度

用人适度主要体现在三个方面：①在工作岗位的人员配置上，同一团队成员的能力需拉开层次，同一层次人才的使用不要集中。不拉开层次，能人就会感到屈才，团队就会不稳定，而且同类、同水平的人才集中，会浪费人力资源，增加人力资源的使用成本，还容易因相互的不服气产生内耗，反而降低人才使用的效能。②在工作岗位的人员安排上，要选择最合适的人，而不一定是最优秀的人。最优秀的人的能力水平可能高于该工作岗位的要求，选最优秀的人会造成大材小用，浪费人力资源和提高人力资源的使用成本，使组织的能级层次不合理、不稳定。③在工作岗位的人员配置与任务安排上，不勉为其难于能力差的人员，那样不仅起不到人才培养的作用，还会给工作带来损失。

（三）授权的艺术

1. 集权有道

大权独揽，小权分散；统一指挥，分级管理。领导者要掌握重大问题的决策权，如经营战略、人事、财务的决策权，而将重大问题的执行权和非重大问题的决策权与执行权授予副手或下级部门负责人。这样才能保证领导者对组织或团队重大问题的控制，领导者才能从繁杂的事务性工作中解脱出来，更有效地履行其应尽的职责。同时，才能使副手或下级部门负责人拥有履行职责所必需的权力，提高其工作积极性。

2. 分权有序

分权有序体现在：一是要逐级授权，上级领导只对直接下级授权，而不干扰下级的再授权；二是要考虑到下级的能力，若其能力尚处于成长过程中，就要考虑逐步授权。

3. 授权有章

授权要有规章制度，不得随意授权。所授出的权力的性质与大小要与下级履行职责的性质与范围相称，而且一般要以书面形式加以明确，并当众宣布。

4. 用权有度

对所授出的权力要保持控制，要制定明确的考核办法、报告制度与监控机制，以防止权力授空或下级滥用职权。临时性的授权，一旦工作事项结束，就应立即收回所授之权。一旦发现下属不合理行使或滥用职权，就应及时加以指正，必要时则收回所授之权。

5. 信赖有加

“将能而君不御”，将权力授给有能力正确行使权力的人，领导者就应给予下属充分的信任，而不要干预下属在工作中的用权（除了必要的监督与纠偏），要鼓励与支持下属大胆用权，放手开展工作。

6. 授权培训

在授权之前，领导者需对下属进行必要的培训和交代，使他们明确授权的意义和要求，了解自己的目标、职务、责任和权力的具体内容，以及它们之间的关系，以便下属明确领导者的意图，有效地使用权力。

管理小案例

不必事必躬亲

一位著名企业家在做报告，一位听众问：“你在事业上取得了如此巨大的成功，请问，对你来说最重要的是什么？”

企业家没有直接回答，他拿起粉笔在黑板上画了一个圈，只是这个圈并没有画圆满，而是留下了一个缺口。他反问道：“这是什么？”

“零”“圈”“未完成的事业”“成功”，台下的听众七嘴八舌地答道。

企业家对这些回答未置可否。“其实，这只是一个未画完整的句号。你们问我为什么会取得巨大的成功，原因很简单，我不会把事情做得很圆满。就像画个句号，一定要留个缺口，让我的下属去填满它。”

给猴子一棵树，让它不停地攀登；给老虎一座山，让它自由纵横。也许，这就是企业管理用人的最高境界。

问题：通过上述案例，请问企业用人的最高境界是什么？

（四）协调的艺术

协调艺术是一门学问，是领导者必须掌握的实用艺术。协调方法和协调技巧发展到高级阶段就形成了协调艺术。协调艺术归结起来主要体现在以下几个方面。

1. 虚怀若谷

一位领导者，一是不可擅权，不能把领导分工当作个人权；二是不可傲才，不能自以为是，认为是个人能力强才当上领导的，应意识到是集体和组织培养的结果；三是不要“落寡”，要有群体意识，要把协调共进作为领导者必须具备的一项基本素质。虚怀若谷、海纳百川是协调艺术运用的基础。

2. 以诚相待

以诚相待体现在：一要开诚布公，使别人感到自己可信、可亲；二要替别人着想，多想想上级、同级和下属；三要平等待人，特别是对下属，要平等待人，与人为善，与人为友。

历史小故事

刘备以诚待人

东汉末年，刘备在中原无法立足，南逃到荆州，投奔刘表。

刘表是汉朝皇室的后裔，但目光短浅，胸无大志，满足于自保荆州。他知道刘备雄心勃勃，所以表面上待刘备如上宾，但始终心怀猜忌，不敢重用。

刘备在荆州几年，事业上毫无建树，心中闷闷不乐。不久，名士徐庶投奔刘备，很快受到刘备的器重，他也极力向刘备推荐好友诸葛亮。于是，刘备“三顾茅庐”，终于得以与诸葛亮在草堂中恳谈。

刘备坦率地说：“如今汉朝衰败，群雄混战，权臣专制朝政，我不揣浅陋，想伸张正义于天下，挽救汉朝的命运。只是志大才疏，又拙于智谋，所以屡遭失败，到今一事无成，特来此请先生为我出谋划策，愿先生以天下苍生为念，不吝赐教。”

刘备的诚心与虚心让诸葛亮深受感动，于是他便推心置腹地对刘备谈了自己对天下形势的看法，并为刘备策划建立基业、复兴汉朝的战略。

问题：（1）在上述小故事中，刘备如何做到以诚待人？

（2）上述小故事对企业管理者有哪些启示？

3. 循循善诱

领导者要做好协调工作，既要善于改变对方的意见，又要保全对方的面子，实事求是地做好转化工作。也就是说，在改变对方意见的同时，还应采取相应的办法表示对对方的肯定与尊重，使之乐于接受协调，且不在思想上留后遗症。

4. 刚柔相济

刚柔相济就是要做到原则性与灵活性的统一。协调艺术，一方面要以柔为主，另一方面要讲原则，柔要以刚为基础，刚要寓于柔之中。

5. 朴实无华

协调要注重形式，但不能搞形式主义。它应更注重内容，要实实在在，讲究实效。领导者进行协调时一定要心胸宽、态度好，方法得当，注重实效。

6. 因势利导

因势利导要求领导者巧妙地运用智慧，诱发事物内部矛盾及矛盾的各个方面的积极因素，使其作用得到充分发挥。同时，巧妙地抑制、削弱或转换事物内部矛盾及矛盾的各个方面的消极因素，使其转化为有利因素，促使事物向好的方向发展。

（五）处事的艺术

处理事务是领导者的本职工作，不同领导者处理事务的效果大不相同。有的领导者习惯于事必躬亲、事无巨细，而明智的领导者只抓大事不问琐事，把自己从烦琐的事务中解脱出来，充分表现出处事果断、精明干练的现代领导者气派，上级欣赏，下级敬佩。究其原因就在于，领导者处理事务的艺术水平不同，以下要求有助于提高领导者处理事务的艺术水平。

1. 领导者要干领导者的工作

决断和发动是现代领导者的基本职能。把它应用于领导活动的实践，那就是只管两头不管中间，又叫抓大事不问琐事的领导方法。什么是“只管两头不管中间”呢？根据这个理论，领导者通过信息的输入、输出进行领导，即领导者只给执行部门（下属）输入决策指令，并了解输出情况（执行情况），至于执行部门（下属）如何去执行及其具体执行过程，领导者可以不过问。将这个理论应用于领导活动中，领导者必须坚持两个原则：一是领导者要干自己的事，二是领导者不干别人能干的事。

2. 领导者要专心于正业

正业是领导者的主要工作。领导者只有抓住了主要工作，专心于正业，才能使领导工作步入有条不紊的轨道。虽然领导者每天要面对各种各样的问题，但是只要掌握正确的领导艺术，关键的问题就能迎刃而解。第一步，将问题找出来，进行分类处理；第二步，运用A、B、C分类法，分清问题的轻重缓急。优秀的领导者工作的时候就是抓住关键、掌握重点，集中精力解决重点问题，因而工作效率高、成绩优秀。

职业道德与企业伦理

成功领导者的标准

一般认为，一位成功的领导者必须具备“领导者”的十大标准。

（1）营造氛围。要以自己的企业为荣，满腔热忱地对待自己的工作，并以自己的热情带动员工，引导他们各施其才。要善于利用内部竞争机制，激发员工的活力。一个热忱的人会很快乐地工作，他能辐射出一种健康的心态，散布到周围的人身上，使他们也变成更有效率的工作者。

（2）预见未来。对企业的发展与市场的前景必须具有一定的预见性，切实把握未来的发展方向。要想在战略上占据优势，就必须对竞争环境具有深刻的洞察力。

（3）注重实践。工作必须雷厉风行，想好的事要立即付诸实践。不要过分地思前想后，否则往往得不偿失。没有实际的行动，就不会有杰出的成就。行动就是黄金。

（4）追求卓越。对每件事都要精益求精，力争做到最好。要不断地完善自己，不断地发展企业，不断地更新观念，不断地提升员工能力。对“不是最好”的计划，甚至不要去实行它。总之，要追求卓越。

（5）信守诺言。作为一位领导者，绝不能对任何人承诺你办不到的事。同时，要言行一致，对自己所采取的每个行动、所做出的每个决定都要负责到底。要以自己的实际行动带动员工，培养他们的责任感。将员工必须达到的目标清楚地告诉他们，同时引导他们客观评估自己的表现。

（6）调控员工。对新员工，要耐心地教给他们如何思考、如何工作的方法。在管制员工方面，最初比较强硬，继而稍微放松。初期的强硬控制可表现你的控制力，继而的稍微放松会使员工感激你。对员工应不分亲疏远近，以免挫伤其自尊心。

（7）鼓励批评。能接受批评，听取不同意见。大错往往由小错累积而成，千万马虎不得。要鼓励员工直言，鼓励他们对组织内部的不当做法直言不讳。如果员工在工作中出现了错误或过失，就要向本人明确指出。对所发生的任何问题，都应及时进行检讨、研究，并切实加以解决。

（8）避免独裁。不能把个人的利益摆在组织的利益之上，这一点尤为关键。对很多大企业来说，独裁往往是其致命弱点。

（9）分享荣誉。不炫耀自己，不贪功归己。要和你的员工分享荣誉，这是十分明智的做法。如果过分炫耀自己，其结果往往事与愿违。要心甘情愿地做那些所得报酬不多的事情，要晋升员工而非自己。

（10）加强沟通。要善于与员工沟通，因为不沟通往往会造成谣言和误解。

单元 2 激励与指挥艺术

情景导入

皮格玛利翁效应

皮格马利翁是希腊神话中的塞浦路斯国王，善雕刻。他不喜欢塞浦路斯的凡间女子，他用神奇的技艺雕刻了一座美女像。他深切地爱恋着这个雕刻的美女，像对待自己的妻子那样抚爱她、装扮她，为她起名加拉泰亚，并向神乞求让她成为自己的妻子。爱神阿芙洛狄忒被他打动，赐予雕像生命，并让他们结为夫妻。这个故事在心理学中被演化为著名的“期望效应”，意思是对受教育者进行心理暗示，受教育者将会有意无意地接受心理暗示，使其行为逐渐趋向于这种心理暗示。

如果领导者对下属给予强烈的高期望，下属的表现就可能是优秀的。某摩托车制造企业，就以一种高期望调动员工的潜力和工作热情。他们让员工在 6 个工作日中完成 10 个工作日的工作量，员工就要不断想方设法提高生产率，以按期完成任务。结果可能是员工只完成了 8 个工作日的工作量，但对于企业来说，还是提高了生产率，实现了高期望诉求的结果。正如中国古人所说：取法乎上，仅得其中。

问题：在企业管理过程中，你的期望效果如何？

正文

员工得到了激励，会将更高涨的热情投入到工作中。激励成为管理中指挥职能必不可少的组成内容。鉴于指挥（Command）与领导（Leading）是非常接近的管理职能，都是对组织内部成员的个体与群体行为进行引导和施加影响，目的是将成员的行为引导到实现组织目标的轨道上。因此，指挥与领导工作主要集中在员工激励、领导、沟通与协调三个方面。

一、什么是激励

激励可以理解为：影响人们内在需求或动机，从而加强、引导和维持行为的活动或过程。

管理小知识

激励真谛

骑马人的目的是让马跑得快，为什么马不愿意使劲跑呢？那是因为偷懒更轻松，使劲跑更劳累。将马最希望吃的草吊在马嘴前，改变马想偷懒的念头，马为了吃到草就会拼命奔跑，如图 4-5 所示。激励措施使人们的目的达到了，人的行为与上述的马类似。

图 4-5　拼命奔跑的马

问题：上述内容对于企业管理有哪些启示?

需要是个体在活动中感到某种欠缺而力求获得满足的心理状态。当个体在活动中感到某种欠缺时，心理便会失去平衡，产生紧张和不舒服的感受，产生力图消除紧张和不舒服感的驱动力量（潜在动力）。在能够消除紧张和不舒服感的外部对象刺激下，便将潜在的驱动力量变成动机，诱发相应的行为。

动机是诱发、活跃、推动并指引人的行为指向特定目标的内部原因。动机可以表现为愿望、兴趣、信念、理想等主观因素。动机的基础是需要，或者说动机是需要的表现形式。动机具有始发、指向和强化三大作用。动机过程如图 4-6 所示。

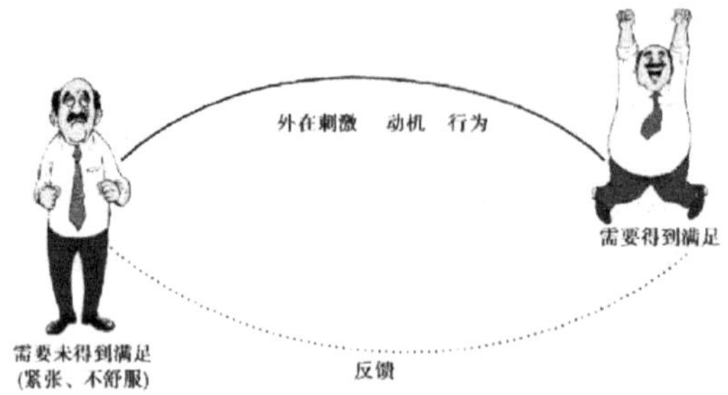

图 4-6　动机过程

普通人都渴望得到金钱（潜在动机），但是银行职员见到成千上万的金钱（外部刺激对象），并没有动辄将桌上的金钱据为己有（在消除金钱缺乏引发的紧张感的同时，将产生更为强烈的消除安全感缺乏引发的紧张）。

互动测试：动机主要表现在哪些方面？

愿望、兴趣、信念和理想。

互动测试：动机具有哪些方面的作用？

始发、指向和强化。

二、对人的认识

指挥与领导的对象是个体，因此，只有正确认识个体，才能够有效地实现指挥与领导的职能。对人的认识就是进行人性（人的本质或本性）假设——人普遍的共性。西方管理中对人性的认识有以下四种观点，它们是西方企业管理在不同的发展阶段人性观的典型代表。

（一）经济人

“经济人”又称“实利人”或“唯利人”，出自美国行为科学家道格拉斯•麦格雷戈提出的X理论。经济人假设的核心内容：人的本性是不喜欢工作的，只要有可能，人就会逃避工作。由于人不喜欢工作，对于绝大多数人必须加以强迫、控制、指挥，才能迫使其为组织目标去工作。一般人宁愿受人指挥，希望逃避责任，具有较小的野心，对安全的需要求于一切。人是非理性的，本质上不能自律，易受他人影响。一般人都是为了满足自己的生理需求和安全需求参加工作的，只有金钱和其他的物质利益才能激励他们努力工作。

以经济人假设为指导思想，必然导致严密控制和监督式的管理方式，需要采取所谓的“任务管理”的措施，其主要特点如下：①管理的特点在于提高劳动生产率、完成生产任务，而不是考虑人的感情，管理就是为完成任务而进行计划、组织、指导和监督；②管理是少数人的事，与一般员工无关，员工的任务就是听从指挥、努力生产；③在奖励制度上，主要依靠金钱来刺激员工的生产积极性，同时对消极怠工者予以严惩；④以权力和控制体系来保护组织及引导员工。

泰勒的“科学管理”就是“经济人”观点的典型体现，而“任务管理”的主张就是在人的“科学管理”理论指导下提出的。

互动测试：基于“经济人”假设，管理可以采取哪些措施？

工作标准化、劳动定额、计件工资和管理制度。

（二）社会人

“社会人”又称“社交人”，出自美国行为科学家道格拉斯・麦格雷戈提出的 Y 理论，假设来自霍桑实验。其基本观点：驱使人们工作的最大动力是社会需要、心理需要，而不是经济需要，人们追求的是保持良好的人际关系。

在“社会人”的假设基础上，梅奥提出了“人际关系理论”，其要点是管理者不应只注意完成任务，而应把重点放在关心人和满足人的需要上。管理者不能只注意传统的管理职能，更应重视人际关系，要培养和形成员工的归属感和整体感。主张集体奖，不主张个人奖。管理者应在员工与领导者之间发挥沟通联络作用。实行“参与式”管理，引导员工在不同程度上参与企业决策的研讨。

霍桑实验启发了越来越多的管理学家，他们认识到，员工生产积极性的发挥和工作效率的提高，不仅受物质因素的影响，更重要的是受社会和心理因素的影响。于是，管理理论开始从过去的“以人适应物”转向“以人为中心”，在管理中一反过去层层控制式的管理，转而注重调动员工参与决策的积极性。

（三）自我实现的人

“自我实现的人”是心理学家马斯洛提出的假设。在他提出的需求层次理论中，自我实现是最高层次的需求。所谓自我实现，是指人都需要发挥自己的潜能，表现自己的才能，这样人才会感到满足。“自我实现的人”的假设认为，管理者既不是生产任务的指导者，也不是人际关系的调节者，而是一个采访者。由于环境往往给人发挥才智造成障碍，所以管理者应以采访者的身份采访环境。管理者的主要任务是寻找什么工作对什么人最具有挑战性，最能满足人自我实现的需求。“自我实现的人”认为，人有自动的、自治的工作特性，因而管理制度应保证员工能充分施展自己的才能，充分发挥员工的积极性和创造性，主张下放权力，建立决策参与制度、提案制度、劳资会议制度，把员工的需要同组织的目标结合起来。由此可见，“自我实现的人”的假设是建立在人是勤奋的、有才能的、有潜力的基础上的，因而马斯洛提出了同“经济人”“社会人”假设完全不同的主张。

（四）复杂人

“复杂人”假设（包括美国日裔学者威廉·大内的 Z 理论、莫尔斯与洛希的超 Y 理论）是薛恩等人在 20 世纪 70 年代初提出的。他们认为，长期的研究表明，无论是“经济人”“社会人”还是“自我实现的人”的假设，都有其合理的一面，但都不适用于所有人。一方面，人存在着很大的个体差异；另一方面，同一个人在不同的年龄、事件、地点和环境中会有不同的表现。人的需要和潜力，随着年龄的增长、知识的丰富、地位的改变及人际关系的变化而各不相同。因此，“复杂人”并不是单纯的某一种人。

“复杂人”假设的主要观点：①人的需要是多种多样的。人是怀着许多不同的需要加入组织的，而且人的需要是随着人的发展和生活条件的变化而变化的。人的需要各不相同，需要的层次也因人而异。②人在同一时期会有各种需要和动机。它们会相互作用并整合为一个整体，形成复杂的动机模式。③由于工作和生活条件的不断变化，人会不断产生新的需要和动机。④个体在不同单位或同一单位的不同部门工作时，会产生不同的需要。⑤由于人的需要不同、能力各异，对于不同的管理方式会有不同的反应。因此，没有一种适合于任何时代、任何组织和个人普遍的、行之有效的管理方法。

四种人性假设提出的管理主张和措施有其合理、科学的一面，至今仍有借鉴作用。

例如，“经济人”假设提出的工作方法标准化、劳动定额、计件工资、建立严格的管理制度等，至今仍被视为有效的管理方法；“社会人”假设提出的尊重人、关心人、满足人的需要，培养员工的归属感、整体感，主张实行“参与管理”；“自我实现的人”假设提出的给员工创造发挥才能的环境和条件，重视人力资源的开发，重视内在奖励等；“复杂人”假设提出的因人、因时、因事而异的管理，更是具有辩证思维的管理原则。

三、激励理论

激励理论是在更具体的层次上研究如何激发个体的动机，主要是从心理学的角度研究影响个体行为的因素。20 世纪 50 年代是激励理论的黄金时期，从那时开始出现了许多重要的激励理论。激励理论的分类如下。

① 行为主义激励理论：老行为主义激励论，新行为主义激励论，修正行为主义激励论。

② 认知流派激励理论：内容型激励论，如马斯洛需求层次理论、阿尔德弗成长理论、麦克利兰成就需要论、赫兹伯格双因素理论；过程型激励论，如弗鲁姆期望理论、亚当斯公平理论、德鲁克目标理论、海特归因理论。

③ 综合类型激励理论：勒温场动力论，波特-劳斯综合激励理论。

历史小故事

我国古代最早用于鼓舞士气的军歌

春秋时期，有一个少数民族国家叫山戎，凭其地险兵强，屡屡侵犯齐国。齐桓公决定以管仲为军师，亲自率兵攻打山戎国。在一次行军中，齐国大军必须经过一段山路，只见顽山连路，怪石嵯峨，草木蒙茸，竹箐塞路。由于道路十分崎岖，不但辎重车辆十分难行，士兵也疲惫不堪。

正当军队前进十分艰难的时候，管仲制作《上山歌》和《下山歌》，并教士兵反复吟唱。一时间，军歌嘹亮，你唱我和，辎重车轮运转如飞，军队士气如虹。齐桓公与管仲等登上备耳山顶观看。

齐桓公叹道："寡人今日才知道军歌原来可以鼓舞士气，这是什么原因呢？"

管仲回答说："只要人疲劳过度就会伤神，而人一高兴就会忘记疲劳了。"

说完便催促军队加速前进，结果打了一个大胜仗。

问题：根据上述案例，请问管仲是采取什么理论进行激励的？

（一）需求层次理论

马斯洛在 1954 年提出了需求层次理论。需求层次理论认为，人随时都有某些需求有待满足，人的需求由低到高可以划分为五个层次：生理需求、安全需求、归属与爱的需求、尊重需求、自我实现的需求。人的行为是由主导需求决定的。当某个需求已经得到满足，则这个需求将不再有激励作用，而将有另一个需求出现，并要求得到满足，这个进程是连续不断的。

管理者可以采用下面的"激励"要素来满足员工的不同需求：生理需求，如提高工资、增加奖金、改善工作条件、定期医疗检查、娱乐等；安全需求，如享有优先股权、保险、职业稳定、口头承诺和书面承诺、晋升等；归属与爱的需求，如邀请到特殊场合、有机会加入特殊任务小组、有机会成为委员会成员、成为俱乐部组织成员、工作轮换等；尊重需求，如奖励表扬、授予称号、公开场合露面、为管理委员会服等务等；自我实现的需求，如带薪休假、加入领导项目任务小组、受教育的机会、承担教学任务、承担指导任务等。

历史小故事

《西游记》中取经团队的层次需求

在日常企业经营、团队管理过程中，每个人的行为，一定是由这个人的价值观决定的。从某种意义上讲，价值观是由个人需求决定的。《西游记》是我国四大名著之一，其故事家喻户晓，故事中的取经团队成员更是深入人心。取经团队师徒五人的需求，与马斯洛的需求层次理论非常吻合。

猪八戒最大的需求是生理需求。猪八戒饿了，他就要吃；困了，他就要睡；看见美女，他眼睛就发光；累了，倒头就能躺到一个地方休息。正是因为猪八戒生理上最大的这种需求，决定了他利益至上的价值观，所以他在取经路上能偷懒就偷懒，能不干活就不干活，反正大事有孙悟空、小事有沙和尚，他只要跟着这个团队顺利到达西天、完成任务，获得应有的好处就可以了。

沙和尚最大的需求是安全需求。沙和尚为什么在取经团队中最没有安全感呢？假设取经失败了，其他四人都有归处：唐僧可以回长安，继续当和尚；孙悟空可以回花果山，继续做美猴王；猪八戒可以回云栈洞，继续做妖怪；小白龙可以回龙宫，继续做他的三太子。但沙和尚却无处可去。有人会说，他不是可以回流沙河做妖怪吗？但流沙河是玉皇大帝囚禁沙和尚的监狱，那里荒无人烟，没有食物，而且每七天会被乱箭穿心一次，所以沙和尚最没有安全感。正因为如此，他最大的需求是安全。所以他在取经路上一直秉承“和为贵”的价值观，做团队中的和事佬，顾全大局，调解团队内部的矛盾。沙和尚认为，只要大家目标一致，早日取到真经，东归是统一的目标。

小白龙最大的需求是归属与爱的需求。小白龙是西海的三太子，是三界众生当中的贵族，但因为一不小心把玉皇大帝所赐的夜明珠给烧坏了，被判处忤逆罪，吊在剐龙台上要实施斩刑，被观音救下。小白龙为了感恩在鹰愁涧等待取经人，唐僧来到之后由龙变成马，一路西去。取经路上他看得最多、听得最多、想得最多，但说得最少，也一步一个脚印经历了十万八千里的蹉跎之苦，这就决定了他默默无闻的价值观，充分体现出吃苦耐劳、任劳任怨的龙马精神。

唐僧最大的需求是尊重需求。唐僧的目的很简单，为了唐朝皇帝李世民前往西天求取真经。唐僧每次介绍自己首先强调自己是大唐的钦差大臣，然后才说自己是和尚。唐僧想通过取经来保皇图永固、江山万代，获得李世民和全国老百姓对他的爱戴和尊敬，所以这就决定了他忠君爱国的价值观。

孙悟空最大的需求是自我实现的需求。孙悟空论能力、论人际关系、论家产，他都是有条件回花果山当山大王的，但孙悟空为了实现生命的意义和价值，不惜一切保护唐僧的安全，保证团队求取真经，这就决定了孙悟空在取经路上的行为就是拼搏。

问题：根据上述小故事，请问如何运用需求层次理论实现激励？

（二）双因素激励理论

双因素激励理论又叫激励保健理论，是美国行为科学家弗雷德里克·赫茨伯格提出来的。双因素激励理论认为引起人们工作动机的因素主要有两个：一是激励因素，二是保健因素。只有激励因素才能够给人们带来满意感，而保健因素只能消除人们的不满，但不会带来满意感。双因素激励理论作为诸多激励理论中的一种，在管理过程中，对于提高组织成员的积极性、发挥组织成员的创造性具有重要意义。

下面以企业员工管理为例，说明如何在实际管理过程中运用双因素激励理论。

（1）运用激励因素，激发组织成员内在的工作动机，满足成员自我发展的需要。组织成员作为组织管理的主要对象，具有一定的精神需求，在工作中获得成就感，提高自身素质，发展自我的愿望强烈。因此，管理者应提高员工工作的满意度、成就感，满足其受到尊敬、个人发展的需要。如果员工的工作得到了领导和同行的认可，这会比任何灵丹妙药都更能激发他工作的热情，因此，管理者应运用激励因素去发现、挖掘员工的潜力。另外，在如今知识更新速度加快、建立学习型社会的时代，员工提高自身素质的愿望和必要性也更强烈，管理者应考虑到员工自身发展的需要，为员工的培训和提高提供支持。

（2）运用保健因素，为组织成员创造良好的工作环境。双因素激励理论认为，当保健因素不具备时，组织成员会产生不满意，而这些保健因素主要是正常工作所要求的环境因素。因此，对员工的外部激励应重在为员工创设一个良好的环境。比如，组织的行政管理，应强化服务功能，淡化领导意识；组织的管理政策，应多体现“以人为本”的管理思想，营造良好的人文环境；组织的资金和设备，应进行合理配置，满足员工开展教学、科研的需要，逐步改善员工的住房等生活条件。总之，为员工创造一个良好的环境是激励员工工作积极性的前提。

（3）将物质激励和精神激励结合起来。精神激励主要是满足人的尊重、成就、自我实现等高水平的需要，是一种主导的、持久的激励方式。双因素激励理论启发我们，为了提高物质激励的效果，必须把物质激励和精神激励进行有效整合。在市场经济条件下，企业员工取得合理的物质报酬是无可非议的，但是仅仅有物质激励是不够的。对于将工作作为发展职业的员工来说，他们对自己职业的忠诚度要高于对组织的忠诚度。因此，组织应从员工的成就欲和成长发展出发，构建物质激励和精神激励相结合的激励系统。这样，员工才会感觉自己是组织的主人，而不仅仅是取得报酬的人。

管理小知识

什么是弹性工作时间制

弹性工作时间制是指在一定限度内允许员工选择自己的工作时间段。一次对来自美国和加拿大各种规模、各个领域公司的调查发现，有30%的公司使用了弹性工作时间制。在弹性工作时间制中，员工每天工作的时间与标准工作时间相同。核心时间是员工遵守的工作时间，而在弹性时间范围内，员工可以调整自己的时间，但前提是核心时间与弹性上班时间之和必须达到标准工作时间。弹性工作时间制允许员工调整自己的时间，将个人需求和工作要求之间的矛盾降到最低，比如员工可以先送孩子上学再晚点去上班；它还允许员工在他们认为可以最大限度发挥工作能力的时间段内工作，这迎合了那些白天早起的人或宁愿晚些上班的人的需求。但弹性工作时间制并非适合所有类型的公司，比如流水线作业和采用轮换制的公司。

互动测试：双因素理论的保健因素主要指哪些方面?

企业政策、工资水平、工作环境和劳动保护。

（三）期望理论

美国心理学家弗鲁姆提出的期望理论认为，人们在预期他们的行动将会有助于达到某个目标的情况下，才会受到激励去做某些事情以实现这个目标。

期望理论可用公式表示为：激励＝效价×期望值。效价是指目标实现对于个人需要满足的价值，个人对目标结果的偏好程度。期望值是指某种行为导致目标实现的概率。

期望理论说明，激励实质上是选择过程，促使人们去做某些事的心理将取决于效价和期望值两个因素。效价和期望值越大所产生的激励力量也越大，这说明目标实现的价值和可能性同时被考虑才会产生强烈的激励作用。

管理小案例

一位小学校长用一句话改变了一个学生的一生

罗杰·罗尔斯是美国纽约某小学的一名学生，因为在学校里会时不时地制造事端，所以在该校是“小有名气”的学生。

罗尔斯生活在美国纽约的某贫民窟里，这里是偷渡者和流浪汉的聚散地，环境恶劣，经常发生暴力事件。在这里生活的罗尔斯受到了不良影响，所以经常逃学、打架，甚至偷窃。

一天，当罗尔斯从窗口上跳下，伸出小手走向讲台时，校长皮尔•保罗将他逮个正着。

让罗尔斯没有想到的是，校长竟然说：“一看你这修长的手指就知道，将来你一定会是纽约州的州长。”

罗尔斯受宠若惊，因为在他的记忆里只有奶奶让他激动过一次，奶奶说：“你将来可以成为5吨重的轮船的船长。”

从那一天开始，皮尔•保罗校长的那句话就像一粒种子，在罗尔斯的心中生根发芽，“成为纽约州州长”成了罗尔斯坚定的信念。于是，罗尔斯的衣服不再邋遢，也不再“出口成脏”，行动也不再拖沓和漫无目的。在以后的40多年里，罗尔斯每天都按照一个州长的姿态行事。在他51岁那年，罗尔斯成了纽约州的州长。

皮格马利翁效应不仅适用于教师与学生的关系，还适用于管理者与被管理者之间的关系。不要以为皮格马利翁效应只是糊弄小孩子的把戏，这种渴望得到赞美的心理是没有年龄差别的，否则就不会有相信算命先生之言的成年人了。

问题：根据上述案例，请问如何运用期望理论实现激励？

（四）公平理论

美国北卡罗来纳大学心理学家斯达西·亚当斯，主要研究报酬的合理性与公平性对人们的工作积极性的影响。

公平理论认为，员工首先思考自己收入与付出的比率，然后将自己的收入付出比与相关他人的收入付出比进行比较，如果自己的收入付出比与他人相同则为公平状，否则就会产生不公平感，导致消极情绪和行为。公平是主观感受，是根据所选择参照物得来的。参照物包括他人、制度与自我（所得与付出的比较）。

公平理论对报酬分配至少在以下四个方面提供了一些建议：①按时间付酬时，收入超过应得报酬的员工的生产力水平将高于收入公平的员工；②按产量付酬时，收入超过应得报酬的员工与那些收入公平的员工相比，产品生产数量增加不多，主要是提高产品质量；③按时间付酬时，对于收入低于应得报酬的员工来说，将降低生产的数量和质量；④按产量付酬时，收入低于应得报酬的员工与收入公平的员工相比，他们的产量高但质量低。

（五）强化理论

美国心理学家斯金纳提出了与目标设定理论相对立的强化理论。目标设定理论认为，个体目标能够引导其行为，强调主观的能动作用。强化理论认为，人的行为是外部因素控制的结果，强调客观的制约作用。

强化理论认为，人们为了达到某种目的会采取一定的行为，这种行为将作用于环境，当行为的结果有利时，这种行为就会重复出现；当行为的结果不利时，这种行为就会减弱甚至消失。这就是环境对行为强化的结果。

在管理中运用强化理论来进行行为改造一般有四种方式。①正强化。正强化是用某种有吸引力的结果对某种行为进行奖励和肯定，以期在类似条件下重复出现这种行为。②负强化。负强化是预先告知某种不符合要求的行为和不良绩效可能引起的后果，从而减少和削弱不希望出现的行为。③自然消退。取消正常强化，对某种行为不予理睬。④惩罚。惩罚是用某种带有强制性的、危险性的结果来消除某种行为重复出现的可能性。

（六）成就激励理论

美国哈佛大学教授大卫·麦克利兰在 20 世纪 50 年代提出了成就激励理论。成就激励理论认为个体有三种基本需要：成就、权力、社交。具有强烈成就需要的个体，具有将事情做得完美、工作效率更高和获得更大成功的内在驱动力量，但是其所追求的是成就感，而不是成就之后的奖励和利益；权力需要则是影响和控制其他人的愿望；社交需要则是希望被人接纳和喜爱的愿望。

通过投射测验可以鉴定个体属于哪类需要强烈者。投射测验为被测试者提供一系列图片，让被测试者根据图片编写故事，最后测试人员通过分析故事进行判断。

成就激励理论有三点启发：成就需要强烈者能够获得很高的工作绩效；员工可以通过训练培养较高的成就需要；成就需要强烈者不一定是优秀管理者。

互动测试：成就激励理论认为个体有哪些基本需要?

成就、权力和社交。

管理小案例

韦尔奇亲笔信

美国通用电气公司的总裁韦尔奇得知员工玛丽搞的一项技术革新取得了成功，给玛丽写了一封亲笔信：

“玛丽：恭喜你，你的聪明才智得到了发挥；感谢你，你的技术革新给我们公司带来了效益；相信你，你定会获得更大的发展。我们承诺，将给你提供更大的舞台，让你更好地发挥作用。”

写完信，韦尔奇立刻将信传真给玛丽。玛丽看到总裁写给自己个人的亲笔信的传真件，激动得热泪盈眶。很快，玛丽又收到韦尔奇写给自己的亲笔信的原件（韦尔奇要求，只要员工在美国本土，就要在 48 小时之内把原件送到员工手上）。玛丽以此为荣，无比骄傲，她珍藏着这封信，更加努力地投入到工作中。

问题：（1）韦尔奇为什么用写信的方法激励员工，而不是大会表彰?

（2）为什么立刻传真给玛丽，而不是直接邮寄给她?

（3）既然发了传真件，还有必要把亲笔信邮寄给员工本人吗？这是多此一举吗?

（4）韦尔奇这种激励方法的原则是什么？依据是什么？效果如何?

职业道德与企业伦理

企业五大激励机制

1．目标激励机制

战略目标，经营目标，岗位目标；短期目标，中期目标，长期目标；个人目标，团队目标；基础目标，激励目标，挑战目标；年目标，季目标，月目标，周目标，日目标。目标管理本身就是一个大的激励系统。

2．个体利益驱动机制

不能只停留在“底薪+提成”“固定月薪+考核年薪”或“固定工资+各种奖励”如此简单而粗糙的薪酬模式上，员工需要的是及时的激励和持续的驱动。

3．共同利益趋同机制

没有完美的个人，但可以有完美而卓越的团队。把所有人的力量汇聚在一起，这才是真正的团队。要让团队目标一致、行动一致，除了保持共同的价值观，共同利益绝对是核心。

4．文化驱动机制

积极的团队氛围、高效的工作习惯、正确的思维方式，靠的是文化的力量。赶走负能量的人，摒除坏的细胞，让优秀的人、积极的人形成一个强大的企业磁场。

5．人才发展机制

人才的激励机制永远是企业的核心。招对人、用贤人、育好人、留能人、激励到人，哪个环节不重要呢？很多企业为什么缺少人才，就是因为缺乏人才的发展规划和激励机制。

四、提高员工满意度

美国奥辛顿工业公司的总裁曾提出“黄金法则”：关爱你的客户，关爱你的员工，那么市场就会对你倍加关爱。“客户”是组织的外部客户，“员工”是组织的内部客户，只有内外兼顾，不顾此失彼，组织才能获得最终的成功。员工是组织利润的创造者，如果员工对组织满意度高，他们就会努力工作，为组织创造更多价值，以组织为家。组织也应当重视提高员工的满意度，使员工由满意逐渐变为忠诚，自愿地努力工作。提高员工满意度可以从以下四个方面着手。

1．创造公平竞争的组织环境

公平体现在组织管理的各个方面，如招聘时的公平、绩效考评时的公平、报酬系统的公平、晋升机会的公平、辞退时的公平，以及离职时的公平，等等。

公平是每个诚实的员工都希望组织具备的特点之一。公平可以使员工踏实地工作，使员工相信付出多少就会有多少回报在等着他。公平的组织使员工满意，使员工能够心无杂念地工作。在工作中，员工最需要的就是能够公平竞争。

管理小案例

麦当劳公平竞争

在法国，麦当劳的所有员工都处在同一个起跑线上。首先，一个有文凭的年轻人要当4~6个月的实习助理，做最基础的工作，如炸薯条、收款、烤牛排等，学会保持清洁和最佳服务的方法。第二个工作岗位则带有实际负责的性质：二级助理。每天在规定的时间内负责餐厅工作，承担一部分管理工作，如订货、计划、排班、统计等，在实践中摸索经验。晋升对每个员工都是公平的，适应快、能力强的员工晋升的速度就快。

问题：通过上述案例，请问麦当劳如何实施公平竞争？

管理小案例

松下公司人事管理

松下公司重点推行资格制和招聘制，大大增加了人事管理的公平性和透明度，提高了员工的竞争意识和组织活力。公司首先在内部提出需要公开招聘的职位，各类员工均可应聘，但必须提出自己的工作计划，参加类似设计比赛的竞争活动，并接受相应的资格测验。经过各项定量的考评之后，最终确定相应的人员。为了资格制和招聘制的实施，公司还改革了工资制度，工资总体上分为资格工资和能力工资，使人事考评公开化。

问题：通过上述案例，请问松下公司如何实施公平竞争？

2．营造追求进步的组织氛围

组织不断追求进步表现为：重视培训，重视员工的职业发展，构建学习型组织。

社会发展速度越来越快，工作中所需的技能和知识更新速度加快，因此培训已成为组织提高员工工作效率、增强竞争力的重要方法。从员工的角度来看，自身的发展进步已经成为他们衡量自己的工作质量的一个重要指标。一个组织，发展的机会多，培训的机会多，就意味着员工晋升的机会多。所以，培训也是员工选择组织的一个重要指标。

培训的方式可以分为职前培训、矫正培训、晋升培训、交叉培训、再培训等。

3．创建自由开放的组织氛围

现代社会中人们对自由的渴望越来越强烈。员工普遍希望组织是一个自由开放的系统，能给予员工足够的支持与信任，给予员工丰富的工作内容，员工能在组织里自由平等地沟通。

组织要想提高员工的满意度，必须给予员工足够的信任与授权，让他们独立自主地完成工作任务，尽情地把工作才能发挥出来。

管理小案例

IBM 领导重视激励

美国 IBM 公司采用了一系列尊重人、信任人的激励手段。他们将尊重人、信任人视为公司的第一宗旨。该公司创始人托马斯·沃森曾经说过：“我希望 IBM 的推销人员受人敬佩，我想让他们的妻子和孩子们为自己的丈夫和父亲所从事的职业感到自豪。”他们懂得，公司最伟大的财富是人，而不是金钱或者其他东西。IBM 的所有经理都懂得员工对工作满意的价值和不断调动员工积极性的必要性。因此，巨大的贡献会得到表彰、鼓励和报酬。

法国有一句古老的谚语：“一个人累了也能再走完一段很长的道路。”但是，这需要调动人本身的动力与受到外界的鼓励。激励的作用就是鼓励员工在这条道路上走下去，直到实现组织目标。IBM 的副总裁巴克•罗杰斯深知公司取得成功的一切奥秘。他认为：“一个优秀的领导者就是一名鼓动者，一个靠他的言论和行动来激发员工做出最出色的工作的人。”

问题：通过上述案例，请问 IBM 如何激励员工？

在自由开放的组织氛围里，组织中的领导者充当的应当是教练的角色。教练的工作不仅有训练，还有辅导、参谋、揭露矛盾、教育。训练工作要求领导者具备倾听的能力，以及表达真实的赞赏、感谢的能力。通常在“首次”做某事之前或之后要进行特殊的鼓励时，或在纠正错误时，需要进行训练工作。辅导就是帮助能力出众的员工体现出自己的能力的工作。参谋就是当出现问题、工作受到影响时，给予员工建设性意见、支持和鼓励，并进行双向的讨论。揭露矛盾就是把工作中存在的问题、员工的重大工作失误公布出来，由众人一起来解决问题、纠正错误。教育一般就是我们所说的培训。

自由开放的组织应当给员工提供工作轮换的机会，让员工到本职以外的部门和工作岗位上任职，这种任职一般是暂时的。索尼公司就实行工作岗位定期轮换的制度，以保证员工有更多的发展机会，对工作保有新鲜感。

自由开放的组织应当拥有一个开放的沟通系统，以促进员工间的关系，增强员工的参与意识，促进上下级之间的意见交流，促进工作任务更有效地传达。在通用电气公司，从公司的最高领导到各级领导都实行“门户开放”政策，欢迎员工随时进入他们的办公室反映情况，对于员工的来信、来访妥善处理。公司的最高领导和公司的全体员工每年至少举办一次生动活泼的“自由讨论”。通用电气公司努力使自己更像一个和睦、奋进的大家庭，从上到下直呼其名，无尊卑之分，互相尊重，彼此信赖，人与人之间关系融洽、亲切。

4. 创造关爱员工的组织氛围

人是社会性动物，需要群体的关怀。一个关爱员工的组织必将提升员工满意度。关爱员工的组织要给予员工良好的工作环境，给予员工足够的工作支持，使员工安心地在组织中工作。

关爱员工的组织善于鼓舞员工的士气，适时地给予员工夸奖和赞扬，在员工做出成绩时向员工公开地、及时地表示感谢，并通过一些活动使员工分享成功的喜悦。

关爱员工的组织重视员工的身心健康，注意缓解员工的工作压力。关爱员工的组织可以在制度上做出一些规定，如带薪休假、医疗养老保险、失业保障等，为员工解除后顾之忧。

管理小案例

丰田公司关爱员工

丰田公司设有自己的“全天候型”体育中心，内设田径运动场、体育馆、橄榄球场、足球场、网球场等。丰田公司积极号召员工加入运动部和文教部，使员工在体育运动和爱好的世界中寻求自己的另一种快乐。这样既丰富了员工的生活，又强健了他们的体魄，同时培养了他们勇于奋斗的竞争精神，根本目的是更好地促进生产。丰田公司还大力提倡社团活动，如车间娱乐部、女子部等，使人与人的关系更加融洽。丰田公司对社团活动所寄予的另一个莫大期望是培养领导能力，因为不管社团的规模大小，要管理就需要计划能力、宣传能力、领导能力、组织能力等。另外，丰田公司的活动也很多，综合运动大会、长距离接力赛、游泳大会等，每月都要举行某种活动。在这些活动中，总经理、董事等领导只要时间允许就要参加，一起联欢。所有这一切在不知不觉中提高了员工的素质，增进了员工对公司及领导的感情。

问题：通过上述案例，请问丰田公司如何关爱员工？其效果如何？

关注员工满意度，并采取各种措施提高员工满意度，还应当注意对这些措施的反馈控制，要定期进行员工满意度调查，以修正或强化组织为提高员工满意度所付出的努力。

员工工作的目的除了获得薪酬，还希望自己能够得到发展并有成就感。组织可以通过加强员工的规范化管理及人性化管理来满足员工金钱以外的需求，比如明确岗位职责和岗位目标，加强管理，建立意见反馈机制，完善职务升迁体系，等等。

五、指挥

（一）领导行为

领导者每天要做的事情很多，包括制定公司目标、考核下属、必要的公关活动、阅读报告等，这些都是领导者日常工作的一部分。通过这些日常的行为，可以把领导者的行为分成指挥性行为和支持性行为两种。

1. 指挥性行为

领导者布置工作、下达命令、检查、监督、控制、指挥、指导等，这些都可以看作是指挥性行为。指挥性行为是单向沟通的方式，即领导说、下属听。

如何给下属布置工作？这就要求通过5个W和2个H（做什么、为什么做、什么时候完成、所需资源、谁承担、怎么做、需要多少资金）给下属布置工作，基本上是一个程序化的流程。这时候领导者是在实施指挥性行为，当领导者布置完工作以后会采取严密的监督方式。在这个过程中，领导者是决定者，领导者是帮助解决问题的人。

指挥性行为的特点如下。

（1）强调建立结构。一个指挥性行为很强的领导者强调完成任务的结构。同样一件事情、一个任务，指挥性行为的领导者在布置的时候，会强调准备工作要如何去做，具体实行的时候要注意哪些事项，总结的时候应该如何做。

（2）组织。组织的对象是什么呢？人、财、物、时间和信息是组织的对象。例如，一位领导者布置的一个任务是到东北去组建一家新公司，面对这个任务，前期做什么，中期做什么，后期做什么，这是结构。如何完成这个任务呢？这就需要组织有关的资源。在这些资源中，第一是人，有多少原有员工可以用，需要招聘多少新人，这是人力资源的组合。第二是财，有多少钱作为开发费用。第三是物，在公司允许的范围内可以购买哪些用品。第四是时间，必须在多长时间内把这家分公司组建完毕。第五是信息资源，要了解一下在东北当地的市场中竞争对手都有谁？他们的市场占有率是多少？这就是人、财、物、时间和信息的组织，一个指挥性行为的领导者会给出明确的指示。

（3）提供忠告。当一个领导者告诉你做什么、怎么做的时候，他是在教你如何去完成任务，只要你按照他说的步骤去做，就能够学习到很多知识。他会以自己的经验给你提供忠告，以过来人的方式给你提供一些做事的方法，所以一个指挥性行为的领导者会教你如何去做。

（4）监督。一个指挥性行为的领导者从来不会把一个任务布置给员工以后就不管不问了，他会采取有效的监督方式。

以上四点是指挥性行为的特点，它们可以帮助员工判断一位领导者的行为。领导者的指挥性行为偏强，会对员工的工作能力有所帮助，在这两者中可以找到对应的关系。

2. 支持性行为

领导者的日常活动中还有很多其他的内容，包括解释公司的决定，当员工做得好的时候给予员工肯定、赞扬，跟员工的沟通，对员工的鼓励等，这些可以看作另外一种行为，叫作支持性行为。支持性行为就是领导者对员工的努力表示支持，鼓励员工自发地去完成任务。指挥性行为是要员工去做，而支持性行为是鼓励员工去做，一位支持性行为的领导者总是在鼓励和赞美员工，提高员工的自信心。

通过这种方式鼓励员工去做事情，自己想办法，自己解决问题。支持性行为有以下几个关键词。

（1）问。一位支持性行为的领导者习惯去问员工问题，例如一位领导者召集所有人在一起开会，指挥性行为的领导者可能从一开始就提出问题在哪儿，但是支持性行为的领导者可能问大家：最近一段时间公司的离职率偏高，在座的各位都是资深的经理人，你们了解一线的情况，你们了解公司的人员为什么会离开，你们有什么好的意见和想法贡献出来，如何有效地留住公司的员工？

（2）听。问完了之后，领导者要做的就是积极地聆听，这就是支持性行为的第二个关键词：听。有一位企业家说过一句话，有效的领导是从聆听开始的。听，对于领导者来说是一个重要的技能，在沟通的技巧中会讲到如何聆听。有人说，过去的领导者懂得如何去说，但是未来的领导者要懂得如何去听。不仅要一心一意地去听，还要做出适时的反应。

（3）鼓励。支持性行为的领导者总是鼓励员工去做事情，从来不会给员工一个现成的答案，总是在问员工如何去解决，所以支持性行为的领导者是在拓展员工的思维，鼓励员工去冒险。

（4）解释。领导者在必要的时候应该向员工解释为什么要去做这件事，它的重要性如何。只有跟员工解释得很清楚的时候，员工才更愿意去完成工作。

（二）指挥行为

指挥是领导者运用权力的最基本形式，也是领导者实施领导职能的基础手段。指挥体现出领导者的执行力，对决策能够有效实施有重要影响。

影响领导者指挥有效性的因素：权力的大小，指挥内容的科学性，指挥形式的适宜性，指挥对象的恰当性，指挥环境的协同性，领导者的个人魅力。指挥有效性的诸多因素需要领导者花费较长时间积累，技巧和艺术性都较高。

指挥行为按载体划分为口头指挥、书面指挥和会议指挥。口头指挥是用口头语言直接指挥，快捷方便和简单直接。使用时需要注意的是，命令内容要清晰准确，用语简洁有力，根据情景调整语言技巧。书面指挥是采用书面文字形式指挥，准确规范和反复间接。使用时需要注意的是，强化制度化管理，注意针对性和形式规范性。会议指挥是多人聚集共同完成指挥，民主科学和快速覆盖。使用时需要注意的是，提高会议的效率，确保会后执行质量，强化专人责任。

指挥行为按强制程度划分为命令、规范、建议、暗示。命令是自上而下无条件地执行，强制程度最高，适用于处理重要的和紧急的事务。使用时需要注意的是，尊重客观规律，避免长官意志，强化可操作性，发布形式有所选择（命令、指示、决定、决议）。规范是对可能重复发生的事情制定出处理的原则、程序和方法，相关者自觉执行，领导者保留监督权力，适用于常规性和可重复性的事务。使用时需要注意的是，强化制度的权威性，执行的公正统一，员工拥有对制度的建议权。建议是以平等身份提供活动的指导，包括建议、咨询等具体形式，适用于变化莫测的人际事务。使用时需要注意的是，上下级的平等交流，领导者见解水平要高，强化信息反馈控制。暗示几乎没有强制性的诱导，适用于处理心理敏感性强的问题。使用时需要注意的是，暗示的目的要鲜明，方式要特别谨慎选择，要与其他形式联动。

互动测试：影响领导者指挥有效性的因素有哪些？

权力、内容、形式、环境、对象和权威。

（三）如何授权

根据能力和意愿对员工进行分类，完成任务的条件叫作能力，愿意投入工作的态度叫作意愿。根据是否具有能力和意愿，可将员工分为四类：有工作能力和工作意愿，有工作意愿但没有工作能力，有工作能力但没工作意愿，既没工作能力又没工作意愿。

对于既有工作能力又有工作意愿的员工，尽量授权，把权力下放给他们去做事；对于有工作意愿但没有工作能力的员工，尽量教育训练，从而提升他们的工作能力；对于有工作能力但没有工作意愿的员工，尽量激励他们，让他们逐渐具有工作意愿；对于既没有工作能力又没有工作意愿的员工，就可以放弃，至少可以不重用他们。当然，最好的办法就是把第四类变成第三类或第二类，再让他们从第三类、第二类变成第一类。

组织要特别重视第一类员工，因为他们既有工作能力又有工作意愿，可能是接班人，应该把他们培养成将来要授权的对象。授权流程如图4-7所示。

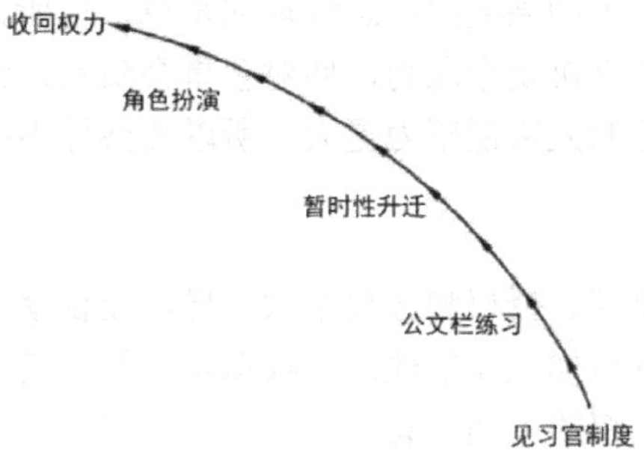

图 4-7　授权流程

1．见习官制度

有些人在公司待不了多久就想走，因为他不知道这家公司会不会重用他。海军中有个见习官制度，在打仗时，如果舰长牺牲了，见习官马上就能胜任其职位。这个制度给人们一个很大的启示，在公司里也可采用见习官制度。如果某个员工符合条件、够资格，哪怕公司没有职位空缺也给他安排见习厂长、见习副厂长、见习经理、见习副经理、见习督导等。这有两个作用：①提醒那个在位的人注意，他如果不尽职尽责地工作，这个见习官就可以替代他；②安慰这个见习官，既然是见习官就表示随时有机会升上去。这样员工通常不会离开公司，因为他知道自己已经被认可，可能成为一名合格的管理者，只是暂时没有空缺，一旦有空缺他就会升上去。

2．公文栏练习

一般公文都是一层一层地批上去，副经理批给经理，经理批给副总经理，副总经理批给总经理。但是，如果副总经理准备做总经理的接班人，就应该学总经理批公文。可以在公司拟定公文栏练习制度，重要公文秘书会上交两份：一份给总经理，另一份给副总经理。副总经理先批，批完后总经理看看批得好不好，提出意见，这样练习一段时间后自然就越批越像了，可以当总经理了，总经理也可以放心地交位了。这个主意是从武则天身上想到的。有一天，唐高宗头疼，武则天让唐高宗休息，自己代唐高宗批奏折。从此以后，武则天经常代唐高宗批奏折，后来越批越像，终于自己当了皇帝。这给我们一个很大的启示：一个人要想当皇帝，就要先学会如何批奏折；要安排一个副总经理接班总经理，就要让他先学会如何批公文。

3．暂时性升迁

公司可以规定经理级以上的要升两次，第一次升上去时要加一个字——“暂”，表示是暂时的。经过一段时间考核，如果表现良好，就去掉这个“暂”字，进行第二次提升，升为正式的经理。如果发现第一次升错了，就不会发第二次公文，进行第二次提升。所以暂时性升迁的优点是可以留下一条后路，尽量避免授权时犯错误。

4．角色扮演

总经理不在时，副总经理代替，这叫作暂时性授权。角色扮演不同于暂时性授权。挑一个星期告诉员工，说这个星期某某担任总经理的角色，他所说的话和所签的字代表总经理，完全生效。这对总经理来讲是个压力，要对董事会负责，说错、做错和签错都是总经理的责任。这对担任总经理的人来说压力更大，所以要格外小心。

5．收回权力

权力下授后不是不能收回。授权和分权不太一样，授权就好像说他不在，这一块借给你，你暂时使用，他回来以后你就还给他；分权像是一块月饼，切一块给别人吃，这个月饼就少了一块。而授权到分权的中间还有一个阶段，那就是要让你有能力来接受这个新权力。例如，老板对会计说，1万元以下的费用店长就可以批，1万元以上的费用则由我批。后来，老板发现一名店长批了一个1.0005万元的单子。于是，老板做了一个决定，告诉会计，从今以后1万元以下的费用也是我批，老板收回了这个权力。所以授权下去以后也可以根据情况随时收回权力。

❑管理感悟

不可能的事

这是发生在第二次世界大战中期的一个真实故事。在战争中扮演着重要角色的美国空军，为了降落伞的安全性问题与降落伞制造商发生了一场纠纷。当时，降落伞的安全性能不够，合格率较低。厂商采取了种种措施，使合格率提升到了99.9%，但军方要求产品的合格率必须达到100%。厂商认为这是天方夜谭，他们一再强调，任何产品都不可能达到100%合格，除非奇迹出现。99.9%的合格率已经相当优秀了，没有必要再改进。

99.9%的合格率乍看很不错，但对于军方来说，这就意味着每一千个伞兵中，会有一个人的降落伞不合格，他就可能因此在跳伞中送命。后来，军方改变了检查产品质量的方法，决定从厂商上周交货的降落伞中随机挑出一个，让厂商负责人穿着装备，亲自从飞机上跳下来。这个方法实施后，奇迹出现了：不合格率立刻变成了零。

感悟

原本认为不可能的事，只是稍微改了一下制度，奇迹就出现了。关心自己的利益是人的本性，如何让制度顺应这种本性，以此激发员工的工作热情，是领导者需要深思的问题。

同步测试

一、概念题

1. 领导
2. 特质理论
3. 行为理论
4. 权变理论
5. 领袖魅力理论
6. 改革型领导者理论
7. 激励
8. 经济人
9. 社会人
10. 自我实现的人
11. 复杂人
12. 需求层次理论
13. 双因素激励理论
14. 期望理论
15. 公平理论
16. 强化理论
17. 成就激励理论

二、简答题

1. 请简述领导的职能。
2. 请简述领导的作用。
3. 请简述领导的分类。
4. 请简述用人的艺术。
5. 请简述授权的艺术。
6. 请简述提高员工满意度的具体措施。
7. 优秀的领导者如何进行授权？
8. 请简述指挥性行为的类型。

三、案例选择题

张宏伟是宏利服装公司的人事经理，最近她兼职学习MBA的所有课程并且取得了某著名大学的MBA学位。在学习MBA的过程中，她对于管理中的激励理论，特别是马斯洛和赫茨伯格的理论相当注意。在她看来，马斯洛的需求层次和赫茨伯格的激励因素、保健因素的划分非常具有操作性。因此，她认为可以立即在公司中实际运用它们。据张宏伟了解的可靠信息，宏利服装公司的工资水平在服装行业中是最好的。因此，她认为公司在激励下属时，应该集中在赫茨伯格的激励因素上。

经过多次会谈，她说服公司高层管理者。公司总裁授权她去制订工作计划，并且放手让她去推行。在这种情况下，张宏伟开始制订关于强调表彰、提升、更大的个人责任、成就及使工作更有挑战性的各种计划，并且在公司里开始推行。但是，计划实施了几个月后，她迷惑了，发现结果和她的预期相距甚远。

首先，设计师们对于计划的反应很冷漠。他们认为，他们的工作本身就很具有挑战性。他们设计的服装在市场上很畅销就是对他们工作成绩的最大肯定，而且公司通过发奖金的方式已经对他们的工作给予肯定。总之，他们认为这些新计划都是在浪费时间。有一个和张宏伟比较熟悉的设计师甚至和她开玩笑地说："宏伟，你这些计划太小儿科了，你是不是把我们当成小学生了，我看你理论学得太多了。"

其次，裁剪工、缝纫工、熨衣工和包装工的感受也是各种各样的。有些人在新计划的实行过程中受到了表扬，反应良好；还有些人则认为这是管理者的诡计，要让他们更加拼命地工作，同时不增加工资。而且很不幸的是，这些人占大多数，甚至偏激一些的员工开始叫嚷要联合罢工来争取自己的权益。

张宏伟万万没有想到事情会发展到这个地步，原来对她很信任和支持的高层管理者也开始怀疑她的计划，批评她考虑不周全。

下面是单项选择题，请将你认为正确选项的序号填入括号中。

1．你认为新计划失败的主要原因是什么？（　　）

A．高层管理者没有参与到计划的制订和实施工作中来

B．公司成员对于双因素激励理论缺乏了解

C．员工不配合

D．忽视了各层次员工的需求不同的事实

2．根据马斯洛的需求层次理论，你认为设计人员的主要需求和一线员工的主要需求有何不同？（　　）

A．设计人员不关心表扬、赏识等，说明他们的主要需求不是自我实现

B．大多数一线员工更关注报酬，因此他们的主要需求是生理需求

C．设计人员和一线员工都不太关注归属与爱的需求

D．A和B

3．根据案例提供的信息，你认为张宏伟对于双因素激励理论的理解错误最可能是什么？（　　）

A．她认为保健因素不重要，激励因素重要

B．她认为激励因素和保健因素是独立发挥作用的

C．她认为只有激励因素达到行业最高水平就足够了

D．她认为只有激励因素可以发挥激励的作用

4．张宏伟对于这种结果很苦恼，为此她请教了一位资深顾问，如果你是这位顾问，你认为下列哪种做法更可取？（　　）

A．进行培训，帮助员工了解双因素激励理论，促使他们认可新计划

B．停止新计划，采用调查表调查各层次人员的需求情况，以及他们对于新计划的评价

C．争取高层管理者的支持，继续推行新计划

D．安抚一线员工，给予一定的物质补偿

管理实践

能力提升任务单 7

<table>
<tr><td>任务名称</td><td colspan="3">领导风格测试与分析</td></tr>
<tr><td>组　　长</td><td></td><td>组　　员</td><td></td></tr>
<tr><td>任务导入</td><td colspan="3">1．设定一定的管理情景，由学生以小组形式开展领导风格测试与分析。
2．管理情景：根据后面的《领导风格自测方案》，以小组为单位进行领导风格测试，并根据其测试结果进行讨论交流，调整领导风格。
3．以小组为单位。每组 4～5 人，设 1 名组长，将任务分解到个人，轮换扮演角色进行测试。
4．在讨论交流过程中，及时记录小组成员关于领导风格测试疑惑的问答。
5．各小组派代表对本小组的工作成果进行讲解，其他成员补充。
6．其他小组成员对讲解内容进行提问和质疑。
7．各小组完善自己的工作成果并提交电子版。</td></tr>
<tr><td>成果形式</td><td colspan="3">1．领导风格测试评分表。
2．领导风格调整主要思路。</td></tr>
<tr><td>学习体会</td><td colspan="3"></td></tr>
<tr><td rowspan="2">老师评价</td><td colspan="3">评语：</td></tr>
<tr><td colspan="3">成绩：　　　　　　　　年　　月　　日</td></tr>
</table>

能力提升任务单 8

<table>
<tr><td>任务名称</td><td colspan="3">寝室火灾应急指挥</td></tr>
<tr><td>组　　长</td><td></td><td>组　　员</td><td></td></tr>
<tr><td>任务导入</td><td colspan="3">1．设定一定的管理情景，由学生即时进行决策或指挥。
2．管理情景：凌晨 1 点多，某宿舍三楼的某寝室突然发生火灾，此时楼门和校门已经关闭，学生都沉睡在梦中，只有邻近的几个宿舍的学生惊醒。楼道浓烟滚滚，火已有向外面蔓延的趋势，情况非常紧急，假如你身处其中，如何利用你的指挥能力化险为夷。
3．以小组为单位。每组 4～5 人，设 1 名组长，进行分组讨论，制定应急指挥方案。
4．在讨论交流过程中，及时记录小组成员关于火灾应急指挥疑惑的问答。
5．各小组派代表对本小组的工作成果进行讲解，其他成员补充。
6．其他小组成员对讲解内容进行提问和质疑。
7．各小组完善自己的工作成果并提交电子版。</td></tr>
<tr><td>成果形式</td><td colspan="3">火灾应急指挥方案。</td></tr>
<tr><td>学习体会</td><td colspan="3"></td></tr>
<tr><td rowspan="2">老师评价</td><td colspan="3">评语：</td></tr>
<tr><td colspan="3">成绩：　　　　　　　　年　　月　　日</td></tr>
</table>

模块 5

沟通与团队建设

知识点

沟通；沟通五要素；沟通的类型；沟通的有效性；工作协调；团队；团队的构成要素；团队的形成与发展；团队管理；SMART 原则；领导力

技能点

理解沟通的含义；明晰沟通的过程；辨别沟通的类型；排除沟通障碍，实现有效沟通；理解团队的含义；明晰团队的构成要素；理解团队的发展历程；确立团队目标；构建团队领导力

学习目标

- 了解沟通的作用，能排除沟通障碍，实现有效沟通。
- 了解沟通的类型，能根据工作需要灵活进行沟通。
- 理解工作协调的内涵，为化解工作中各种矛盾进行有效协调。
- 理解团队的内涵，能根据工作需要有效组织团队。
- 了解团队的形成与发展，能对团队不同发展阶段进行有效管理。

单元 1 沟通与协调

情景导入

沟通的苦恼

LE 集团公司东北分公司最近从华南分公司调来一位广东籍总经理陈某，陈某在广东一带是很有名气的经理人，他有个特点：讲话从来不用讲稿，经常即兴发言，广东话风趣幽默，常常博得满堂喝彩，但他说不好普通话。到东北分公司就任后，他召开全体员工大会，阐述经营理念和战略，与下属积极沟通，了解情况。刚开始时下属很愿意找他汇报工作，但他经常打断下属的汇报，提出评价意见，下属渐渐地不愿意向他汇报工作了。同时，陈某发现他在大会上的讲话也没有得到员工的响应，不能引起共鸣。陈某感到非常苦恼，难道沟通上出了什么问题？如果是，应如何进行改进呢？

正文

一、沟通概述

（一）沟通及其作用

沟通是指两个人或两个主体之间对某种信息的传递、接收和理解的过程。根据定义，沟通有以下三个方面的含义。

（1）沟通是双方（或者多方）的行为，必须有信息的发送者和接收者。其中，双方既可以是个人，也可以是群体或组织。

（2）沟通是一个信息传递和理解的过程。如果信息没有传递给接收者，则意味着沟通没有发生。而信息在传递之后还应该被理解。一般来说，信息经过传递，接收者感知到的信息与发送者发出的信息完全一致时，才是一个有效的沟通过程。

（3）沟通要有信息内容，并且这种信息内容不像有形物品一样由发送者直接传递给接收者，而是通过一些符号来实现的。例如，语言、动作和表情等，这些符号经过传递，往往附加了传送者和接收者一定的态度、思想和情感。

管理小案例

52 航班空难事件

1990 年 1 月 25 日晚 7:40，52 航班飞行在南新泽西海岸上空 37000 英尺（1 英尺约为 0.305 米）高空，飞机上的油量可维持近两个小时的航程。然而，此后发生了一系列耽误。首先，晚上 8:00，肯尼迪机场航空交通管理员通知 52 航班的飞行员由于严重的交通问题，他们必须在机场上空盘旋待命。8:45，52 航班的副驾驶员向肯尼迪机场报告他们的“燃料快用完了”。管理员收到了这条信息，但在 9:24 之前，飞机没有被批准降落。在此之前，阿维安卡机组成员再没有向肯尼迪机场传递任何情况十分危急的信息，但飞机座舱中的机组成员却相互紧张地通知他们的燃料供给出现了危机。9:24，52 航班第一次试降失败。由于飞行高度太低及能见度太差，因而无法保证安全着陆。当肯尼迪机场指示 52 航班进行第二次试降时，机组乘员再次提到燃料将要用尽，飞行员也发出了“燃料不足”的信号。9:32，飞机的两个引擎失灵，1分钟后，另外两个也停止了工作，耗尽燃料的飞机于9:34坠毁于长岛，飞机上的73名人员全部遇难。

问题：上述案例对于企业管理者有哪些启示？

沟通在管理中的作用具体表现在以下三个方面。

（1）沟通是协调各个体、各要素，使组织成为一个整体的凝聚剂。每个组织都由数人、数十人，甚至成千上万人组成，组织每天的活动也由许许多多的具体的工作所构成，由于各个体的地位、利益和能力不同，他们对组织目标的理解、所掌握的信息也不同，这就使得各个体的目标有可能偏离组织的目标，甚至完全背道而驰。如何保证上下一心，不折不扣地完成组织的目标呢？这就需要各个体互相交流意见，统一思想认识，自觉地协调各自的工作活动，以保证组织目标的实现。因此，没有沟通就没有协调，也就不可能实现组织的目标。

（2）沟通是领导者激励下属，实现领导职能的基本途径。一个领导者不管他有多么高超的领导水平，有多么灵验的管理方法，他都必须将自己的意图和想法告诉下属，并且了解下属的想法。领导环境理论认为，领导者就是了解下属的愿望而拟定和实施各种方案的人，而下属就是从领导者身上获得实现自己愿望或目标的希望的人。这些“希望”的“获得”就需要沟通这个工具和途径。

（3）沟通是组织与外部环境之间建立联系的桥梁。组织必须要和顾客、政府、公众、原材料供应者、竞争者发生各种各样的关系，它必须按照顾客的要求调整产品结构，遵守政府的法规法令，承担自己应尽的社会责任，获得适用且廉价的原材料，并且在激烈的竞争中取得一席之地，这使得组织不得不和外部环境进行有效沟通。而且，由于外部环境永远处于变化中，组织为了生存就必须适应这种变化，这就要求组织随时与外界保持沟通，以便把握成功的机会，避免失败的可能。

（二）沟通过程

沟通过程是指沟通主体与沟通客体进行有目的、有计划、有组织的思想、观念、信息交流，使沟通成为双向互动的过程。沟通是一个复杂的过程，有着复杂的机理反应，如图5-1所示。

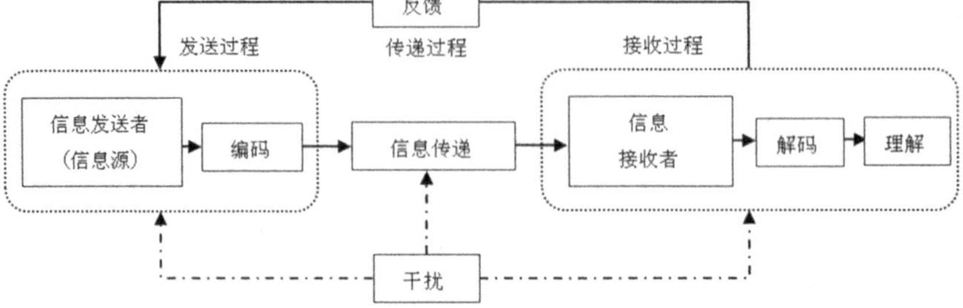

图 5-1　沟通过程

沟通过程中涉及五个要素，即沟通主体、沟通客体、沟通介体、沟通环境、沟通渠道。

（1）沟通主体是指有目的地对沟通客体施加影响的个人和团体。沟通主体可以选择和决定沟通客体、沟通介体、沟通环境和沟通渠道，在沟通过程中处于主导地位。

（2）沟通客体即沟通对象，包括个体沟通对象和团体沟通对象，团体的沟通对象还有正式群体和非正式群体之分。沟通对象是沟通过程的出发点和落脚点，因而在沟通过程中具有积极的能动作用。

（3）沟通介体即沟通主体用以影响、作用于沟通客体的中介，包括沟通内容和沟通方法。沟通介体联系着沟通主体与沟通客体，保证沟通过程的正常开展。

（4）沟通环境既包括与个体间接联系的社会整体环境（政治制度、经济制度、政治观点、道德风尚、群体结构等），又包括与个体直接联系的区域环境（学习、工作、单位或家庭等），以及对个体直接施加影响的社会情境及小型的人际群落。

（5）沟通渠道即沟通介体从沟通主体传达到沟通客体的途径。沟通渠道不仅能使正确的思想观念尽可能全、准、快地传达给沟通客体，还能广泛、及时、准确地收集沟通客体的思想动态和反馈的信息，因而沟通渠道是实施沟通过程、提高沟通效果的重要一环。沟通渠道很多，如谈心、座谈等。

互动测试：沟通过程包括哪些要素?

沟通主体、沟通客体、沟通介体、沟通环境和沟通渠道。

（三）沟通的基本条件

沟通必须具备一定的条件才可以正常进行。若要达到沟通的目的，通过沟通取得他人的理解和支持，必须满足三个基本条件。

（1）有信息发送者和信息接收者。信息发送者作为信息的编辑及发送主体，是不可或缺的。信息接收者作为信息的编辑者，往往与发送者相互对应。接收者不仅能解码发送者发送的编码，还能再次反馈给发送者新的信息，实现沟通的再循环。

（2）有信息内容。沟通过程中必不可少的就是传递的信息，而信息必然要有内容才得以存在。信息内容是包容万象的，既可以是语言、肢体所存储的内容，也可以是图片等静态物体所附属的内容。

（3）有传递信息的渠道和方法。有了信息发送者、信息接收者、信息内容，还不能进行沟通。因为信息必然要通过一定的渠道和方法进行传递。这种渠道和方法可以是多种多样的，如口头表达、书写文字、肢体展示等。在实际生活中，不同的信息内容与不同的条件要求不同的传递渠道。例如，公司的战略决策就不宜通过口头形式，而应采用书面正式文件作为渠道。同时，在实际沟通过程中，往往存在多种沟通渠道或方法共同使用的情况。例如，口头沟通时往往还会运用两种或两种以上的沟通渠道，以达到更好的沟通效果。

管理小案例

海上救援

有一条船在海上遇难，留下三位幸存者，这三位幸存者分别游到三个相隔很远的孤岛上。第一个人没有手机，他只能高声呼喊，但他周围一千米以内都没有人，最终囚困于孤岛。第二个人有手机，但受潮了。虽然家人能接到电话，但无法听清任何内容，他发短信时又发现已无法使用手机，最终也囚困于孤岛。第三个人有一部完好的手机，他及时用手机向外报告自己的受难情况和目前所处的方位，最终得到解救。

问题：通过上述案例，请问沟通需要哪些基本条件？

二、沟通的类型

按照信息传递的方向划分，沟通可分为下行沟通、上行沟通、平行沟通和斜向沟通。

（1）下行沟通。下行沟通是指信息自上而下的沟通，如团队领导把团队战略目标、管理制度、政策、工作命令、有关决定、工作程序及要求等传递给团队成员。下行沟通顺畅可以帮助团队成员明确工作任务、目标及要求，增强其责任感和归属感。

（2）上行沟通。上行沟通是指自下而上的沟通，如团队成员向团队领导反映情况、汇报工作、提出意见和要求等。上行沟通是团队领导了解团队成员意见及想法的重要途径。上行沟通顺畅无阻，团队领导才能及时了解团队成员工作进展的真实情况，了解团队成员的需要和要求，体察团队成员的不满和怨言，了解团队成员工作中存在的问题，从而有针对性地做出相应的决策。

（3）平行沟通。平行沟通是组织内部平行机构之间或同一层级人员之间的信息交流，如组织内部各职能部门之间、车间之间、班组之间、员工之间的信息交流。平行沟通是加强各部门之间的联系、了解、协作与团结，减少各部门之间的矛盾和冲突，改善人际关系和群际关系的重要手段。

（4）斜向沟通。斜向沟通是指处于不同层级的没有直接隶属关系的成员之间的沟通。这种沟通方式有利于加速信息的流动，促进成员之间的理解，并为实现组织目标而协调各方的力量。

互动测试：按照信息传递的方向，沟通可分为哪几种类型？

下行沟通、上行沟通、平行沟通和斜向沟通。

管理小案例

李开复“午餐会”沟通法

李开复在2000年被调回微软总部担任全球副总裁，管理一个拥有600多位员工的部门。当时，作为一个从未在总部从事过领导工作的人，李开复认为自己需要和员工多沟通，倾听员工的心声。为了达到这个目标，李开复选择了一种独特的沟通方法——“午餐会”沟通法，即每周选出10位员工，李开复与他们共进午餐。在进餐时，李开复会详细了解每位员工的姓名、履历、工作情况，以及他们对部门工作的建议。为了让每位员工都能畅所欲言，李开复尽量避免与一个小组或一间办公室里的两位员工同时进餐。另外，李开复会要求每位员工说出他在工作中遇到的最让他兴奋的一件事情和最让他苦恼的一件事情。

李开复说，进餐时，他首先会跟对方谈一谈自己最兴奋和最苦恼的事情，鼓励对方发言。然后，李开复会引导对方探讨一下大家近来普遍感到苦恼或普遍关心的事情是什么，一起寻找最好的解决方案。午餐会后，李开复一般会立即发一封电子邮件给大家，总结一下“我听到了什么”“哪些是我现在就可以解决的问题”“何时可以看到成效”，等等。通过这样的方法，李开复很快就认识和了解了部门中的每位员工。更重要的是，李开复可以在充分听取员工意见的基础上，合理安排工作。李开复说，午餐会这种沟通方法非常有效果，至今他仍然经常使用。吃饭对象不仅包括员工、同事，还包括合作伙伴、朋友。

问题：上述案例中李开复使用的是哪种沟通类型？

按组织系统划分，沟通可分为正式沟通和非正式沟通。

（1）正式沟通。正式沟通是通过组织明文规定的渠道所进行的信息传递与交流。正式沟通渠道畅通无阻，组织的生产经营活动及管理活动才会井然有序，反之，整个组织将陷入紊乱甚至瘫痪状态。因此，正式沟通渠道必须灵敏、高效。正式沟通的优点是正规、权威性强、沟通效果好，参与沟通的人员普遍具有较强的责任心和义务感，从而易保持所沟通的信息的准确性及保密性。正式沟通的缺点是对组织机构依赖性较强，从而导致沟通速度迟缓、沟通形式刻板，如果组织管理层次多、沟通渠道长，容易导致信息损失。

（2）非正式沟通。非正式沟通是指在正式沟通渠道以外信息的自由传递与交流。这类沟通主要是通过个人之间的接触来进行的。非正式沟通不受组织监督，是由组织成员自行选择途径进行的，比较灵活方便。组织成员中的人情交流、生日聚会，工会组织的文娱活动，走访、议论某人某事，传播小道消息等都属于非正式沟通。非正式沟通中往往能暴露人们的真实想法和动机，还能提供组织没有预料的或难以获得的信息。

管理小案例

通用电气公司的非正式沟通

美国通用电气公司的总裁杰克·韦尔奇被誉为“20 世纪最伟大的经理人”之一。在他上任之初，通用电气公司内部等级制度森严、结构臃肿。韦尔奇通过大刀阔斧的改革，在公司内部引入“非正式沟通”的管理理念。韦尔奇经常给员工留便条和亲自打电话通知员工有关事宜。在他看来，沟通是随心所欲的，他努力使公司的所有员工都保持着一种近乎家庭式的亲友关系，使每位员工都有参与和发展的机会，从而增强管理者和员工之间的理解、尊重和感情交流。

一些组织在网站上建立了相关论坛、BBS 公告等多种非正式的沟通渠道。在这些渠道中，组织成员的沟通一般是在隐蔽身份的前提下进行的，所以沟通信息能够较为真实地反映组织成员的一些情感和思想。对于组织管理者来说，掌握这些信息有利于他们日后的管理沟通工作。

问题：非正式沟通相对于正式沟通的优点是什么？

按照是否进行反馈，沟通可分为单向沟通和双向沟通。

（1）单向沟通。单向沟通是指在沟通过程中，信息发送者与信息接收者之间的地位不变，一方主动发送信息，另一方主动接收信息。这种沟通方式传递速度快，发送者不接受接收者的挑战，能保持、维护尊严。但由于接收者对信息内容的理解没有机会表达，单向沟通有时准确性较差。另外，单向沟通缺乏民主性，容易使接收者产生抵触情绪，心理效果较差。

（2）双向沟通。双向沟通是指在沟通过程中，信息发送者和信息接收者的地位不断变化，信息在双方间反复流动，直到双方对信息有了共同理解为止，如讨论、谈话、协商、谈判等。双向沟通的优点是沟通信息的准确性高，接收者有反馈意见的机会，双方可以反复交流磋商，增进彼此的了解，建立良好的人际关系；缺点是沟通过程中接收者要反馈意见，有时使沟通受到干扰，影响信息的传递速度。

管理小案例

IBM 绩效管理中的双向沟通

IBM 的绩效管理中特别强调双向沟通，不存在单向的命令和无处申述的情况。如果员工自我感觉非常良好，但次年初反馈回来的绩效考核结果并不理想时，IBM至少给员工提供了四条制度化的通道进行申述。

第一条通道是与高层管理者面谈。员工可以借助“与高层管理者面谈”制度，与高层经理进行正式谈话。这个高层经理的职位通常会比该员工的直属经理的职位高。面谈的内容可以包括自己所关心的问题，以及个人对问题的倾向性意见等。员工提出的问题、反映的情况，公司将直接交给有关部门分类集中处理，且不暴露面谈者身份。

第二条通道是员工意见调查。该路径不是直接面对员工的绩效问题。IBM通过对员工进行征询，可以了解员工对公司管理阶层、福利待遇、工资待遇等方面有价值的意见，使之协助公司营造一个更加完善的工作环境。

第三条通道是“直言不讳”。在IBM，一位普通员工的意见完全有可能被送到总裁的信箱里。这是一条直通通道，可以使员工在毫不牵涉其直属经理的情况下获得高层管理者对员工所关心的问题的答复。没有经过员工同意，“直言不讳”的员工的身份只有一个人知道，那就是负责整个“直言不讳”的协调员，所以员工不必担心畅所欲言过后会带来风险。

第四条通道是申诉，IBM称其为“门户开放”政策。这是IBM非常悠久的一个民主制度。员工如果有关于工作或公司方面的意见，应该首先与自己的直属经理面谈，与自己的直属经理面谈是解决问题的捷径。如果有解决不了的问题，或者你认为你的绩效考评问题不便于和直属经理讨论，你可以向各事业单位主管、公司的人事经理、总经理或任何总部代表申述，你的申述会得到上级的调查和执行。

问题：根据上述案例，请简述双向沟通的作用。

按通道不同，沟通分为口头沟通、书面沟通、非语言沟通和电子媒介沟通。

（1）口头沟通。人们之间最常见的沟通方式是交谈，也就是口头沟通。常见的口头沟通包括演说、正式的一对一讨论或小组讨论、非正式的讨论，以及传闻或小道消息的传播。口头沟通的优点是快速传递和快速反馈。但是，当信息经过多人传递时，口头沟通信息失真的潜在可能性非常大。每个人都以自己的方式解释信息，当信息到达终点时，其内容常常与最初大相径庭。

（2）书面沟通。书面沟通包括备忘录、信件、组织内发行的期刊、布告栏，以及其他任何传递书面文字或符号的手段。书面沟通的优点在于持久、有形、可以核实，比口头沟通显得更为周密，逻辑性强，条理清楚；其缺点在于耗时、缺乏反馈。

（3）非语言沟通。有些沟通既非口头形式也非书面形式，而是通过非文字的信息进行传递的，这就是非语言沟通。在非语言沟通中，最常见的是体态语言和语调。体态语言包括手势、面部表情和其他的身体动作。手势、面部表情和其他的身体动作能够传达的信息的意义有攻击、恐惧、腼腆、傲慢、愉快、愤怒等。语调指的是个体对词汇或短语的强调。

（4）电子媒介沟通。随着互联网的发展，人们越来越多地依赖各种各样复杂的电子媒介来传递信息。除了常见的媒介（如电话、邮政等），还有闭路电视、计算机、静电复印机、传真机等一系列电子设备。将这些设备与文字、纸张结合起来就产生了更有效的沟通方式。

三、沟通的有效性

有效的沟通是指通过听、说、读、写等载体，通过演讲、会见、对话、讨论、信件等方式，将思维准确、恰当地表达出来，以促使对方更好地接收。

（一）有效沟通的障碍

信息在传递和交换过程中，常常会受到各种因素的影响和干扰，使沟通受到阻碍。沟通障碍主要包括：信息发送者的障碍、信息接收者的障碍、信息沟通渠道的障碍。

1．信息发送者的障碍

在沟通过程中，信息发送者的情绪、倾向、个人感受、表达能力、判断力等都会影响信息的完整传递。信息发送者的障碍主要表现在以下五个方面。

（1）表达能力不佳。信息发送者如果口齿不清、词不达意或字体模糊，就难以把信息完整地、准确地表达出来；如果使用方言、土语，会使接收者无法理解。在不同国籍、不同民族人员之间的交流中，这种障碍更明显。

（2）信息传送不全。信息发送者有时人为缩简信息，使传送的信息变得模糊不全。

（3）信息传递不及时或不适时。信息传递过早或过晚，都会影响沟通效果。

（4）知识经验的局限。信息发送者和信息接收者如果在知识和经验方面差距很大，发送者认为沟通的内容很简单，不考虑接收者的情况，仅按照自己的知识和经验进行编码，而接收者却难以理解，便会影响沟通效果。

管理小案例

Era 的苦恼

Era 是一个日资企业中的日籍雇员，在制造部门担任经理。Era 来到一新公司上任后，对该公司制造部门进行了改造。Era 发现，现场的数据很难及时反馈上来，于是决定从生产报表开始改造。借鉴日本母公司的生产报表，Era 设计了一份非常完善的生产报表，从报表中可以看出生产中的任何一个细节。每天早上，所有的生产数据都会及时地放在 Era 的桌子上。Era 很高兴，认为自己拿到了生产的第一手数据。没过几天，出现了一次大的品质事故，但报表上根本没有反映出来。Era 这才知道，报表上的数据都是工人随意填写的。为了这件事情，Era 多次找工人开会强调认真填写报表的重要性，但每次开会都是在开始几天可以起到一定的效果，过不了几天又返回了原来的状态，Era 怎么也想不通为什么会这样？

Era 的苦恼是很多企业中的经理普遍的烦恼。现场的操作工人很难理解 Era 的目的，因为数据分析距离他们太遥远了。大多数工人只知道好好干活，拿工资养家糊口。不同的人，他们所站的高度不一样，单纯地强调、开会，效果是不明显的。从工人的角度去理解，虽然 Era 不断强调认真填写生产报表的重要性，但这距离他们太遥远，而且大多数工人认为这和他们没有多大关系。后来，Era 将生产报表与业绩奖金挂钩，并要求主管经常检查，工人们才意识到认真填写报表与切身利益有关系，才重视起来。

在沟通中，不要简单地认为所有人都和自己的认识、看法、高度是一致的，对待不同的人要采取不同的方式，要用听得懂的“语言”与别人沟通！

问题：上述案例中，Era 通过什么方式提高沟通效果？

（5）对信息的过滤。过滤是指发送者故意操纵信息，使信息显得对接收者更有利。过滤的程度与组织结构层次、组织文化有关。组织纵向管理层次越多，过滤的机会就越多。在现实生活中，“报喜不报忧”就是典型的信息过滤行为。

2．信息接收者的障碍

从信息接收者的角度看，障碍主要体现在以下六个方面。

（1）信息译码不准确。接收者如果对发送者的编码不熟悉，就有可能误解信息，甚至得出相反的答案。

（2）对信息的筛选。受主观性的影响，接收者在接收信息时会根据自己的知识经验去理解，按照自己的需要对信息进行选择，从而可能会使许多信息丢失，造成信息的不完整甚至失真。

（3）对信息的承受力。每个人在单位时间接收和处理信息的能力不同，对于承受能力较低的人来讲，如果信息过量，难以全部接受，就会造成信息的丢失而产生误解。

（4）心理上的障碍。接收者对发送者不信任，敌视或冷淡、厌烦，或者心理紧张、恐惧，都会歪曲或拒绝接收信息。

（5）过早地评价。在尚未完整地接收一条信息之前就对信息做出评价，将有碍于对信息所包含的内容的接收。价值判断就是对一条信息所包含的总的价值的估计，它是以信息的来源、可靠性或预期的意义为基础的。过于匆忙地做出评价，接收者就只能听到他所希望听到的那部分内容。

（6）情绪影响。在接收信息时，接收者的感觉会影响他对信息的理解。不同的情绪感受会使个体对同一信息的解释截然不同。狂喜或悲伤等极端情绪都可能阻碍信息沟通，因为在这种情况下人们会出现意识狭隘的现象，从而不能进行客观的、理性的思维活动，而代之以情绪化的判断。因此，人们应尽量避免在情绪很激动的时候进行沟通。

3. 信息沟通渠道的障碍

信息沟通渠道的问题也会影响沟通的效果，沟通渠道障碍主要体现在以下四个方面。

（1）沟通媒介选择不当。例如，对于重要事情而言，口头传达效果较差，因为接收者会认为“口说无凭”“随便说说”而不重视。

（2）几种媒介相互冲突。当信息用几种媒介传递时，如果媒介之间不协调，会使接收者难以理解传递的信息。例如，领导在表扬下属时，面部表情很严肃，甚至皱着眉头，这会让下属感到迷惑。

（3）沟通渠道过长。组织机构庞大，内部层次多，信息从高层传递到低层，从低层汇总到高层，中间环节太多，容易导致信息损失较大。

管理小案例

惠普公司的敞开式办公室

美国惠普公司创造了一种独特的“周游式管理办法”，鼓励部门负责人深入基层，直接接触广大员工。为此，惠普公司的办公室布局采用美国少见的“敞开式大房间”，即全体成员都在一间敞厅中办公。各部门之间只有矮屏分隔，除少量会议室、会客室外，无论哪级领导都不设单独的办公室，同时不称头衔，即使对董事长也直呼其名。这样有利于上下左右通气，营造无拘束和适宜合作的氛围。

问题：上述案例中，惠普公司的敞开式办公室对企业管理有哪些启示？

（4）外部干扰。信息在沟通过程中经常会受到自然界各种物理噪音、机器故障的影响，或者被各种事物所干扰，还会因双方距离太远而沟通不便，从而影响沟通效果。

（二）有效沟通的实现

1．改善信息发送者沟通效果的方法

（1）勇于开口，寻求自我突破。很多时候，人际沟通需要人们主动寻求出路，主动构建沟通条件，自我突破，才能建立新的人际关系网。

（2）改进沟通态度。信息沟通不仅是信息符号的传递，还包含着更多的情感因素，所以在沟通过程中，沟通双方采取的态度对于沟通的效果有很大的影响。只有双方坦诚相待时，才能消除彼此间的隔阂，实现双方的合作。另外，在信息沟通过程中，还要以积极的、开放的心态对待沟通，愿意并且有勇气用恰当的方法展示自己的真实想法，若顾虑重重会导致很多误解。

（3）注意选择合适的时机。由于所处的环境、气氛会影响沟通的效果，所以信息交流要选择合适的时机。对于重要的信息，在办公室等正规的地方进行交谈，有助于沟通双方集中注意力，从而提高沟通效率；对于思想或感情方面的沟通，则适宜在比较随便、独处的场合中进行，从而营造更好的沟通氛围。

（4）提高自己的表达能力，特别是语言表达能力。语言是信息的载体，是提高沟通效率要解决的首要问题。掌握语言表达艺术的前提是，通过学习和训练使自己运用语言的能力达到熟练自如、得心应手的水平。一般而言，沟通中要结合沟通对象、沟通环境、沟通内容考虑怎么运用语言。也就是说，无论是口头交谈还是采用书面交流的形式，都要力求准确地表达自己的意思。同时，还要了解对方的接受能力，根据对方的具体情况来确定自己表达的方式和用语：选择正确的词汇、语调、标点符号；注意逻辑性和条理性，对重要的地方要加上强调性的说明；借助于体态语言来表达完整的思想和感情，加深对方的理解。

（5）注重双向沟通。由于信息接收者容易从自己的角度来理解信息而导致误解，因此信息发送者要注重反馈，提倡双向沟通，善于体察别人，鼓励别人不清楚就问，注意倾听反馈意见，及时纠正偏差。

管理小案例

沟通的代价

某厂新开发的产品存在两个问题：一是外观设计不合理，难以吸引消费者；二是产品内在设计尚不完善，影响产品的功能扩展。在分析了产品滞销的原因后，厂长认为内在的设计虽然有问题，却不影响基本功能，而且解决这个问题的难度较大。因此，为了尽快打开销路，厂长决定只对外观设计进行改进。

但是技术开发部的孙工程师认为，改进外观确能暂时打开销路，但紧接着用户就会因产品无法进行功能扩展而恼火，势必影响以后的销售。在据理力争未果的情况下，孙工程师未经领导许可，便开始对影响产品功能扩展的问题进行攻关。经过一段时间的奋战，这个问题终于得到圆满解决。此时，孙工程师却犯了一个致命的错误——擅自下达改进产品的生产计划书。此举造成原材料的部分报废，厂长大为恼火，一纸《厂长令》将孙工程师调至生产线干操作工，全厂为之哗然。从此以后，只要有人琢磨着要改进什么，便会有人提醒：“是不是想当第二个孙工程师？”

孙工程师的身上确实存在一些问题，他打乱了企业管理的程序，超越了自身的职责范围，给企业造成了一定的经济损失，所有这些都是应该严厉批评的。但他急企业所急的出发点、勤奋扎实的工作作风却是

值得肯定的，而且改进后的产品在功能上提高一个档次，对于企业的长远发展是有巨大意义的。但厂长不问青红皂白的《厂长令》却向职工传达了一条错误的信息：领导没有交代的事情千万不能做，否则“吃不了兜着走”。如此一来，谁还敢思考如何改进工作呢？

问题：上述案例中影响人们进行有效沟通的障碍是什么？如何做更好？

（6）进行积极劝说。在沟通过程中，不仅要动之以情、晓之以理，必要时还要诱之以利。由于每个人都有自己的情感，为了使对方接收信息，并按照发送者的意图行动，信息发送者常常要进行必要的积极劝说，从而达到沟通的目的。

职业道德与企业伦理

管理者有效沟通技巧

（1）尊重员工的不同意见。有很多管理者不能尊重员工的意见，特别是对敢于提出意见，而且是和自己的意见不符的员工心存芥蒂，经常碍于面子不予接受，这样会给员工一种管理者作风专断、心胸狭窄的印象，因此，员工不敢提意见和建议，久而久之就不再关心企业的问题。若要成为一名优秀的管理者就必须摈弃这种思维模式，学会包容员工的不同意见，鼓励员工对各种决策、方案敢于怀疑和批判，这是管理者应具备的职业素质。管理者广开言路，善于倾听和接受员工的意见，能够让员工感受到企业对自己的认可，从而对企业产生归属感，这样有利于激发员工的积极性。此外，从管理的角度看，管理者在决策以前应该让员工充分讨论、发表意见，取得尽可能多的员工的共识，进而减小实施时的阻力，提高工作效率。

（2）掌握听、说技巧。管理者在与员工沟通的过程中，要注重情感沟通，注意“倾听”的技巧。管理者要控制好自己的情绪，做到平等沟通、真诚沟通，不要过快地打断对方，不要草率地下结论，让员工有充分的时间和空间表达自己的意见和建议。同时，在谈话过程中，管理者最好面带微笑，以缓解员工此时可能存在的紧张心理，并随时对员工提出的较好的建议表示赞许，这些都能够给予员工积极的心理暗示，增加沟通的有效性。管理者作为沟通的一方，不但要善于倾听，还要掌握“说”的技巧，能够用简洁明了的语言，清晰准确地表达自己的观点和主张，使员工能够真正接受。反之，如果企业管理者在与员工沟通时，摆官架子，或者采用命令式语气指使员工，容易造成员工的逆反心理。

（3）相互尊重和信任。沟通的效果不仅取决于沟通的内容，还受沟通双方人际关系的影响。尊重员工的管理者容易得到员工的支持与信任，能够让员工主动表达自己的看法，一旦管理者得不到员工的信任，失去民心，那么双方的沟通就毫无意义，没有效果可言。因此，在沟通过程中，管理者必须把员工放到与自己平等的位置上，设身处地为员工着想，激发员工与管理者同甘共苦的热情，这样有利于双方有效沟通的实现。

2. 改善信息接收者沟通效果的方法

以前，人们往往只注重说写能力的培养，忽视了听的能力的训练和培养。事实上，没有听就很难接收有用的信息。而倾听不同于一般的听，它是一种通过积极的听来完整地获取信息的方法，主要包括注意听、听清内容、理解信息、记忆要点和反馈五层含义。

（1）注意听。要听得投入，全神贯注地听，不仅要用耳朵去听，还要用整个身体去听。例如，要保持与说话者的目光接触，身体微微前倾，以信任、接纳、尊重的目光让说话者把要说的内容表达清楚。同时，注意控制自己的情绪，克服思维定式，保持耐心，尽可能站在说话者的角度去听，认真地顺着说话者的思路去听。另外，自己不要多说，尽量避免打断说话者的话。

（2）听清内容。要完整地接收信息，就要听清全部内容，不能听到一半就心不在焉，更不能匆忙下结论。同时要营造一种轻松、安静的气氛，排除谈话时的各种干扰，使听者能努力抓住其中的关键点。

（3）理解信息。理解信息并能听出说话者的感情色彩，这样才能完全领会说话者的真正含义。同时要准确地综合和评价所接收的信息，对一些关键点要时时加以回顾，通过重复要点或提一些问题来强化和证实你所理解的信息；对一些疑问和不清楚的地方，也要在适当的时候向说话者提问，以保证对信息的准确理解。另外，为了能听懂，还可借助一些辅助材料，如报告、提纲、小册子或讲义等。

（4）记忆要点。在理解的基础上要记住说话者所传递的信息，可以通过将说话者的话用自己的语言重新表达，或者通过记住所说的典型事例，以及对信息加以分类和整理的方法，增进有效记忆。另外，如有必要在听的时候做些笔记，便于事后回忆和查阅。

（5）反馈。给予说话者适当的反馈，可以使谈话更加深入和顺利。在听的时候，用点头、微笑、手势等体态语言对说话者做出积极回应，让说话者感觉到你愿意听他说话，以及通过提一些说话者感兴趣的问题，加深双方的感情，并使谈话更加深入。

互动测试：为改善信息接收者的接收效果，应从哪些方面进行改进？

注意听、听清内容、理解信息、记忆要点和反馈。

3. 采用恰当的沟通方式

采用恰当的沟通方式对提升沟通的有效性十分重要，因为沟通的内容千差万别，针对不同的沟通需要，应该采取不同的沟通方式。从沟通的速度方面考虑，利用口头和非正式的沟通方法，就比书面和正式的沟通方法速度快。从反馈性能来看，面对面交谈可以获得立即的反应，而书面沟通则有时得不到反馈。从可控性来看，在公开场合宣布某个消息，对于沟通范围及接收对象毫无控制；反之，选择少数可以信赖的人，利用口头传达某种信息则能有效地控制信息。从接收效果来看，同样的信息，可能由于沟通渠道的不同，被接收的效果也不同。正式书面通知，可能使接收者十分重视，反之，在社交场合所提出的意见，却被接收者认为讲过就算了，并不加以重视。因此，要根据沟通渠道的不同性质，采用不同的沟通方式，这样沟通效果才会更好。

四、工作协调

工作协调是指通过各种管理与沟通手段，解决工作中的各种矛盾，使经营管理平衡有效地进行的管理行为。

（一）工作协调的类型

工作协调主要包括工作纵向协调与工作横向协调两种基本类型。

1. 工作纵向协调

工作纵向协调是指在组织纵向结构的各管理层次之间的协调。工作纵向协调由于存在领导隶属关系，可以靠领导权威与权力进行干预，因此，纵向协调较为容易。

影响工作纵向协调的因素很多，应认真分析，有效调节。工作纵向协调应坚持以下原则。

① 统一指挥原则。下级服从上级，整个组织服从高层管理者的统一指挥。

② 相互尊重职权。下级要尊重上级的职权，上级也要尊重下级的职权。

③ 加强信息沟通。下级要向上级多请示、多汇报，上级也要向下级多征求意见、多通报信息。

④ 建立清晰的等级链，明确划定各自的职责权限。

管理小案例

协调出错

一次，总公司的领导到某分公司进行调研，原计划要到该分公司的信息服务中心考察，后因故取消。负责组织协调这次活动的分公司办公室秦主任由于工作忙，未能亲自将领导考察信息服务中心活动临时取消的消息告诉信息服务中心的工作人员，只是托人转告。结果，信息服务中心的领导进行了接待汇报安排，但是总公司领导却没有去，事后才知道信息服务中心的工作人员没接到已取消考察的通知。

问题：上述案例对于协调工作有哪些启示？

2. 工作横向协调

工作横向协调是指在组织横向结构的同一管理层次之间的协调。由于都是平级关系，无法靠权威与权力进行干预，因此，横向协调较为困难。

工作横向协调的基本方式主要有以下三种。

① 制度方式，即通过建立科学有效的组织与管理制度，健全与完善组织体系来协调工作的方式。

② 组织方式，即在组织结构出现缺陷时，通过建立协调组织来进行工作协调的方式。

③ 人际关系方式，即通过协调人际关系来协调工作的方式。

工作横向协调的制度方式主要有以下四种。

① 对经常性业务与工作制定标准、程序与规范，实现管理工作标准化，从制度规范体系上保证协调。这是制度协调最基本的方法。

② 对于需要各部门根据变化随机处理的问题，要通过例会制度进行协调。

③ 建立有联系的横向部门之间的信息沟通制度，遇到例外性问题，跨部门可直接进行沟通。

④ 涉及多个部门的例外性问题，可采用联合办公和现场调度的形式进行协调。

工作横向协调的组织方式主要有以下四种。

① 对于需要多个部门长期协调的可建立常设委员会或任务小组。借助委员会的协调，可保证该项工作的有效实施。

② 对于需要多个部门共同参与完成的临时性任务，可依需要设立临时性的委员会或任务小组。在委员会或任务小组的协调下，突击完成该任务。任务完成了，委员会或任务小组解散。

③ 对于职权相关的几个部门，可由一名上级领导来管理，以有利于这几个部门的协调。

④ 对于经常需要进行各部门工作协调的，可设置专职的协调部门，专司协调工作。

工作横向协调的人际关系方式主要有以下四种。

① 构建健康融合的组织文化，使各部门人员之间有共同的价值取向，建立合作、融洽的人际关系。这是最重要的人际关系协调方式。

② 对于需要密切配合的部门，应使其一起办公，促进人员沟通与工作配合。

③ 建立基层管理运营组织，如专项工作小组、科研攻关小组等，使组织成员密切配合。

④ 直接沟通方式，即对出现的矛盾或冲突相关部门之间直接进行沟通，加以解决或化解。

管理小案例

协调的作用

企业的生产运营就像一台运转的机器，沟通协调就像润滑剂，能确保机器运转良好。例如，商务部接到客户订单后，立即召集制造部、技术部、供应部开订单评审会，明确技术资料准备周期、原材料采购周期、生产制造周期。制造部在组织生产过程中，如果遇到原材料未能及时到位、图纸工艺不完善等问题，生产调度科的项目调度会及时与相关部门进行协调解决，当时解决不了的会在制造部主持召开的每日生产推进会上反映。生产推进会由相关部门领导参加，原则上会后一小时内解决问题，大大提高生产运营效率。制造部在生产过程中与商务部、技术部、供应部、质检部等部门进行及时有效的沟通与协调，确保客户订单的及时交付。

问题：根据上述案例，请简述协调对于企业管理的作用。

（二）上下级关系协调

1．上级关系协调

协调与上级的关系，对于中层管理者是非常重要的。首先，协调上级关系是获取上级支持的关键因素。不能协调与上级的关系，就很难得到上级的全力支持，不利于工作的开展和对下级的统御，很难取得优异的工作绩效。其次，与上级关系不好，会产生很大的心理压力，难以维系和谐的工作关系。最后，不能得到上级的信任与支持，不利于个人的成长，包括提拔与重用。

协调好与上级的关系，既包括努力工作的方面，又包括协调的艺术与方法。

（1）最根本的是要出色地做好本职工作，并表现出很强的工作能力。明智公正的上级会把下级是否很好地完成本职工作看成决定上下级关系的首要因素，这一点反映了上下级关系的本质联系。

（2）摆正位置，尊重职权。“干事而不越位”，这是许多管理者在实践中的经验之谈。尊重上级的职权，不但是对上级个人的尊重，更重要的是对组织及管理工作秩序的尊重与服从。下级不尊重上级的职权，是影响上下级关系最敏感的因素。因此，管理者要努力做到：尊重与敬畏上级权威，服从与积极落实上级的指示、命令、要求，不越位干预上级职权范围内的工作，遵从必要的上下级礼仪规范。

（3）与上级主动沟通。事前要请示，事后要汇报，并注意保持必要的经常性联系。使上级感到，重要而成功的工作是上级决策的（上级会与你分享），重大但失误的工作是上级知道的（上级会与你分担），重大问题均在上级掌控中（上级不被架空）。你既有出色的工作表现，又是上级放心和信任的人。

（4）与上级保持适度的距离。当然，每个下级都愿意与上级保持亲密的关系，但这种亲密的关系也要适度。理想的应是一种默契的工作关系加亲密的同志友谊，过分密切的关系也是不正常的。同时，还要注意与各相关上级的“等距外交”。

在共事的过程中，由于工作或个性等原因上下级之间也会出现矛盾与冲突，解决矛盾与冲突的原则：首先，应以事实为根据，分清是非与责任，并以适当的方式做出必要的说明；其次，下级服从上级，要以尊重的态度，认真查找自己的责任与原因；最后，主动与上级沟通，修复关系。

历史小故事

贾谊的悲剧

古今中外有许多人才都因为自视清高，不能善用自身才能，最终难逃被统治者放弃的命运。王勃在《滕王阁序》中写了一个典故，说“屈贾谊于长沙，非无圣主；窜梁鸿于海曲，岂乏明时？”。这里说的贾谊，是汉文帝时人，年少才高，20 岁成为进士，一年后提拔为太中大夫，但后被疏远，被贬为长沙王太傅，不久抑郁而终。苏轼在《贾谊论》中指出：“贾谊志大而量小，才有余而识不足也。”即不能审时度势，处理好人际关系，胸襟又不开阔，以致怀才而亡。所以，在领导关系中，下级要善于发挥自身才能，特别是对某个问题提出自己独到的见解时，要善于将自己的意见变成上级的意见，学会说服上级采纳自己的意见。

问题：通过上述小故事，简述贾谊悲剧的原因。

2．下级关系协调

协调与下级的关系，对于管理者而言是极为重要的。“水能载舟，亦能覆舟”，与下级的关系，是中层管理者、基层管理者实施管理的立足之本。首先，协调下级关系是管理者极为重要的职责。管理的本质含义就是“通过别人把工作做好”，不能协调好与下级的关系，就等于没做好基本的管理工作。其次，协调下级关系是管理者提高工作效率的根本方法。工作是通过下级的努力完成的。与下级关系不好，甚至出现对立情绪，就没有工作效率可言。再次，协调下级关系是管理者建立与发展和谐团队的重要保障。只有上下级关系协调，才能形成团结、和谐、战斗力强的团队。最后，亲和的上下级关系，是管理者权威的重要来源。搞好上下级关系，管理者就会更有权威。

管理者要协调好与下级的关系可以采用以下协调的方法与艺术。

（1）坚持“以人为本”的现代理念，尊重、关怀下级。管理者对待下级的理念是协调与下级关系的思想基础，这将起决定性作用。管理者必须坚持以自己的下级为本，尊重他们的人格、地位与自主意识，关心他们的生活，关怀与支持他们的成长。抓好工作，只是完成了管理者一半的职责，其另一半职责是为下级营造一个愉悦的、高质量的工作环境，促进员工的全面发展。

（2）充分信任，放手使用。上级的信任就是对下级的巨大激励。“疑人不用，用人不疑”，对下级充分信任，授予实权，让下级放开手脚干，下级就会积极主动，敢于负责，会显著地提高组织的绩效。在现实中，一些管理者不信任下级，事必躬亲，忙得不可开交；而其下级，反倒无事可干，更无主动性可言，导致组织绩效低下。其实，“下级的主动程度与上级的干预程度成反比”，上级干预得越多，下级的积极性、主动性越低。如果管理者太忙了，建议他自我反思。例如，作为管理者的你出差一周，你负责的部门请示和汇报工作的电话是响个不停还是基本不响呢？

（3）多沟通，多联络。管理者做决策、下指示，尽可能让下级参与。下级参与决策，不但可以提高决策的可行性，还使下级受到激励，特别是作为决策参与者，他们会在决策实施中加倍努力。开展合理化建议活动，虚心征求下级的意见，重大事件及时向下级通报，与下级保持经常性联系，这样会对激励下级、联络感情、满足下级的社会心理需要起到积极的作用。

（4）坚持“一视同仁”。管理者切忌在下级之间区分远近亲疏，对少数人“亲”，就意味着对多数人“疏”。“亲者”可能感情更近，却不利于对其教育管理；而“疏者”则可能在心理上受到伤害，极不利于组织的团结与稳定。

（5）严爱结合，宽猛相济。在尊重、关爱下级的同时，必须从严要求，维护组织权威与秩序。首先，管理者要塑造严爱结合的形象，使下级对你既有敬爱又有敬畏。管理者自身的权威对于维护组织的统一与团结是至关重要的。其次，管理者要奖惩分明，强化奖惩效应。就驾驭下级而言，无“严”不“爱”、无“猛”不“宽”，只有科学而严格的治理，才有组织的和谐与团结。

在共事的过程中，当与下级出现矛盾或冲突时，管理者应高姿态处理，注意解决冲突的原则。首先，管理者应以宽容之心对待下级。当下级与管理者发生冲突时，管理者常常觉得其权威与面子受到挑战，于是大发雷霆，要“兴师问罪”，这是极不明智的。有一条铁的定律：“任何一位下级都不愿意得罪自己的上级。”冲突之所以发生，往往是一些主客观因素导致“箭在弦上，不得不发”，而非下级本意。基于上述定律，管理者应放下架子，主动找下级沟通，这样做几乎没有不成功的。这不但可令该人“心服”，而且可令众人“敬服”。其次，在做到上一条的基础上，管理者以平等的、毫无偏见的态度对下级的错误提出批评，还要指明自身可能存在的问题，并共同总结经验教训、共同提高。最后，管理者与下级要和好如初、照样信任，在工作实践中不但彻底消除隔阂，而且“不打不成交”，这样正确处理管理者会与下级建立更稳固的合作关系。

企业道德与企业伦理

如何提高沟通协调能力

沟通协调是指管理者在日常工作中妥善处理好与上级、同级、下级的各种关系，减少摩擦，调动各方面的工作积极性的能力。一个优秀的管理者，要想做到使下级安心、上级放心、同级热心、内外齐心，必须要有良好的沟通协调能力。

（1）积极沟通。重视且乐于沟通，愿意与人建立联系；在遇到沟通障碍时，能够以积极心态和不懈的努力对待冲突和矛盾，而不是使用强权或回避。

（2）换位思考。能够打破以自我为中心的思维模式，尝试从对方的角度和立场考虑问题，体察对方感受，促进相互理解。

（3）及时反馈。重视信息的分享，用心倾听各方的意见，并根据实际情况及时做出调整和回应。

（4）机制保证。能够有意识地在组织中搭建沟通平台，通过机制建设确保沟通渠道的顺畅。

单元 2　团队与合作

情景导入

绝处逢生

在南美洲的草原上，天气酷热，山坡上的草丛突然起火，无数蚂蚁被熊熊大火逼得节节后退，火的包围圈越来越小，感觉蚂蚁就要被全部烧死，然而意想不到的事情发生了，蚂蚁紧紧聚成一团，滚成一个大蚁球，迅速冲向火海，尽管一些蚂蚁被烧死，但是这让更多的蚂蚁绝处逢生。

问题：上述团队合作小故事，对于企业管理有何启示？

正文

一、团队概述

（一）团队的含义

团队是在特定的可操作范围内，为实现特定目标而构建的相互合作、一致努力的由若干名成员组成的共同体。团队具有以下特点。

1．团队的目标导向性

团队的构建、形成及发展，有着鲜明的目标导向性；团队的运行、成员组建、分工协作等，都是基于目标导向而展开的。在团队发展实践中，这个目标可以是团队目标，也可以是团队成员目标。

2．团队的分工协作性

团队之所以能发挥“1＋1＞2”的效果，其内在原因在于团队成员在目标导向下的相互合作、一致努力。只有如此，才能实现团队成员的资源整合，提高团队运行效率。

3．团队的多成员性

团队必须有两个或两个以上的成员构成，一个人不能构成团队。在实践中，团队的多成员性往往带来团队的多特质性，如性别、年龄、职位、经历、气质、性格等方面的差异性。

4．团队的共同体性

团队的多成员性、多特质性要在团队目标导向驱动下形成协同力，即朝着共同目标努力，相互协作形成唇齿相依的连带关系，这就是团队的共同体性。

（二）团队的作用

1．最优化的人员组合

（1）团队能够实现成员的技能互补。在目标导向下，团队会甄选技能互补的人员作为团队成员，尽可能优化团队的技能结构，从而实现优势互补。

（2）团队能够实现成员的组合优化。团队会在测评现有成员结构的基础上，进行团队内部的优化组合，形成团队内的工作小组，实现人员组合最优化。

管理小案例

八仙过海，齐显神通

小王、小张、小赵和老李正围绕在刚生产出来的冰箱周围查找原因，为什么冰箱指示灯显示运转正常而冰箱却不能制冷呢？这种冰箱是公司新开发的环保节能型冰箱。小王是生产线上的总装工人，小张是负责生产过程排产和工艺的生产工程师，小赵是公司负责研发的经理，老李是产品开发工程师，虽然四个人在公司的角色和岗位职责不一样，但是自这种环保节能型冰箱投入试产以来，他们四个人就在一起工作了。在面对问题时，四个人并不气馁，他们没有相互埋怨，而是对每个环节进行仔细分析，查找问题产生的原因，思考解决方案。最后，不但解决了这个问题，而且顺利地完成了公司新产品的试生产任务。新产品在投入市场后一炮走红，取得了巨大成功。

在这次团队协作配合中，团队成员清楚地意识到如果不是因为这次新产品的试生产任务，他们四个人是很难在一起工作的，他们也都充分认识到各自的工作特点和能力长短。若要实现工作目标，必须打破传统部门分工的限制，紧密地围绕这次新产品试生产任务开展工作，使这个小小的团队高效地运转，才能实现团队的工作目标。

问题：上述案例对于团队建设有哪些启示？

2．最大化的资源整合

（1）团队有助于开拓新的资源。任何组织现存的各种资源都往往存在着不平衡，其部分冗余不可避免。实行团队制，可以在组织原有的工作不受影响的情况下开拓许多新的工作领域，完成更多的工作任务。

（2）团队有助于更有效地利用资源以适应环境变化。在复杂多变的环境中，团队工作的模式比传统的部门结构更灵活，它能快速地组合、重组、解散，这可以大大提高组织资源的利用率。

历史小故事

天堂和地狱分粥

在天堂和地狱里，有同样的一桶粥，同样长的一个勺子。在地狱里，每个人争先恐后地去拿这个勺子取粥给自己吃，可是勺柄太长了，无论如何也吃不到自己喂的粥，结果谁也吃不到粥。而在天堂里，一个人拿勺子取到粥喂给另外一个人，这样大家互相喂对方，结果是每个人都有粥吃。

问题：上述小故事对于团队管理有哪些启示？

3．最优化的成员凝聚力及动力

（1）团队能最大化激发成员凝聚力。每个团队都有特定的任务和目标，团队鼓励每个参与者把个人目标融入、升华为团队的目标并做出承诺，这就使团队建设中的核心问题——共同价值观体系的建立，变成可操作性极强的管理问题。同时，团队的工作形式要求其参与者只有默契配合才能很好地完成工作，促使他们在工作中有更多的沟通和理解，共同面对工作的压力。

（2）团队能最大化激发成员的工作动力。实行团队制，能够发挥组织成员对工作高度参与和自主决策的激励作用，这就使得团队成员能够产生巨大的工作动力。团队中的民主气氛和成员对团队以至对整个组织的归属感，使团队成员能够提高工作参与度，通过工作参与满足自身的成就感等心理需求。

4. 最大化的组织效能

（1）团队能够不断完善组织结构。团队有利于改善组织的沟通状况，使团队成员加强交流，这有利于弥补组织的一些结构缺陷。而且，团队及其成员有对组织的共同承诺，鼓励个体把个人目标升华为团队和组织的目标，共同为组织的目标而努力，强化组织的结构和提升战斗力。

（2）团队能够营造有价值的组织氛围。在一个非团队组织中，员工往往只关心个人的工作目标，此时他们就会与其他同事的工作目标发生摩擦，这种摩擦不仅造成损失，还造成员工之间的不愉快。而“不愉快”也造成损失，这种损失比摩擦造成的损失要大得多。而在团队中，团队能够满足成员的归属需要和成员之间的亲和需要，此时他们会为了团队的目标而努力奋斗，也会为了实现团队目标而主动地谋求合作，合作不仅会减少冲突，还会营造有着强大生命力、生产力的组织氛围。

（三）团队的构成要素

1. 目标

团队应该有一个既定的目标，为团队成员导航，让大家知道要向何处去。没有目标，这个团队就没有存在的价值。团队的目标必须跟组织的目标一致，此外还可以把大目标分解成小目标，具体分到各个团队成员身上，大家合力实现这个目标。同时，目标还应该有效地向大家传播，让团队内外的成员都知道这个目标，有时甚至可以把目标贴在团队成员的办公桌上、会议室里，以此激励所有人为实现这个目标努力工作。

2. 人

人是构成团队最核心的力量。两个（包含两个）以上的人就可以构成团队。目标是通过人员实现的，所以人员的选择是团队中非常重要的一个部分。在一个团队中，可能需要有人出主意，有人制订计划，有人实施，有人协调不同的人一起工作，还有人去监督团队工作的进展，评价团队最终的贡献。不同的人通过分工来共同完成团队的目标，在人员选择方面要考虑人员的能力如何、技能是否互补、经验如何等。

3. 定位

团队的定位包含两个方面。

（1）团队的定位。团队在组织中处于什么位置？由谁选择和决定团队的成员？团队最终应对谁负责？团队采取什么方式激励成员？

（2）个体的定位。成员在团队中扮演什么角色？是制订计划还是具体实施或评估？

4．权限

团队中领导者的权力大小跟团队的发展阶段有关。一般来说，团队越成熟，领导者所拥有的权力相应越小，在团队发展的初期阶段领导者的权力是相对比较集中的。

团队权限关系的两个方面。

（1）整个团队在组织中拥有什么样的决定权？比如，财务决定权、人事决定权、信息决定权等。

（2）组织的基本特征。比如，组织的规模多大？团队的数量是否足够多？组织对于团队的授权有多大？它的业务是什么类型？

5．计划

计划有两个方面的作用。

（1）目标的实现，需要一系列具体的行动方案，可以把计划理解成实现目标的具体工作的程序。

（2）按计划进行可以保证团队的顺利进展。只有在计划的控制下，团队才会一步一步接近目标，从而最终实现目标。

互动测试：团队的构成要素有哪些?

目标、人、定位、权限和计划。

二、团队的形成与发展

任何团队都会经历不同的发展阶段。团队发展最有名的模型之一是布鲁斯·塔克曼的团队发展阶段模型，用来识别团队构建与发展的关键性因素，并对团队的发展历史进行解释。团队发展的五个阶段分别是组建期、激荡期、规范期、高产期和修整期，如图5-2所示。

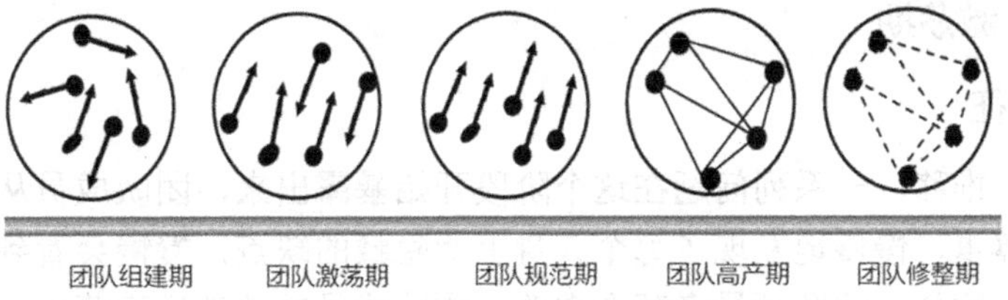

图 5-2 团队发展历程示意图

（一）团队组建期

1．行为特征

团队组建期作为团队发展历程的第一个阶段，团队成员往往呈现出以下行为特征：第一，被选入团队的成员的情绪往往比较激动，表现为既兴奋又紧张；第二，团队成员对团队领导者有着较高的依赖，对于团队的未来发展有着较高的期望，有着美好的愿景设计；第三，团队成员对团队规则、自我定位比较模糊，不清楚自己该做什么、不该做什么；第四，团队成员有着较为强烈的焦虑、困惑和不安全感。

2．工作重点

在团队的成立或创建阶段，主要完成团队方案的勾画和其他准备工作，一般要花费几个月的时间。这个阶段首先要考虑的问题是团队的定位：第一，创建者必须根据团队的任务、目标来思考创建一个什么样的团队，即团队的类型与功能；第二，团队应该控制在多少人的规模；第三，团队应该包含哪些必需的技术人才、管理人才等，各自的角色是什么。关于这些问题，创建者必须拥有一个明确的规划。如果目标不明确，在选择团队成员的时候就会出现成员配合不当的问题。当团队得到正式认可并召开第一次会议后，这个阶段的工作就完成了。这个阶段结束时，团队的每个成员都应该清楚团队的愿景。

3．领导风格

团队在成立阶段，必须得到高层领导的支持。在团队领导者拿出具体规划的时候，很可能要在整个组织内部挑选成员，这就涉及组织内部的协调和沟通问题，尤其是和人力资源部门的配合问题，任何一点小的失误都可能影响团队创建的热情，甚至改变团队创建的初衷。因此，要明确团队直接向谁负责，谁是团队的最终裁定者，并争取得到他的大力支持。

在该阶段，比较适宜团队的是指挥或“告知式”的领导风格。团队领导者必须花很多时间和精力带动自己的团队，因此其责任重大。首先，团队领导者必须明确团队的目标，分配每天的任务，进行生产流程的监控及假期安排，还要更多地介入组织的预算方案等。其次，要把具体的目标和任务告知每个团队成员，促进团队成员之间的信任与合作，让成员共同确定团队目标。最后，还要身先士卒、鼓舞团队成员的士气，培养他们的团队精神。在这个阶段，团队领导者会很艰难，很多事情要亲力亲为、身先士卒。只有如此，才能为后续的团队发展奠定基础。

（二）团队激荡期

1．行为特征

随着时间的推移，一系列问题在这个阶段开始暴露出来，团队成员从一开始的彬彬有礼、互相比较尊重，慢慢地发现了每个人身上所隐藏的缺点，慢慢会看到团队中一些不尽如人意的地方。比如，团队领导者朝令夕改，团队成员的培训进度落后，刚开始承诺有很多很好的培训机会，为什么一遇到问题的时候就耽误，等等。

团队成员对于团队的目标也可能会产生怀疑。当初团队领导者很有信心地要达成某个目标，但经过一段时间的检验，发现是高不可攀、达不到的。而人际关系方面，冲突开始加剧，人际关系变得紧张，互相猜疑、对峙、不满。团队成员开始把这些问题归结到团队领导者身上，对领导权产生不满，尤其在问题出现的时候，个别有野心的成员，甚至会想到挑战团队领导者。这个阶段团队成员更多的是把自己的注意力和焦点放在人际关系上，无暇顾及团队目标，组织的生产力在这个时候遭到持续性的打击。

总结起来，该阶段团队成员具有以下行为特征：第一，团队成员的期望与现实产生脱节，隐藏的问题逐渐暴露出来；第二，团队成员有挫折感和焦虑感，对团队目标能否完成失去信心；第三，团队中人际关系紧张，冲突加剧；第四，对领导权不满，尤其是当出现问题时，个别成员甚至会挑战领导者；第五，组织的生产力持续遭受打击。

2. 工作重点

团队领导者应关注以下工作重点，以帮助团队成员顺利度过激荡阶段。首先，安抚人心，这是最重要的措施。团队领导者要认识并能够处理冲突，不能以权压人。团队领导者还应当鼓励团队成员对有争议的问题发表自己的看法，进行积极有效的沟通。其次，建立更为合理的工作规范，团队领导者要以身作则。最后，调整领导角色，适度对团队成员授权，鼓励团队成员参与决策。

3. 领导风格

团队激荡阶段，团队领导者可以采用参与型的领导风格。参与型领导是民主型领导的一种特殊形式，其主要特点是大多数决策是在领导者与成员协商一致的基础上达成的，把人际关系的协调放到首位。参与型的领导者积极参与团队各项活动，乐于听取成员的意见，在做出决定之前同有关人员商议，尽量用说服的方法使别人接受自己的主张。这样的领导风格有利于决策的贯彻执行，有利于缓解团队成员间的紧张关系，帮助团队成员顺利度过激荡阶段。

（三）团队规范期

1. 行为特征

规范期的人际关系开始解冻，由敌对情绪转向相互合作，团队成员开始互相沟通，寻求解决问题的办法，这时候团队也形成了自己的合作方式，形成了新的规则，团队成员的注意力开始转向任务和目标。通过第二阶段的磨合，团队进入稳定期，团队成员的工作技能开始慢慢提升，新的技术慢慢被掌握。工作规范和流程已经建立，这种规范和流程代表的是团队的特色。

2. 工作重点

经过第二阶段的激荡期，团队成员间的人际关系变得缓和，团队成员更加关注团队绩效。团队领导者此时的工作重点在于建立科学、规范、有效的团队规范。团队规范包括团队成员的交往规范、团队业务规范两个方面。团队成员的交往规范注重于团队不同成员间的积极互动，团队业务规范则关注于团队业务操作的规范性、科学性及有效性。

3. 领导风格

团队规范阶段，团队领导者可以采用教练式的领导风格。教练式的领导者鼓励成员建立发展目标，并帮助他们制订实现目标的计划。他们在成员应扮演的角色及实现目标的方法方面与成员达成一致，并给予大量的指导和反馈。他们擅长指派工作任务，能给成员安排有挑战性的任务，即使这项任务不能很快完成。如果失败能对今后有利并能促进成员长期的学习，领导者愿意承受短期的失败。教练式的领导者既给予成员以业务指导，又给予成员一定的弹性学习空间，从而尽可能发挥成员的工作积极性，推动团队的进一步发展。

（四）团队高产期

1．行为特征

经过三个阶段的发展，团队得到了快速发展。在这个高产阶段，团队成员信心大增，具备多种技巧，合力解决各种问题；团队成员通过标准流程和方式进行沟通，化解冲突，分配资源；团队成员自由而建设性地分享观点与信息；团队成员分享领导权；团队成员有一种完成任务的使命感和荣誉感。

2．工作重点

在这个阶段，团队的工作重点应当放在团队绩效的提升上。其中，团队业务开展的流程、技术变革是重中之重。团队成员应当不断提高自己的业务技能，并通过团队合作提高团队整体绩效；团队可以设置科学、合理的变革流程及激励制度，推进团队不断革新，不断提升团队业绩。

3．领导风格

团队高产阶段，团队领导者可以采用委任式的领导风格。委任式领导风格，即委托任命式领导风格，是指团队领导者将团队业务进行模块化分解，并对团队成员进行充分授权，让团队成员以高度自主性参与团队建设，团队领导者负责解决疑难杂症等非常规事务。在这种领导风格下，团队成员拥有相当的自主权和较高的业务决策权，这是对团队成员职业道德、职业技能、职业素质的综合考验。团队领导者在这个阶段相对比较轻松，其主要职责在于，团队整体方向的把控，团队利润分享机制的建立，团队奖惩机制的建立及执行。

（五）团队修整期

1．行为特征

团队修整期一般包括两种情况：一种是团队解散，另一种是团队转型变革。处于团队解散阶段的团队成员往往表现出沮丧、伤心，对于团队有着依依不舍的情绪；处于团队转型变革阶段的团队成员往往表现出不安甚至恐惧，不安主要来源于未来的不确定性。

2．工作重点

在这个阶段，团队的工作重点应当放在平稳过渡上。对于团队解散的修整期，工作重点在于平稳解散，协调好团队成员的未来出路，解决好团队成员的遗留问题，帮助团队成员度过修整期的艰难岁月。对于团队转型变革的修整期，工作重点在于平稳变革，要注重变革手段的合理选择，处理好变革的后续问题，帮助团队转型。

3．领导风格

团队修整阶段，团队领导者可以采用安慰型的领导风格。安慰型的领导风格，是指团队领导者以人际关系为导向，关注团队成员的个体心理、团队成员间的人际互动关系及团队成员的心理。在这种领导风格下，团队领导者的工作应该突出亲和、善意的特征，让团队成员感受到团队的温暖，从而让成员个体及团队平稳度过修整期。

互动测试：团队发展需要经历哪些阶段?

组建期、激荡期、规范期、高产期和修整期。

管理小案例

小宋的烦恼

小宋毕业于国内某名牌大学的机电工程系，是液压机械专业方面的工学硕士。毕业以后，小宋到北京某研究院工作，其间因业绩突出被破格聘为高工。在我国科研体制改革大潮冲击下，小宋和另外几个志同道合的人一起创办了一家公司，主要生产液压配件，公司的资金主要来自几个个人股东，包括小宋本人，他在研究院时的副手老黄，以及他原来的下属小秦和小刘。他们几个人都在新公司任职，老黄在研究院的职务还没解除，小宋、小秦、小刘等人则彻底断了与研究院的联系。新公司还有其他几个股东，但都不在公司任职。各人在公司的职务安排是小宋任总经理，负责公司的全面工作，小秦负责市场销售，小刘负责技术开发，老黄负责配件采购、生产调度等。近几年，公司业务发展良好，但也存在许多问题，这使小宋感到了沉重的压力。

第一，市场竞争日趋激烈，在公司的主要市场上，小宋感受到了巨大的挑战。

第二，老黄由于要等研究院分房子而未辞掉在研究院的工作，尽管他分管的一摊子事抓得挺紧，小宋仍认为他的精力投入不够。

第三，有两个外部股东向小宋建议，希望公司能帮助国外企业做一些国内的市场代理和售后服务工作。这方面的回报不低，这使小宋（也包括其他核心成员）颇为心动，但现在仍举棋不定。

第四，由于公司近两年发展迅速，股东们的收入有了较大幅度的提高，但当初创业时的那种拼搏精神正在减弱。

公司的业绩在增长、规模在扩大，小宋感到压力越来越大。他不仅感到工作很累，还对公司目前的状况有点不知所措，不知该解决什么问题？该从何处下手？公司的某些核心成员也有类似的感觉。

问题：案例中的团队处于团队发展的哪个阶段？具有哪些特点?

三、团队管理要领

（一）确立团队目标与愿景

团队管理的首要任务就是在任何行动前确定目标、方向，这样不仅能使不同角色的团队成员有完全一致的目标，更重要的是使团队有前进的动力，这正是优秀团队与一般团队的不同之处。团队目标来自团队的愿景，人因梦想而伟大，团队亦然。愿景是勾勒团队未来的一幅蓝图，激励团队成员勇往直前的斗志。再重要的任务只能维系团队数日、数月的合作，而愿景则持续不断。好的愿景能振奋人心、启发智慧，但如果没有目标配合完成，愿景只能是一堆空话。目标是根据愿景制定的行动纲领，也是实现愿景的手段。

1. 注重目标设置的 SMART 原则

团队目标是团队精神的灵魂和核心，是团队文化建设的出发点和基础，是团队成败的关键。科学的团队目标有一个“黄金准则”，即 SMART 原则。SMART 是五个英文单词的首字母的汇总：“S”代表“Specific”，即明确性；“M”代表“Measurable”，即衡量性；“A”代表“Attainable”，即可实现性；“R”代表“Relevant”，即相关性；“T”代表“Time-bound”，即时限性。

（1）S（Specific）——明确性。所谓明确性是指要用具体的语言清楚地说明要达成的目标。明确的目标几乎是所有成功团队的一致特点。有很多团队不成功的重要原因之一就是，目标定的模棱两可，或者没有将目标有效地传达给相关人员。

（2）M（Measurable）——衡量性。衡量性就是指目标应该是明确的，而不是模棱两可的。应该有一组明确的数据作为衡量是否达成目标的依据。

如果团队制定的目标没有办法衡量，就无法判断这个目标是否实现了。当然，可能领导者有一天问“这个目标离实现大概有多远？”，团队成员的回答是“我们早实现了”。这就是领导者和下属对团队目标所产生的一种分歧，原因在于没给出一个定量的可以衡量的分析数据。但并不是所有的目标都可以衡量，有时也会有例外，比如说大方向性质的目标就难以衡量。

目标的衡量标准遵循“能量化的质化，不能量化的感化”，使制定人与考核人有一个统一的、标准的、清晰的、可度量的标尺，杜绝在目标设置中使用形容词等概念模糊、无法衡量的描述。对于目标的可衡量性首先应该从数量、质量、成本、时间、上级或客户的满意程度五个方面来进行，如果仍不能进行衡量，其次可考虑将目标细化，细化成分目标后再从以上五个方面衡量，如果仍不能衡量，还可以将完成目标的工作流程化，通过流程化使目标可衡量。

（3）A（Attainable）——可实现性。可实现性是指团队制定的目标要能实现，既不能定得太高，也不能定得太低。为此，团队要做到以下三个维度的评判：①科学评估团队现有内部资源、能力及条件，形成清晰的团队资源清单；②合理评估团队成员的潜能，即合理界定团队成员的最大能力范畴，为目标设定一个上限；③有效评估团队的外部资源、条件，以梳理团队的外部支撑力量。团队要结合上述三个维度的评判标准，设定科学合理的目标，既要给予团队成员实现目标的希望，又要给予他们实现目标的压力，从而提高目标的可实现性和有效性。

（4）R（Relevant）——相关性。目标的相关性是指此目标与其他目标的关联情况。如果这个目标与其他的目标完全不相关，或者相关度很低，那么这个目标即使实现了，意义也不是很大。

目标的设定，是要和岗位职责相关联的，不能跑题。比如，某电话营销公司为提高客户满意度，要求女员工保持身材苗条，男员工保持身材健壮。又比如，一个公司让前台服务人员学点英语以便接电话的时候用得上，这时候提升英语水平和前台服务人员接电话的服务质量有关联，即学英语这个目标与提高工作水平这个目标直接相关。若让前台服务人员去学习六西格玛，就比较跑题了，因为前台服务人员学习六西格玛这个目标与提高工作水平这个目标相关度很低。

（5）T（Time-bound）——时限性。目标的时限性就是指目标是有时间限制的。目标设置要具有时间限制，根据工作任务的权重、事情的轻重缓急，拟定完成项目的时间要求，定期检查项目的相关进度，及时掌握项目进展的变化情况，以方便对下属进行及时的工作指导，以及根据工作计划的异常情况及时地调整工作计划。没有时间限制的目标没有办法考核，或者带来考核的不公正。上下级之间对目标轻重缓急的认识程度不同，上级着急，但下级不知道，到头来上级可能暴跳如雷，而下级觉得委屈。这种没有明确时间限制的方式也会带来考核的不公正，伤害工作关系，伤害员工的工作热情。例如，“我将在 2020 年 12 月 31 日之前完成某事”，那么 12 月 31 日就是一个确定且明确的时间限制，12 月 31 日之后的任何一天都可以检查这个目标是否完成。

管理小案例

某电信公司的团队目标

（1）通过开展 6 个月以内的培训，使团队成员能够使用新的信息系统获取有关产品、服务和客户需求等资料，向团队提供支持。

（2）对团队进行为期不超过 12 个月的培训，使其能够处理客户通过书面形式或通过网络、电子邮件、电话等形式提出的一些棘手问题和投诉，最终使电话回复的数量降低 20%，使客户提出的问题数量降低 30%。

（3）在接下来的 6 个月内，切换通话时间的准确率提高 50%，以保证对呼叫者的反应时间达到要求，在 98%的情况下能够在 5 秒钟内对呼叫做出应答。

（4）在 12 个月内学会使用新的客户需求与需求趋势信息系统，进而使产品及服务的销售量在年底前增加 5%。

（5）使客户咨询与投诉数量下降 30%，处理好一些客户通过书面形式或通过网络、电子邮件、电话等形式提出的比较棘手的质询和投诉，争取在 18 个月内使电话回复量降低 20%。

（6）在接下来的 6 个月内，切换电话的开始和结束时间准确率达 98%。

问题：该公司的目标是否符合 SMART 原则？

2. 建立团队目标管理闭环系统

一个行之有效的团队通常采用目标管理。目标管理一般分为以下四个步骤，且构成一个闭环系统，如图5-3所示。

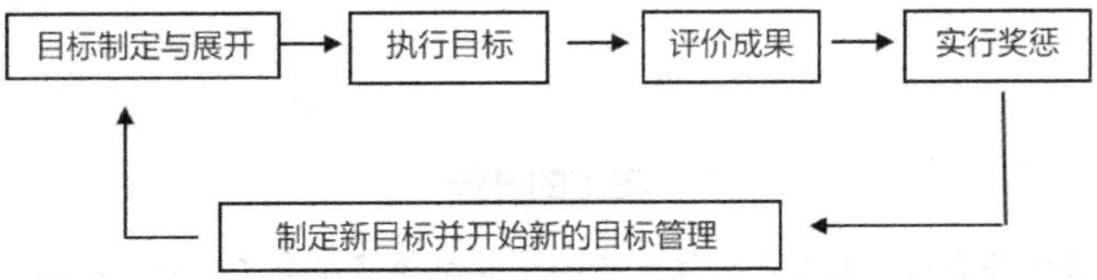

图 5-3　目标管理闭环系统

（1）目标制定与开展。团队目标的制定主要遵守 SMART 原则，制定的过程也是团队成员相互学习与经验交流的过程。优秀的团队成员可针对“困难户”的问题，提出一些切实可行的方案以供参考，这些“困难户”也可学习优秀团队成员的操作手法和思路。全体成员参与决策的主要优点是能够诱导个人设立更高的目标，使个人充分发挥他的潜能以参与决策，这在很大程度上可以鼓舞团队成员的士气，使他们普遍对自己选择的目标满意，且充满信心，因为他们是在主动挑战自我设定的目标，这为团队目标的实现打下了良好的基础。

（2）执行目标。在执行阶段，可以把大的目标分解成若干个小目标，尽量把目标落实到各个部门乃至各个成员，这样有利于目标的实施与达成。在实际的目标执行工作中，团队要有一个明确的计划，并将计划清晰地安排到具体时间和具体的人。与此同时，团队还可以通过“看板”及时查看目标执行情况，及时纠正偏差，以推进目标顺利完成。

（3）评价成果。评价成果是指对目标实施成果进行检查和评价，也就是把实现的成果同原来制定的目标相比较，以检查目标实施的进度、质量与最终落实情况。目标管理以制定目标为起点，以考核目标完成情况为终结。考核应以目标为依据，不能目标是一套，考核是另一套。考核的标准、过程、结果应当公开。

（4）实行奖惩。奖惩标准的设定应该与目标制定同时进行，从而给团队成员清晰的目标导向和奖惩导向。在目标检查期，团队的主要任务就是将业绩结果量化并及时反馈，并严格按照事先制定的奖惩标准实行奖惩。奖惩是团队管理的重要组成部分，更是团队激励的重要内容，团队需高度重视。

（二）构建团队领导力

领导是影响一个团队实现其愿景或一系列目标的行为，可解释为率领、带领、引导、指导等。团队领导能有效、协调地提出和实现团队的目标；调动团队成员的积极性，为个人成功提供条件；维持良好的信息交流（包括采取信息交流的措施和构建良好的交流体系）。领导者主要通过三种职能发挥领导作用。

① 指挥，即在团队活动中，需要头脑清醒、胸怀全局，能高瞻远瞩、运筹帷幄的领导者帮助团队成员认清环境和形势，指明活动的目标和实现目标的路径。

② 协调，即在内外因素的干扰下，需要领导者来协调团队成员之间的关系和活动，使其朝着共同的目标前进。

③ 激励，即领导者为团队成员主动创造能力发展空间和职业生涯发展的行为。

互动测试：领导者主要通过什么职能发挥领导作用?

指挥、协调和激励。

管理小案例

王工的升迁

在一家计算机维修服务公司，王工是一位优秀的计算机维修服务工程师，他的计算机维修技术在公司是最好的，同时他服务的客户满意度最高，公司经理对他的工作非常放心，放手让他自己工作。公司经理根据他优秀的表现，提拔他到行政办公室负责管理一个计算机维修服务工程师团队，基本上也是放手让他自己工作。然而，经过一段时间发现，该团队成员之间不是很融洽，并且客户对该团队维修服务满意度远不如王工原来的满意度，甚至经常不能按时为客户提供服务。王工开始抱怨团队成员没有他的技术好，经常需要自己亲自维修，同时开始抱怨公司。

问题：上述案例中，王工在团队管理过程中存在什么问题?

领导力是指领导者在管理权限的范围内充分利用团队内外部资源，将团队效力最大化的行为表现。领导者主要的领导行为可以分成两类：任务型领导力和进程型领导力。以任务为导向的行为就是专注实现团队目标，以过程为导向的行为则帮助维持良好的团队内部人际关系，这两种领导行为都很重要。

1．任务型领导力

当团队召开会议、商讨解决方案、制定决策、策划活动或决定方针时，团队成员的随意表现往往会成为阻碍。即便在切入正题时，讨论也可能迷失方向并开始离题，使得讨论逐渐偏离轨道。有时候会有一个人垄断整个对话，其他人则保持沉默；有时候则会出现迟迟无法进入正题的局面。这时候，团队成员可能会埋怨团队领导者失职。

团队领导者的责任就是推动团队前进，但团队工作进程相关研究表明，任何人都可以让团队保持在正轨上。虽然有人顶着领导者的头衔，但并不意味着他是最适合做这份工作的人。如果领导力是由团队成员一起承担的一系列功用，那么无论谁被指派为领导者，团队都能够有效完成工作任务。如果你身处组织混乱的团队，即使你不是领导者，也可以展现出团队所需的领导力。

以下四种是任务型领导力，可以有效帮助团队实现目标。

（1）发起。任务导向的团队成员讨论需要构思想法，有时候想法与程序事项挂钩，有时候团队成员需要想方设法解决问题。在提出解决问题的方法之前，你所在的团队可能并没有充分理解问题所在。你可以说：“听着，我觉得我们还没有真正把问题分析透，就已经开始讨论解决方案了。让我们花几分钟时间进一步分析问题，这样就能确保大家都在讨论同一件事了。”

在这个例子中，通过提出改变团队成员讨论进程的建议，你就发起了一次程序变革，可能会对团队有利。“发起”意味着“开始”，如果你说“让我们开会吧”，就意味着改变开始了（假设团队依照你的建议）。如果随着会议的深入，你说“让我们考虑一下是否有其他选择”或者“在做出评估之前让我们多想些点子”，同样是改变团队成员讨论的进程。如果没有人发起讨论，团队成员就会没有方向。担任发起人、提出新想法或提议、采取不同的步骤是非常重要的团队行为，任何人都能做到。

（2）阐释。有时候好的想法容易被忽略，除非能够对这些想法进行详细阐述，使其变得更形象具体。假设你去参加兄弟会或姐妹会的集会，讨论主题是如何扩大明年新人入会规模，有人提议重新装修娱乐室可能会有帮助。在这次讨论中，可能会出现以下情况：成员可能开始评估这个点子，有人赞同，有人反对；有人提出新的想法；你（或其他人）可能会详细描述当房间换上新地毯、摆上台球桌和新沙发，再加上柔和的灯光时，会变得焕然一新。尽管装修娱乐室这个提议可能不会被通过，但你的描述让其有了更多希望。

历史小故事

决堤一定修堤吗

春秋时期，楚国令尹孙叔敖在苟陂县一带修建了一条南北水渠。这条水渠又宽又长，足以灌溉沿渠的万顷农田。可是一到天旱的时候，沿堤的农民就在渠水退去的堤岸边种植庄稼，有的农民甚至把农作物种到了堤中央。等到雨水一多，渠水上涨，这些农民为了保住庄稼和渠田，便偷偷地在堤坝上决口放水。这样的情况越来越严重，一条辛苦挖成的水渠被弄得遍体鳞伤、面目全非，经常因决口而发生水灾，变水利为水害了。面对这种情形，历代苟陂县的行政官员都无可奈何。每当渠水暴涨成灾时，便调动军队去修筑堤坝，堵塞滑洞。后来，宋代李若谷出任知县时，也碰到了决堤、修堤这个令人头疼的问题，他便贴出告示说："今后凡是水渠决口，不再调动军队修堤，只抽调沿渠的农民，让他们自己把决口的堤坝修好。"这告示贴出以后，再也没有农民偷偷去决口放水了。

问题：上述小故事对于企业管理者而言有哪些启示?

（3）协调。不同的人会有不同的期望值、信念、态度、价值观及经历。团队每个成员的贡献都是独一无二的，都应该被引导实现团队的目标。鉴于团队的多样性，协调往往是一种重要的领导力表现，有助于团队了解所有成员贡献的沟通行为。举个例子，如果发现两位成员提出的想法有关联，就应该指出来，有利于团队讨论。为各成员提出的想法、意见搭建桥梁进行协调，能让他们有"团队感"，减少他们对于团队、所需处理的问题及解决方案等方面的不确定性。

（4）总结。团队讨论可以变得冗长啰唆，常常会出现不知道讨论从何开始、去往何处的情况。其实，不用太多的题外话，团队讨论也可能偏离轨道。即使团队讨论没有偏离轨道，有时候停下来，对进展进行总结也是有用的。通过展现讨论进行到哪一步、还需要做些什么——总结可以降低不确定性。了解团队何时需要进行总结，并且采取行动，你就能帮助团队朝着实现目标的方向迈进。即使其他成员不接受你的总结，你也能察觉到成员之间的观点差异，使讨论更加开诚布公，降低不确定性。

发起、阐释、协调和总结是四种不同类型的团队沟通行为。虽然这些行为表现很重要，通过这些行为可对其团队有所贡献，但任务型领导力并非只有这些。任务型领导力是任何能够影响团队工作进程并帮助团队完成任务的行为。提出建议、构想新点子、提供信息资源或见解、观察工作步骤等都属于任务型领导力。

互动测试：为有效帮助团队实现目标，任务型领导力通常包括哪些?

发起、阐释、协调和总结。

2. 进程型领导力

团队要有效运作，就需要时刻留意自身情况。团队是由人组成的，人都有需求。有效的团队沟通必须同时满足团队任务和成员需求。若无法营造良好的团队氛围，就可能导致团队表现不佳。从这方面看，团队就如同汽车。汽车可以载你去想去的地方，但其需要定期的维护保养来保障性能。事实上，如果主人不对汽车进行保养，汽车就会发生故障。团队也是如此，也需要维护保养。

领导力相关研究发现，团队既有任务要求，也有进程需求。进程通常被称为"团队构建和维系"。进程型领导力能够维护团队的人际关系，营造良好的气氛，既能让成员满意，又有利于团队完成任务。进程型领导是真正的沟通"润滑剂"，以下是几种有助于改善氛围的进程型领导力。

（1）舒缓紧张氛围。有时候，团队领导者能为团队提供的最有效的领导行为就是建议团队成员喝杯咖啡或茶，小憩一下。当团队成员感觉疲惫时，当任务格外棘手时，当氛围极度紧张时，当所有成员都承受不小压力时，就意味着该放松一下。开个玩笑，展现下幽默感，休息片刻，或者提议休会，往往能满足团队的需求——舒缓紧张氛围。偶尔的休息或开玩笑能让团队成员恢复精力，提升他们的满足感。

（2）把关。团队成员的多样性使得沟通复杂化的同时，还可以成为团队可利用的优势。俗话说，“三个臭皮匠，顶个诸葛亮”，拥有更多经验和智慧的团队强于任何个体，但经验及个人洞察力只有在共享的情况下才对团队有利。

把关行为旨在协调讨论进程，让所有成员都有机会发表见解。团队领导者可能需要起个头（“小王，你肯定深入分析过这个问题，你对此有什么看法？”），甚至限制那些总是发表长篇大论的成员（“在休会之前，我们或许应该把发表评论的时间限制在两三分钟，这样每个人都能发表看法了。”）。把关是一种很重要的领导力，因为它能确保更多成员对团队有所贡献，既满足了团队的任务需求，也提升了团队成员的满足感。

（3）鼓励。人们喜欢受到称赞。当有人认可他们做出的贡献时，他们会非常开心。鼓励这种领导行为能增强团队成员的自尊心，同时其期望值、自信和抱负都进一步提升。提高团队士气可以增强团队凝聚力、增加团队成员满足感及提高工作效率。

（4）调解。团队出现冲突是正常的，是团队成员互动的良性组成部分。然而，如果无法有效化解冲突就会导致团队成员受伤、身心俱疲，降低团队凝聚力，分裂团队。调解的目的就在于化解团队成员之间的冲突，释放与冲突有关的紧张情绪。无论何时，一旦冲突从问题导向上升至个人导向，演变成人身攻击，就需要进行调解。

任务型领导力和进程型领导力都对团队成功起到了关键作用。如果团队在完成任务方面没有取得进展，团队成员可能就会感到沮丧，得不到满足。而如果团队无法营造良好的氛围，团队成员就会将注意力和精力集中到对团队的不满上，而不是专注于完成分配给自己的任务。

（三）维持适宜的团队规模

团队规模是构成团队结构的一个重要变量，主要是指组成团队的人员数量。在实际工作中，一个团队的战斗力，并不是和团队成员的数量完全成正比的。如果团队规模过大、人数过多，就无法进行团队所需要的有效沟通与互动，团队成员对管理与决策的参与程度低，对于共同面临的一些问题也不易达成共识。因此，确定适宜的团队规模在团队管理中显得尤为重要。

团队规模的相关研究表明，团队规模对团队效能有着复杂的影响。从影响团队规模的因素来讲，团队成员能力、工作标准化程度、工作条件、工作环境等都影响着团队规模的大小。

（1）团队成员能力。团队成员能力是指团队成员工作能力、理解能力、表达能力等方面的个人能力，团队成员能力强，对团队任务能有效并迅速领悟，需要共同沟通协调的问题少，沟通效率高，请示的频率低，管理幅度可大，可适当增加团队成员数量，扩大团队规模。反之，团队成员能力弱，团队成员沟通效率低，存在沟通障碍，则需要减小团队规模。

（2）工作标准化程度。工作标准化是指团队成员接受任务有统一的操作规定、执行程序等管理规范或规定，其中，统一性越强，标准化程度越高。而且，团队成员的工作标准化程度高，团队成员的工作内容雷同性大、指导方便，则团队规模可大。反之，团队成员的工作性质差异很大，标准化程度低，经常需要个别指导，则团队规模不宜太大。

（3）工作条件。工作条件是指团队成员工作时所具备的设施条件、劳动强度和工作时间等内部核心的工作氛围。若工作条件佳，能使团队成员正常发挥工作能力，能有效执行团队任务，团队规模就可大一些。反之，团队成员在较差或较不成熟的工作条件下接受任务，导致团队成员工作能力的发挥受到不良影响，整体团队能力下降，则团队规模不宜太大。

（4）工作环境。工作环境是团队成员工作时的外部状态，包括经济环境、社会环境等外部环境。一般外部环境包括的因素有社会人口、文化、经济、政治、法律、技术、资源等。一般外部环境的这些因素，对团队的影响是间接的、长远的。当一般外部环境发生剧烈变化时，会导致团队发展的重大变革。特定外部环境包括的因素有供应商、顾客、竞争者、政府和社会团体等。特定外部环境的这些因素，对团队的影响是直接的、迅速的。外部环境从总体上来讲是不易控制的，所以它的影响是相当大的。综上所述，工作环境越不稳定、意外情况越多，团队管理的幅度就应该越小，团队规模也越小。

职业道德与企业伦理

团队价值观

1．树立全局观念

每位员工都应该树立全局观念，一个人要想在工作中快速成长，就必须把自己的工作纳入全局，依靠集体的力量来提升自己。

每位员工都应该理解并支持企业的整体目标，当每位员工都拥有全局观念并为企业整体利益而努力时，企业就拥有强大的凝聚力，从而能够持续发展。

2．树立协作观念

在企业经营活动中，员工个人能力是企业成功的一个重要因素，但决定因素是团队的整合、连续、控制、遵从、协作精神，任何一个企业的成功都要把个人能力和团队协作精神的培养联系在一起。

企业要想基业长青，需要员工相互间的信任和协作，需要团结一致的奋斗和进取，需要同舟共济、荣辱共担的团队作风，员工只有彼此协作，懂得合作才能形成战斗力，才能取得竞争的胜利。

3．树立竞争观念

竞争是一个企业胜出必须具备的基本价值观，企业和员工要学会竞争、善于竞争、勇于竞争，持续强烈渴望赢的竞争精神才能使企业脱颖而出。

竞争分为内部竞争和外部竞争：内部竞争有利于员工彼此间互相激励、相互学习，充分发挥潜能，提升团队能力，有利于大家的共同成长；外部竞争，即团队协作团结一心，共同行动，面向对手，抢占市场和终端消费者。竞争需要狼性，唯有争方能得到！

4．树立学习观念

持续地学习新的技能和知识，是企业面向不断变化的市场和形势保持发展的基本保障；不断提升自己的认知，不断挑战过去的经验，永远要拥抱变化，唯有持续学习方能跟上时代的步伐。

领导者和员工都需要学习，完善更新综合业务技能。领导者更应该用严格的自律带领团队，这样企业在创造价值的时候才能更有价值！

❑管理感悟

鱼与鱼竿

从前，有两个饥饿的人得到了一位长者的恩赐：一根鱼竿和一篓鲜活硕大的鱼。其中，一个人要了一篓鱼，另一个人要了一根鱼竿，于是他们分道扬镳了。得到鱼的人原地就用干柴搭起篝火煮起了鱼，他狼吞虎咽，还没有品出鲜鱼的肉香，转瞬间，连鱼带汤就被他吃了个精光，不久，他便饿死在空空的鱼篓旁。另一个人则提着鱼竿继续忍饥挨饿，一步步艰难地向海边走去，可当他已经看到不远处那片蔚蓝色的海洋时，他浑身的最后一点力气也使完了，他只能眼巴巴地带着无尽的遗憾撒手人寰。

又有两个饥饿的人，他们同样得到了长者恩赐的一根鱼竿和一篓鱼。只是他们并没有各奔东西，而是商定一起去找寻大海，他俩每次只煮一条鱼，他们经过遥远的跋涉来到了海边。从此，两人开始了捕鱼为生的日子。几年后，他们盖起了房子，有了各自的家庭，有了自己制造的渔船，过上了幸福安康的生活。

感悟

具备同等条件的两组人，前者都只顾自己，却落得谁都不想得到的下场，后者想到自己的同时想到了对方，精诚合作，最终收获了自己的幸福。合作——更多的不是帮别人，而是帮自己。

同步测试

一、概念题

1．沟通
2．正式沟通
3．非正式沟通
4．双向沟通
5．工作协调
6．团队

二、简答题

1．请简述沟通的作用。
2．请简述沟通过程中涉及的五个要素。
3．请简述实现沟通的基本条件。
4．请简述沟通的类型。
5．请简述有效沟通的障碍。
6．请简述实现有效沟通的方法。
7．请简述上下级关系协调的方法与艺术。
8．请简述团队的作用。
9．请简述团队的构成要素。
10．请简述团队的发展历程。
11．请简述团队目标设置的 SMART 原则。

三、论述题

请熟读《三国演义》和《西游记》，对比刘备团队和唐僧团队，分析哪个团队更为成功，请列举理由。

四、沟通能力测试

假设你是一个职业人士，回答下列问题，测评你的沟通能力。选择与你的经历最相近的答案，请尽量如实作答。如果你的回答是“从不”选1得1分，“总是”选4得4分，依此类推。把得分加起来，参考“分析”，评价你的沟通技巧。根据自己的回答找出你在哪些方面需要改进。

选项：1. 从不　　2. 有时　　3. 经常　　4. 总是

1. 我适时地把适当的信息传递给合适的人。	1	2	3	4
2. 在决定该如何沟通前，我认真思考沟通内容。	1	2	3	4
3. 我表现出自信，讲话时信心十足。	1	2	3	4
4. 我希望对方就我的沟通提供反馈。	1	2	3	4
5. 我注意聆听并在回答前检查我的理解是否正确。	1	2	3	4
6. 评价他人时，我努力排除各种个人成见。	1	2	3	4
7. 会见他人时，我态度积极、礼貌周到。	1	2	3	4
8. 我及时向他人提供他们需要与想要的信息。	1	2	3	4
9. 我利用单独会见检查员工的表现并辅导他们。	1	2	3	4
10. 我通过提问了解他人的想法，以及他们的工作进展。	1	2	3	4
11. 我通过书面指示提供关于某个任务的所有相关信息。	1	2	3	4
12. 我运用专业的电话技巧改进沟通。	1	2	3	4
13. 我通过所有可以利用的电子媒介进行沟通。	1	2	3	4
14. 我把写文章的规则应用到外部与内部沟通中去。	1	2	3	4
15. 会见、调查或做会议记录时，我使用有效的记录方法。	1	2	3	4
16. 写重要信件或文件时，在定稿前，我常征求可信赖的批评者的意见。	1	2	3	4
17. 我运用快速阅读技巧来提高工作效率。	1	2	3	4
18. 做演讲前，我认真准备并多次试讲，演讲取得了成功。	1	2	3	4
19. 进行内部培训时，我发挥着明显的积极作用。	1	2	3	4
20. 我安排的大型会议达到了专业水平。	1	2	3	4
21. 我用软性和硬性推销技巧说服他人接受我的观点。	1	2	3	4
22. 谈判前我已经对问题进行了深入研究，并熟知对方的需要。	1	2	3	4
23. 我写的报告结构合理，内容准确、简明、清晰。	1	2	3	4
24. 提出提议前我往往进行彻底调查。	1	2	3	4
25. 我努力了解有关听众对组织的看法。	1	2	3	4
26. 我认真考虑技巧娴熟的顾问如何帮助我解决公关问题。	1	2	3	4
27. 我与记者及其他媒体工作人员进行有益的接触。	1	2	3	4
28. 我确保由合格的专业人员来完成设计之类的专门工作。	1	2	3	4
29. 我交给广告代理商的书面指示是以明确的商业目标为基础的。	1	2	3	4
30. 我把定期与员工沟通看作重要工作。	1	2	3	4
31. 我积极接收并回应来自员工和他人的反馈。	1	2	3	4
32. 我确定了沟通目标，并且不允许任何行为阻碍这个目标的实现。	1	2	3	4

现在你已经做完自我测评题目，请把各题得分加起来，然后通过阅读相应评语，检查你的表现。无论你在沟通方面取得了多么大的成功，一定要记住，永远有改进的余地。检查一下你在哪个方面做得最差，找到实用的建议和提示改进沟通技巧。

32～64 分：你不能有效地沟通。要倾听反馈，努力从失败中吸取教训。

65～95 分：你在沟通方面表现一般。要针对弱点，努力提高。

96～128 分：你能极好地沟通。但要记住，沟通多多益善。

管理实践

能力提升任务单 9

<table>
<tr><td>任 务 名 称</td><td colspan="3">团队沟通力——撕纸游戏</td></tr>
<tr><td>组　　长</td><td></td><td>组　　员</td><td></td></tr>
<tr><td>任务导入</td><td colspan="3">游戏人数：20 人左右最为合适。
游戏时间：15 分钟。
游戏道具：准备总人数两倍的 A4 纸（废纸亦可）。
游戏细则：
1．给每位业务员发一张纸。
2．主持人发出单项指令：
① 大家闭上眼睛，全过程不许问问题；
② 把纸对折，再对折，再对折；
③ 把右上角撕下来，转 180 度，把左上角也撕下来；
④ 睁开眼睛，把纸打开。
主持人会发现各种形状。
3．这时，主持人可以请一位业务员上来，重复上述指令，唯一不同的是，这次业务员们可以问问题。
相关讨论：
1．完成第一步之后可以问大家，为什么会有这么多不同的形状（也许大家的回答是单向沟通不许问问题，所以才会有误差）。
2．完成第二步之后再问大家，为什么还会有误差（希望说明的是，任何沟通的形式及方法都不是绝对的，它依赖于沟通双方对彼此的了解、沟通环境的限制等，沟通是意义转换的过程）。</td></tr>
<tr><td>游戏启示</td><td colspan="3">1．在游戏中采取什么沟通方式，结果怎么样？
2．这个沟通小游戏对沟通有何启示？</td></tr>
<tr><td rowspan="2">老师评价</td><td colspan="3">评语：</td></tr>
<tr><td colspan="3">成绩：________　　　　____年____月_____日</td></tr>
</table>

注：游戏启示

1．为了说明我们平时在沟通过程中，经常使用单向的沟通方式，结果听者总是见仁见智，按照自己的理解来执行，通常都会出现很大的偏差。但使用了双向沟通之后，又会怎样呢？偏差依然存在，虽然有改善，但增加了沟通过程的复杂性。所以什么方法是最好的呢？这要依据实际情况而定。

2．沟通的最佳方式要根据不同的场合及环境确定。

3．不同的沟通方式会产生不同的效果。

能力提升任务单 10

<table>
<tr><td>任务名称</td><td colspan="3">团队拓展游戏——鼓动人心</td></tr>
<tr><td>组　长</td><td></td><td>组　员</td><td></td></tr>
<tr><td>任务导入</td><td colspan="3">游戏人数：每队 6～15 人。
场地要求：场地平缓，无障碍物，适合移动，背风地带。
游戏道具：软绳牵拉的鼓，排球、网球或塑胶球一个。
游戏规则：
1．利用所给出的材料（一面鼓、一个球、若干根绳子）制作一面靠绳子牵拉的鼓。
2．每位队员都牵拉着一条绳子，通过绳子控制鼓面来颠球。
3．每队选一名队员作为放球手，其他每位队员手中至少有一根绳子。
4．颠球时保持球的自然状态，当球掉地、碰到绳子或人时记数结束。
5．每位队员所持绳子至少离鼓 1 米的距离。
6．三轮比赛：第一轮各队分别有两次机会，取最多的次数为成绩；第二轮各队分别有两次机会，取两次成绩相加的平均数为成绩，并且单次成绩低于 3 下，此次成绩计为 0；第三轮各队分别有一次机会，并且成绩不得低于 8 下。
7．最终以各队积分确定胜负。
游戏操作：
1．布置阶段：条理清晰，逻辑明朗。布置完任务后，再发放器械（布置前可做一个小游戏，一是增强团队间的竞争意识，二是确定器械和优先顺序）。
2．进行阶段：
① 时刻关注各队的情况，及时通报各队的即时成绩，确保任务标准的统一性。
② 控制整个活动场面，调动队员的热情，以确保队员的充分参与。
③ 提醒队员多练习，对进展不顺利的团队可以提醒开始的时候把绳子拽紧，让鼓面处于水平位置；对进展很顺利的团队可以鼓励，对任务记录进行挑战。
④ 注意观察典型行为，做好行为观察。
3．回顾阶段：控制队员情绪，尤其是失败队伍的情绪。</td></tr>
<tr><td>游戏启示</td><td colspan="3">1．所在团队为什么赢了（或者输了）？
2．这个团队游戏对你在团队建设方面有什么启示？</td></tr>
<tr><td rowspan="2">老师评价</td><td colspan="3">评语：</td></tr>
<tr><td colspan="3">成绩：________　　　　　____年____月_____日</td></tr>
</table>

注：游戏启示

1．所有团队在开始的时候都是不停地追着球，但这样成功颠起的次数很少，而慢慢随着团队协作能力的提升，最后发现可以将球的活动范围控制在一个区域内，颠起次数大幅提高了。

2．结合我们的工作，球就是我们的目标客户、业绩，而鼓就是我们的企业。当我们的团队刚组建时，团队成员受到各方面原因的干扰，导致无法控制目标，团队效率差，经过团队的磨合阶段，我们已经有能力去控制团队的目标，并且在竞争日益激烈的今天，我们可以有效判断目标的变化，并及时调整自己的方向。

3．有的团队会因为看到和其他团队的暂时差距而士气低落，也有团队看到自己取得的成绩而不思进取，反而落败，还有团队会在整个任务中确定好方向，制定阶段性的实施方案，最终取得胜利。

模块 6

控制与绩效管理

知识点

控制；控制的类型；控制过程；控制方法；绩效；绩效管理；关键绩效指标（KPI）；平衡计分卡；绩效计划；绩效实施；绩效考核；绩效反馈

技能点

掌握控制方法；能实施控制；会使用绩效管理工具；能进行绩效管理

学习目标

- 熟悉控制的概念，理解控制的过程。
- 熟悉控制的基本方法，能应用控制的基本方法实施控制。
- 熟悉绩效的含义，理解绩效管理。
- 熟悉绩效管理工具，利用绩效管理工具实施绩效管理。

单元1 组织运营控制

情景导入

哈勃空间望远镜的缺陷

经过长达15年的精心准备，耗资超过15亿美元的哈勃空间望远镜在1990年4月发射升空。但是，美国国家航空航天局（NASA）发现，由于直径达94.5英寸（1英寸约为2.54厘米）的主镜片的中心过于平坦，导致成像模糊，造成一半以上的实验和许多观察项目无法进行。造成这一缺陷的原因主要有镜片的生产商使用了一个有缺陷的光学模板来生产该镜片，美国国家航空航天局中负责哈勃项目的人员对望远镜制造过程中的细节根本不关心。事后，美国国家航空航天局中一个由6人组成的调查委员会的负责人说："至少有3次有明显的证据说明问题的存在，但这3次机会都失去了。"

问题：哈勃空间望远镜的例子说明了什么？对于企业管理有什么启示？

正文

一、控制概述

管理的目的是有效地实现组织目标，为此就要进行计划、组织、领导、控制。计划工作是为组织确定目标，做出总体规划和部署；组织工作适合内部结构设计和组织关系的确定，在组织中进行部门划分、权力分配，确定组织内各部门的职责，以保证计划的落实和完成；领导工作是管理者运用职权和威信施加影响，以充分发挥每个人的积极性，指导各类人员努力实现组织目标；控制工作是检查、监督、确定组织工作进展情况，对实际工作与计划之间所出现的偏差加以纠正，从而确保组织目标的实现。如果没有好的控制，实际工作就可能偏离计划，组织目标就可能无法实现，因此控制是一项重要的管理职能。

（一）控制的概念

控制是根据组织的计划和事先规定的标准，监督、检查各项工作及其结果，并根据偏差或调整行动或调整计划，使两者相吻合的过程。管理中的计划、组织、领导等职能，必须伴随有效的控制职能，才能真正发挥作用。控制职能是组织中各个层次的管理者必须承担的主要职能。控制的定义包括以下内容：控制是管理过程中一个必不可少的重要阶段，控制是一个发现问题、分析问题和解决问题的过程，控制要遵循一套科学的程序，控制的根本目的是保证组织目标的实现。

控制具有如下特点。

（1）控制具有完整性。从控制的主体看，参与控制是组织全体成员共同的职责；从控制的对象看，控制覆盖组织活动的各个方面。

（2）控制具有动态性。控制是一种动态的、适时的信息反馈过程，它不是简单地对受控者进行管、压、卡，而是一种积极主动的管理实践活动。

（3）控制是对人的控制，并由人执行。控制是对人的控制，其核心是人。人既是控制的主体，又是控制的主要客体。

（4）控制是提高员工能力的重要手段。控制不仅是监督，更重要的是指导、帮助和鼓励。

（二）控制的作用与目的

一般来讲，管理中的控制职能是指管理主体为了达到一定的组织目标，运用一定的控制机制和控制手段，对管理客体施加影响的过程。

1．控制的作用

（1）通过控制可以使复杂的组织活动协调一致地运作。由于现代组织的规模有着日益扩大的趋势，组织的各种活动日趋复杂化，要使组织内众多的部门和人员在分工的基础上协调一致地工作，完善的计划是基础，但计划的实施要以控制为必要手段。

（2）通过控制可以减少和避免管理失误造成的损失。组织所处环境的不确定性，以及组织活动的复杂性，会导致不可避免的管理失误。控制工作通过对管理全过程的检查和监督，可以及时发现组织中存在的问题，并采取纠偏措施，以减少和避免工作中的损失，对执行和完成计划有着重要的保障作用。

（3）通过控制可以有效降低环境的不确定性对组织活动的影响。现代组织所面对的环境具有复杂多变的特点，再完善的计划也难以将未来出现的变化考虑得十分周全。因此，为了保证组织目标和计划的顺利实施，就必须有控制工作，通过有效控制降低环境的各种变化对组织活动的影响。

2．控制的目的

（1）限制偏差的累积，以及防止新偏差出现。偏差随时出现，但都在计划允许的范围内，一旦出现不可逆转的偏差，并且在实际工作中不断放大，最后可能会导致计划的失败。

（2）适应环境的变化。通过控制工作，使得组织活动在维持平衡的基础上螺旋上升，即适应环境变化，取得管理突破。

历史小故事

扁鹊三兄弟

魏文王问名医扁鹊："你们家兄弟三人，都精于医术，到底哪位的医术最好呢？"

扁鹊回答说："大哥最好，二哥次之，我最差。"

魏文王再问："那么，为什么你最出名呢？"

扁鹊回答说："我大哥治病，是治病于病情发作之前。由于一般人不知道他事先能找出病因，所以他的名气无法传出去，只有我们家里的人才知道。我二哥治病，是治病于病情刚刚发作之时。一般人以为他只能治轻微的小病，所以他只在我们的村子里小有名气。而我扁鹊治病，是治病于病情严重之时。一般人看见的都是我在经脉上穿针管来放血、在皮肤上敷药等，所以他们以为我的医术最高明，因此名气响遍全国。"

魏文王连连点头称道："你说得好极了。"

问题：（1）上述故事中体现了何种管理思路？

（2）魏文王为什么非常认同扁鹊的观点？

二、控制的类型

根据控制在管理过程中的时间段点不同，可以将控制分为事后反馈控制、同期同步控制和事前预先控制。

（1）事后反馈控制。事后反馈控制也称为事后控制或反馈控制，是一种在工作结束之后进行的控制。其特点是把注意力集中在工作的结果上，通过对前一阶段工作的总结，对比标准进行测量、比较、分析和评价，发现存在的问题，并将此作为改进下一次工作的依据。但事后反馈控制存在着一些致命的缺陷：损失已经造成，以及存在时间滞后问题。

（2）同期同步控制。同期同步控制也称为现时控制，是一种在工作进行中同步进行的控制。其特点是用于工作进行过程中，一旦发生偏差，马上予以纠正。同期同步控制的目的是及时纠正工作中出现的偏差，改善本次而非下次工作的质量。同期同步控制是基层管理者主要采用的一种控制方法。

（3）事前预先控制。事前预先控制也称为预先控制或前馈控制，是一种在工作开始之前进行的控制。其特点是能在偏差出现之前就告知管理者，使他们一开始就采取各种预防措施，预防或尽可能地减少偏差的出现，从而把偏差带来的损失降到最低程度。事前预先控制的目的是，在开始之前就将存在的隐患排除掉，做到“防患于未然”。

事后反馈控制不如同期同步控制，同期同步控制不如事前预先控制，可惜大多数管理者未能体会到这一点，等到错误的决策造成了重大的损失才寻求补救方法。补救得好，当然是声名鹊起，但更多的时候是亡羊补牢、为时已晚。

对企业管理者来说，最重要的才能莫过于做出正确的判断，而这种才能将是电脑永远无法取代的。

根据控制的结构不同，可以将控制分为分散控制和集中控制。

（1）分散控制。分散控制的特点是，由若干个分散的控制机构来共同完成组织的总目标。在这种控制方式中，各种决策及控制指令通常是由各局部控制机构分散发出的，各局部控制机构主要根据自己的实际情况，按照局部最优的原则对各部门进行控制。分散控制适用于结构复杂、分工细致的组织。

（2）集中控制。集中控制的特点是，由一个集中控制机构对整个组织进行控制。在这种控制方式中，把各种信息都传送到集中控制机构，由集中控制机构进行统一加工处理。在此基础上，集中控制机构根据整个组织的状态和控制目标，直接发出控制指令，控制和操纵所有部门和成员的活动。集中控制方式比较简单，统一控制，便于整体协调。但缺乏灵活性和适应性，机构的变革和创新会很困难。

根据组织控制活动的来源不同，可以将控制分成正式组织控制、群体控制和自我控制。

（1）正式组织控制。正式组织控制是由管理者建立和组织起来的一些机构或人员来进行控制，组织可以通过规划指导成员的活动，通过审计监督来检查各个部门或各个成员是否按规定进行活动，并提出具体更正措施和相关建议。

（2）群体控制。群体控制基于群体成员的价值观念和行为准则，它是由非正式组织自动发展起来和维持的。群体控制可能有利于实现组织目标，也可能给组织带来危害，所以要对其进行正确引导。

（3）自我控制。自我控制即个人有意识地按某种行为规范进行活动。这种控制成本低、效果好，但它要求上级给予下级充分的信任和授权，还要把个人活动与报酬、提升、奖励联系起来。

互动测试：根据组织控制活动的来源不同，可分为哪几种？

正式组织控制、群体控制和自我控制。

根据组织控制所采用的手段不同，可以将控制分为直接控制和间接控制。

（1）直接控制。管理中的直接控制是指主要通过行政命令和手段对被控制对象直接进行控制的形式。直接控制的关键是对被控制对象的精心选择和有针对性地培养。

（2）间接控制。通常是指不对运行过程直接干预，而是通过间接的手段来引导和影响运行过程，从而达到控制的目的。

根据控制的逻辑发展，可以将控制分为试探控制、经验控制、推理控制和最优控制。

（1）试探控制。试探控制也叫随机控制，是一种原始的控制方式，也是其他控制方式的基础。

试探控制完全建立在偶然机遇的基础上，是“试试看”思想在控制活动中的体现。试探控制在成功的同时，常常伴随着失败。这种控制方式有较大的风险，事关重大的活动，一般不宜采用这种控制方式。

（2）经验控制。经验控制也叫记忆控制，是一种应用广泛的控制方式。将由试探控制得出的结论用于指导下一次控制，就是经验控制。在经验控制中，最重要的是经验的可靠性。它包括两层含义：一是真实性，二是必然性。

（3）推理控制。推理控制也叫逻辑控制，是试探控制和经验控制相结合的产物。它通过中间起过渡作用的媒介实现控制，因此又叫共轭控制。

（4）最优控制。最优控制是控制方式发展的高级阶段，所谓最优控制就是符合最优标准的控制。其核心思想是不仅要保证实现控制目的，还要强调在较短的时间内，以尽可能少的人力、物力、财力的消耗（系统的输入量）来实现控制目的。

管理小案例

控制的类型

小张下岗后开了一家小型餐饮店。他觉得要取得成功，除了要有可口的饭菜，周到的服务和与顾客的良好关系也是非常重要的。为此，他采取了以下措施。

① 在店内显眼的位置挂一本顾客意见簿，欢迎顾客提出意见和批评。

② 让领班严密地监视服务人员的行为，并对棘手问题的处理提供协助和建议。

③ 在服务人员上岗之前进行工作技能和态度的培训。

④ 明确规定半年后要对服务质量好的人员给予奖励。

根据上述内容，以下哪种说法是正确的？（　　）

A. ④和①一样，都属于同期同步控制

B. ①是事后反馈控制，②是同期同步控制，③是事前预先控制

C. ④和②都属于同期同步控制

D. ③属于激励措施，不属于控制措施

三、控制过程

（一）控制工作步骤

尽管控制的对象各不相同，但控制工作基本是一致的，大致可分为以下四个步骤：第一，确定控制标准；第二，衡量实际工作绩效；第三，将实际工作绩效与控制标准进行比较并分析偏差；第四，采取管理行动纠正偏差。

（1）确定控制标准。控制标准是控制工作能否有效实行的关键，控制标准必须满足一定的要求，才能保证控制工作的有效性。这些要求如下：①简明，通俗易懂；②适用；③可行，绝大多数员工经过努力都可以达到；④易于操作。

常用的控制标准如下。

① 质量标准，如产品等级标准、合格标准、名优产品的规定等。

② 成本标准，如产品总成本、产品单位成本、人力成本等。

③ 数量标准，如合格品数量、废品数量等。

④ 时间标准，如工时、生产周期、交货期等。

（2）衡量实际工作绩效。衡量实际工作绩效是控制工作的第二个阶段，也是控制过程中工作量最大的阶段。该阶段的主要内容就是通过采集实际工作的数据与信息，了解和掌握工作的实际情况。衡量实际工作绩效的两个核心问题是衡量什么和如何衡量。衡量实际工作绩效实际上是一种信息的收集过程。随着信息技术的发展，越来越多的组织构建了管理信息系统（MIS），这就使得信息的获取变得非常方便、快捷，为有效控制的实施创造了良好的条件。常用的衡量方法有面对面的口头汇报、召开会议、分析报表资料、正式的书面文字汇报、直接观察、抽样检查等。

（3）将实际工作绩效与控制标准进行比较并分析偏差。比较的结果有两种可能：一种是存在偏差，另一种是不存在偏差。偏差有两种情况：一种是正偏差，即工作绩效优于控制标准；另一种是负偏差，即工作绩效劣于控制标准。一般而言，造成偏差的原因可归纳为三大类：计划或标准定得不合理，组织内部因素的变化，组织外部环境因素的变化。

（4）采取管理行动纠正偏差。采取管理行动纠正偏差是控制工作的最后一个阶段。通过采取一定的管理行动纠正偏差，使工作的实际情况与计划一致。纠正偏差的方法有以下两种：一种是改进工作绩效，另一种是修订控制标准。

（二）控制的基本结构

控制作为一种作用，至少要有“作用者”（施控主体）、“被作用者”（受控客体）和“作用的传递者”三个要素。①组织管理的控制也是一个系统，控制是通过管理控制系统来发挥作用的。②组织管理控制系统的对象就是整个组织，即以人为核心的组织中的各种要素及其相互结合所形成的运动过程，它具有全面性和统一性。③组织管理控制系统的控制器主要是组织的管理者。④组织管理控制系统中的信息反馈机构，就是用既定的程序、方法和手段综合处理信息，并将其提供给管理者。

历史小故事

小和尚撞钟

有个小和尚担任撞钟一职，半年下来，觉得无聊之极，但他安慰自己，既然做了和尚就该“做一天和尚撞一天钟”，每天还是一如既往地去撞钟。

有一天，住持宣布调小和尚去后院劈柴挑水，原因是他不能胜任撞钟一职。

小和尚很不服气地问：“我撞的钟难道不准时、不响亮？”住持耐心地告诉他：“你撞的钟虽然很准时也很响亮，但钟声空泛、疲软，没有感召力。钟声是要唤醒沉迷的众生，因此，撞出的声音不仅要洪亮，还要圆润、浑厚、深沉、悠远。”

问题：从绩效评估的角度出发，小和尚能达到主持的要求吗？

四、有效控制

管理学中的有效控制，就是以比较少的人力、财力和物力，较少的精力与时间，使组织的各项活动处于可控制状态。一旦组织的某项活动出现偏差，则能及时纠正偏差，而且能使偏差造成的损失降到最低。

（一）有效控制的原则

（1）反映计划要求。控制的目标是实现计划，控制是实现计划的保证。为保证每项计划所进行的控制工作有很大的不同，便需要按不同计划的特殊要求和具体情况来设计。控制工作越是考虑到各种计划的特点，越能更好地发挥作用。

（2）组织适宜。控制还必须反映组织结构的类型和状况。组织结构是控制工作的依据，控制工作只有适应组织结构并由健全的组织结构来保证，才能够顺利实施。

（3）控制关键点。为了进行有效控制，需要特别注意根据各种计划来衡量工作绩效时有关键意义的那些因素。控制住了关键点，也就控制住了全局。同时，在控制工作中强调关键点的控制也是提高控制工作效率的要求。

（4）关注例外。对例外的关注，不能仅仅注意偏差的大小，还必须考虑相应的工作或标准的重要性，即强调例外必须跟关键点结合起来，关键点上的例外偏差是最该重视的。

（5）控制趋势。要使控制有效，控制变化趋势则显得非常重要。控制变化趋势的关键在于从现状中揭示倾向，特别是在趋势刚显露苗头时就敏锐地觉察到。

（二）有效控制的技巧

（1）采用积极有效的控制艺术。控制是上级对下级工作的控制。上级在下级心目中的形象、工作能力等直接影响到下级对上级控制的态度与看法，因而上级必须注意控制艺术。

（2）不带偏见的控制态度与做法。在控制过程中，一定要坚持客观公平的原则，不能带有偏见。

（3）利用人际关系实施控制。在诸多人际关系中，有一些由于感情、偏好、亲戚、同学、战友等自发形成的良好关系，因此要实施有效控制就要注意借助这些关系。

（4）鼓励成员参与制定目标。通过参与，一方面成员了解到制定这个目标的必要性，因而在态度上容易产生认同感；另一方面作为成员自己制定的目标，成员必然会努力去实现它，并接受监督与控制。

（5）运用“事实控制”。在制定纠正措施时，必须根据偏差及其产生的后果的实际情况，坚持从实际出发。

管理小案例

文件核算制

某报报道，每年 1 月是机关文印室最繁忙的时期，但 Z 市 H 区政府部门文印室今年并不忙碌，因为 H 区政府新实施的“文件核算制”削平了往年的“文山”高峰。该区政府规定，每打印一份文件，8 开纸收费 8 元，16 开纸收费 4 元，加印一张双面 8 开纸收费 1 角、单面 8 开纸收费 7 分，16 开纸对半收费。文印费由批准打印的部门从该部门业务费中开支，节约有奖，超支自负。此令一出，各部门反应强烈，“文山”不推自倒。

对上述案例进行分析，试回答下面的问题。

（1）H 区政府的做法是否真正有效？

（2）H 区政府的控制标准好不好？应如何完善？

职业道德与企业伦理

企业人员管控

1．充分了解企业的员工

每个人对自己都是如此简单，而对他人却是如此复杂。管理者要充分地了解员工不是一件容易的事。但是，管理者如果能充分了解员工，工作开展起来会顺利得多。俗话说“士为知己者死”。一个能够充分了解员工的管理者，无论是在工作效率上还是在人际关系上，他都将会是个一流的管理者。

了解员工，有一个从初级阶段到高级阶段的过程，该过程分为三个阶段。

第一阶段：了解员工的出身、学历、经验、家庭环境，以及背景、兴趣、专长等。同时，还要了解员工的思想，以及其干劲、热诚、诚意、正义感等。

第二阶段：当员工遇到困难时，你能预料他的反应和行动，并能恰如其分地给员工雪中送炭，这就表明你对员工的认识更进一步。

第三阶段：知人善任，能使每个员工在其工作岗位上发挥最大的潜能。给员工安排足以考验其能力的挑战性工作，并且在其面临困境时，给予恰当的引导。

2．聆听员工的心声

企业的管理者都有强烈的自我主张，这种倾向有助于其果断、迅速地解决问题，但另一方面会使管理者一意孤行，听不进他人的意见，导致决策失误。在企业的管理中，管理者聆听员工的心声，也是团结员工、调动其积极性的重要途径。一个员工的思想出了问题，他就会失去工作热情，要他卓越地完成管理者交给他的任务是不可能的。这时，管理者应耐心聆听他的心声，找出问题的症结，解决他的问题或耐心开导他，才能有助于管理目标的实现。对待犯错误的员工，管理者也应当采取聆听的办法，不应一味责难他们，而应给他们解释的机会。只有了解情况后，管理者才能对他们对症下药，妥善处理。

3．德才兼备，量才使用

“尺有所短，寸有所长”，每个人在能力、性格、态度、知识、修养等方面各有长处和短处。用人的关键是适用性。为此，管理者在用人时，先要了解每个人的特点，十个员工十个样，有的工作起来利落迅速，有的谨慎小心，有的擅长处理人际关系，有的喜欢独自埋头在统计资料里默默工作……在许多企业的人事考核表上，都有一些关于处理事务的正确性、速度等评估项目，能够取得满分才算是优秀的员工。管理者不仅要看到人事考核表上的评分，更重要的是在实践中观察，结合每个员工的长处安排适当的工作。然后，从他们工作过程中观察其处事态度、速度和准确性，从而真正挖掘员工的潜能。只有如此，管理者才能灵活、有效、成功地管理员工，使事业蒸蒸日上。

4．淡化权力，强化权威

对员工的管理最终要落实到员工对管理者，或者下属对上司的服从上。这种领导服从关系可以来自权力或权威。管理者地位高、权力大，谁不服从就会受到制裁，这种服从来自权力。管理者的德行、气质、智慧、知识和经验等人格魅力，使员工愿意服从其领导，这种服从来自权威。一个企业的管理者要成功地管理员工，特别是管理比自己更优秀的员工，人格魅力形成的权威比行政权力更重要。

5．多表彰员工

成就感能够激励员工的工作热情，满足个人内在需要。要公开奖励标准，使员工了解每个人获得奖励的原因。以公开的方式给予表扬、奖励。表扬和奖励如果不公开，不但会失去它本身的效果，而且会引起一些员工的无端猜测，影响工作。奖励的时效也很重要，要多奖励刚刚发生的事情，而不是已经被遗忘的事情，否则会大大减弱奖励的影响力。

6．适宜的工作环境

根据生理需要设计工作环境，可以加快速度、节省体力、缓解疲劳；根据心理需要设计工作环境，可以营造愉悦、轻松、积极、充满活力的工作氛围。对工作环境进行人性化的改造，在工厂附近设立各种专用汽车设施，在公司内开设多个食堂，为体力劳动者增设盥洗室，保持工作地点整洁干净。

五、控制方法

（一）预算控制

在管理控制中，使用很广泛的一种控制方法是预算控制。预算控制体现了计划与控制的紧密联系。预算是计划的数量表现。预算的编制是计划过程的开始，而预算本身又是计划过程的终点。预算控制是企业根据预算规定的收入与支出标准检查和监督各个部门的生产经营活动，其作用是保证各种活动或各个部门在充分达成既定目标、实现利润的过程中对经营资源的充分利用，使费用支出受到严格有效的约束。

1．预算控制的优点

（1）它可以对组织中复杂纷繁的业务采用一种共同标准——货币尺度来加以控制，便于对各种不同业务进行综合比较和评价。

（2）它采用的报表和制度都是早已被人们熟知的，是在会计上常用的。

（3）它的目标集中指向组织业务取得的效果。

（4）它有利于明确组织及其内部各单位的责任，有利于调动所有单位和个人的积极性。

2．预算控制的缺点

（1）它有管得过细的危险。预算控制只能帮助企业控制那些可以计量的，特别是可以用货币计量的业务活动，而企业文化、企业形象、企业活力等则不适合用预算控制。

（2）它有管得过死的危险。企业活动的外部及内部环境是不断变化的，这些变化会改变企业获取资源的支出或销售产品实现的收入，从而使预算变得不合时宜。因此，缺乏弹性、非常具体，特别是涉及较长时期的预算可能会过度束缚领导者的行动，使企业经营缺乏灵活性和适应性。

（3）它有让预算目标取代组织目标的危险。项目预算或部门预算不仅对相关负责人提出了希望他们实现的结果，也为他们取得这些成果而能够开支的费用规定了限度，这种规定可能使得他们在工作中精打细算，小心翼翼地遵守不得超过支出预算的准则，而忽视了组织目标。

（4）它有鼓励虚报、保护落后的危险。在编制预算计划时，通常会参照上期已经发生的本项目费用。同时，相关负责人知道，在预算获得最后批准的过程中，预算申请多半是要被削减的。因此，他们的费用预算申报数要多于其实际需要数，特别是那些难以观察、难以量化的费用项目更是如此。费用预算总是具有按现额递增的习惯，如果在预算编制过程中，没有仔细地复查相应的标准和程序，预算可能会成为低效的管理部门的保护伞，达不到对费用支出有效控制的目的。

领导者只有充分认识预算控制的优缺点，理解其有效性和局限性，才能在实际控制工作中有效地利用预算这种控制手段，并辅之以其他控制工具。

预算控制的种类很多，企业的预算一般包含以下几种。

（1）收入与支出预算。一般来讲，一个企业的收入与支出将反映其经济活动的基本状态。企业的收入反映了对企业行为的预期结果，企业的支出反映了对企业资源的分配与使用情况。科学的收支预算，能从基本方面控制企业的总体行动。

（2）时间、空间、材料及产品预算。这种预算对控制资源的分配与使用特别有用。

（3）资金预算。它是对企业的资产、负债、所有者权益及其相互关系进行预测。

（4）现金预算。它是根据实际现金收支的经验数据，预测与安排现金的收入与支出数额。

（5）投资预算。它是对企业固定资产的购置、扩建、改造、更新等，在可行性研究的基础上编制的预算。它具体表现为何时进行投资、投资多少、资金从何处取得、何时可获得收益、每年的现金流量是多少、需要多少时间回收全部投资等。由于投资的资金来源往往是企业的限定因素之一，而对厂房和设备等固定资产的投资又往往需要很长时间才能回收，因此，投资预算应当力求和企业的战略及长期计划紧密联系在一起。

管理小案例

费用控制

案例 1　A 公司规定差旅费补贴标准是每天 5 元，财务总监的解释：公司要控制差旅费用支出，要严格执行预算，不能让员工想着出差能赚钱就总申请出差。这个案例代表了以各种理由限制费用支出的一类公司，比如公司的广告费、销售部的招待费等。

案例 2　B 公司准备实行增加差旅费补贴标准的规定，财务总监的解释：我想尽量让补贴标准高一些，让销售人员额外赚到一些钱，让他们更愿意出差，这样应该能带来更多客户。这个案例是案例 1 的对立面，我们先不讨论孰优孰劣。

案例 3　C 公司追求利润最大化。业务部因一项新业务多次与财务沟通，财务总监都严词拒绝。到年底，同行业公司业绩增长迅速，该公司却在原地踏步。董事长质问销售团队，销售总监立马拉财务总监做挡箭牌。财务总监却认为，业务增长不重要，重要的是利润，必须降低费用才有利润。

问题：通过上述三个案例，你认为企业在经营过程中应如何控制预算？

（二）比率控制

比率控制也称比率分析，就是将组织资产负债表和收益表上的相关项目进行对比，形成一个比率，从中分析和评价组织的经营成果和财务状况。组织活动分析中常用的比率有财务比率和经营比率两类。

1. 财务比率

常用的财务比率有以下几种。

① 流动比率。流动比率是组织的流动资产与流动负债之比，它反映了组织偿还需要付现的流动债务的能力。

② 速动比率。速动比率是流动资产和存货之差与流动负债之比。

③ 负债比率。负债比率是组织的总负债与总资产之比。

④ 赢利比率。赢利比率是组织利润与销售额或全部资金等相关因素的比例关系。

2. 经营比率

经营比率也称为活力比率，常用的经营比率有以下几种。

① 库存周转率。库存周转率是销售总额与库存平均价值之比。

② 固定资产周转率。固定资产周转率是销售总额与固定资产之比，它反映了单位固定资产能够提供的销售收入。

③ 销售收入与销售费用的比率。该比率表明单位销售费用能够实现的销售收入。

（三）审计控制

审计是对反映组织资金运动过程及其结果的会计记录及财务报表进行审核、鉴定，以判断其真实性和可能性，从而为控制和决策提供依据。审计主要有以下三种类型。

（1）外部审计。外部审计是由外部机构选派的审计人员对组织财务报表及其反映的财务状况进行独立评估。

（2）内部审计。内部审计提供了检查现有控制程序和方法能否有效地保证实现既定目标和执行既定政策的手段。

（3）管理审计。管理审计是利用公开记录的信息，从反映组织管理绩效及其影响因素的若干方面将组织与同行业其他组织或其他行业的著名组织进行比较，以判断组织经营与管理的健康程度。

互动测试：控制方法有哪些?

预算控制、比率控制和审计控制。

六、全面质量管理

（一）全面质量管理的含义

全面质量管理（Total Quality Management，TQM）就是指一个组织以质量为中心、以全员参与为基础，通过顾客满意和本组织所有成员及社会受益而达到长期成功的管理途径。在全面质量管理中，质量这个概念和管理目标的实现有关。

管理小知识

六西格玛

六西格玛（Six Sigma）是一种管理策略，它是由当时在摩托罗拉任职的工程师比尔·史密斯（Bill Smith）于1986年提出的。这种管理策略主要强调制定极高的目标、收集数据及分析结果，通过这些来弥补产品和服务的缺陷。六西格玛背后的原理是，如果你检测到你的项目中有多少缺陷，你就可以找出如何系统地弥补缺陷，使你的项目尽量完美的方法。一个企业要想达到六西格玛标准，那么它的出错率不能超过百万分之三点四。

六西格玛在20世纪90年代中期开始被GE从一种全面质量管理方法演变成为一种高度有效的企业流程设计、改善和优化的技术，并提供了一系列同等地适用于设计、生产和服务的新产品开发工具。继而与GE的全球化、服务化等战略齐头并进，成为全世界上追求管理卓越性的企业最为重要的战略举措。六西格玛逐步发展成为以顾客为主体来确定产品开发设计的标尺，追求持续进步的一种管理哲学。

（二）全面质量管理的特点

全面质量管理的特点主要体现在“三全”上。

（1）内容与方法的全面性。不仅要着眼于产品的质量，还要注重生产产品的工作质量。注重采用多种方法和技术，包括科学地组织管理工作、各种专业技术、数理统计方法、成本分析、售后服务等。

（2）全过程控制。对市场调查、研究开发、设计、生产准备、采购、生产制造、包装、检验、贮存、运输、销售、为用户服务等全过程进行质量管理。

（3）全员性。企业全体人员包括领导人员、工程技术人员、管理人员和普通员工等都参与质量管理，并对产品质量各负其责。

管理小案例

麦当劳规范管理

麦当劳以经营快餐闻名遐迩。麦当劳金色的拱门允诺：每个餐厅的菜单基本相同，而且“质量超群，服务优良，清洁卫生，货真价实”。它的产品、加工和烹制程序乃至厨房布置都是标准化的、严格控制的。它撤销了在法国的第一批特许经营权，因为它们尽管盈利可观，但未能达到在快速服务和清洁方面的标准。麦当劳的各分店都由当地人经营管理。鉴于在快餐饮食业中维持产品质量和服务水平是其经营成功的关键，麦当劳在采取特许连锁经营这种战略开辟分店和实现地域扩张的同时，特别注意对各连锁店的管理控制。如果管理控制不当，使顾客吃到不对味的食物或受到不友善的接待，其后果不仅是这家分店将失去这批顾客及其周围的人，还会影响到其他分店的生意，乃至损害整个公司的信誉。

问题：根据上述案例，试讨论全面质量管理对于企业管理有什么启示。

（三）PDCA 循环

PDCA 循环是美国质量管理专家休哈特博士提出的，由戴明采纳、宣传，得到普及，所以又称戴明环。全面质量管理的思想基础和方法依据就是 PDCA 循环。PDCA 循环将质量管理分为四个阶段，即 Plan（计划）、Do（执行）、Check（检查）和 Act（处理）。在质量管理活动中，要求把各项工作按照做出计划、计划实施、检查实施效果，然后将成功的纳入标准、不成功的留待下一循环解决。这种工作方法是质量管理的基本方法，也是企业管理各项工作需遵循的一般规律。PDCA 循环的四个阶段大体可分为八个步骤，如图 6-1 所示。

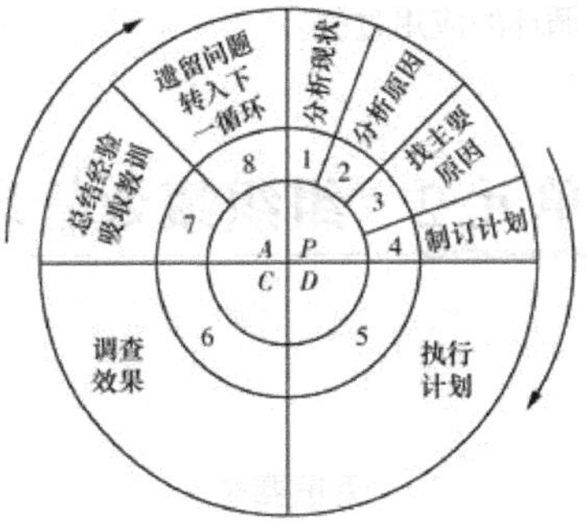

图 6-1　PDCA 循环

管理小案例

PDCA 循环在超市购物时的应用

P：检查家里冰箱等地方，确定去超市要购买的物品。如果所购物品较多，列出购物清单以免遗漏。

D：直奔超市，手持购物篮或推着购物车按照购物清单在货架上取货。

C：购物结束时，对照购物清单，清点购物篮、购物车里的物品，确认已经完全买齐，并且思考是否还有哪些物品未列入清单，是否有临时起意的随机购物需求。

A：检查确认后，根据确认与思考结果补充购买。如果结账之后，又发现有物品没有购买，就要返回超市进行采购，进入下一个 PDCA 循环。

问题：试结合上述案例，分析 PDCA 循环在生活中的其他应用。

管理小案例

海尔冰箱上门维修与 PDCA 闭环管理

家里海尔冰箱坏了，打电话给海尔售后服务热线，海尔客户服务中心就会安排离我们家最近的维修站的维修人员上门维修。

维修完成之后，维修人员会让我们填一个维修单据，上面记录家庭地址、联系电话、维修部位、更换零件、服务水平等。

这个记录的过程就是一个初步的闭环管理过程，便于维修站和海尔公司对维修人员进行管理。但真正的闭环管理还在后面。

几天之后，海尔公司会打电话给我们，确认维修事项、更换零件、服务态度等。只有完成了回访，该维修事项才会被记录为“完结”。

这样，海尔公司就完成了维修信息接单—上门服务—配件管理—完成结单—用户回访等一整套闭环管理。

P：海尔公司接收维修信息，联系、安排适当的维修站，维修站安排维修人员上门服务。

D：维修人员上门进行冰箱检修，记录检修过程、检修结果。

C：维修站检查确认维修单内容，并将维修单内容上传到海尔公司。海尔公司打电话给我们，确认维修单内容是否准确。

A：海尔公司根据回访结果对维修站进行考核，维修站根据回访结果对上门服务进行改进。

问题：通过上述案例，分析 PDCA 循环的应用过程。

单元 2 组织绩效管理

情景导入

两熊赛蜜

黑熊和棕熊喜食蜂蜜，都以养蜂为生。它们各有一个蜂箱，养着同样多的蜜蜂。有一天，它们决定比赛，看谁的蜜蜂产的蜜多。

黑熊想，蜜的产量取决于蜜蜂每天对花的“访问量”。于是，它买来了一套昂贵的测量蜜蜂对花的访问量的绩效管理系统。在它看来，蜜蜂所接触的花的数量就是其工作量。每过完一个季度，黑熊就公布每只蜜蜂的工作量；同时，黑熊还设立了奖项，奖励访问量最高的蜜蜂。但它从不告诉蜜蜂们它在与棕熊比赛，它只是让蜜蜂们比赛访问量。

棕熊与黑熊想得不一样。它认为蜜蜂能产多少蜜，关键在于它们每天采回多少花蜜——花蜜越多，酿的蜂蜜就越多。于是，它直截了当地告诉蜜蜂们：它在和黑熊比赛，看谁的蜜蜂产的蜜多。它花了不多的钱买了一套绩效管理系统，测量每只蜜蜂每天采回花蜜的数量和整个蜂箱每天酿出蜂蜜的数量，并把测量结果张榜公布。它也制定了一套奖励制度，重奖当月采花蜜最多的蜜蜂。如果蜜蜂一个月的总产量高于上个月，那么所有蜜蜂都会受到不同程度的奖励。

一年过去了，两只熊查看比赛结果，黑熊的蜂蜜不及棕熊的一半。黑熊在绩效管理上的投入明显高于棕熊，为什么还是输了比赛呢？

正文

组织的绩效导向与组织目标的实现戚戚相关，组织的考核是在组织大目标的基础上分解目标和制定考核指标。员工的行为应与组织目标保持一致，分解组织目标，理解上级意图，并制订切实可行的计划，与上级成为绩效合作伙伴，在上级的帮助下不断改善，最终实现组织目标。

一、绩效管理概述

（一）绩效的含义

绩效是指组织、团队或个人，在一定的资源、条件和环境下，完成任务的出色程度，是对目标实现程度及工作效率的衡量与反馈。影响绩效的主要因素有员工技能、外部环境、内部条件和激励效应。员工技能是指员工具备的核心能力，是内在因素，经过培训和开发是可以提高的；外部环境是指组织和个人面临的不为组织所左右的因素，是客观因素，是组织或个人完全不能控制的；内部条件是指组织和个人开展工作所需的各种资源，也是客观因素，在一定程度上能改变内部条件的制约；激励效应是指组织和个人为实现目标而工作的主动性、积极性，是主观因素。

在影响绩效的四个因素中，激励效应是最具有主动性、能动性的因素。人的主动性、积极性提高了，组织和员工会尽力争取内部资源的支持，同时组织和员工技能水平将会逐渐提高。因此，绩效管理就是通过适当的激励机制激发人的主动性、积极性，激发组织和员工争取内部条件的改善，提高技能水平，进而提高个人和组织绩效。

（二）绩效管理的含义

绩效管理是指为实现组织的战略目标，通过管理者和员工持续地沟通，通过绩效计划、绩效实施、绩效考核和绩效反馈四个环节的不断循环，不断地改善员工的绩效，进而提高整个组织绩效的管理过程（见图 6-2）。绩效管理是一个完整并且不断进行的循环，其最终的结果是员工个人绩效水平和组织整体绩效水平的不断提高，从而实现员工个人发展和组织整体发展的“双赢”（见图 6-3）。

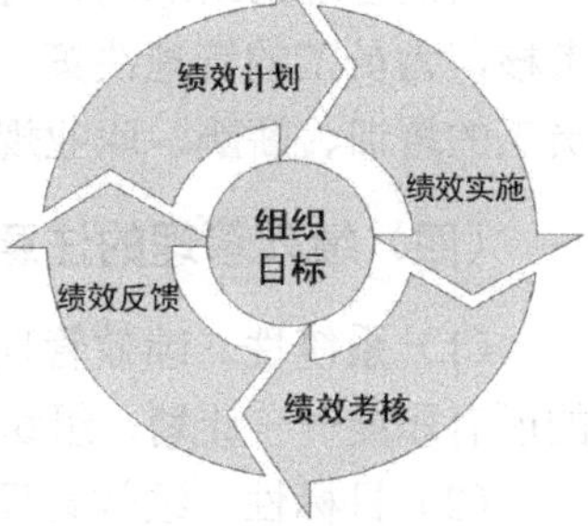

图 6-2 绩效管理循环

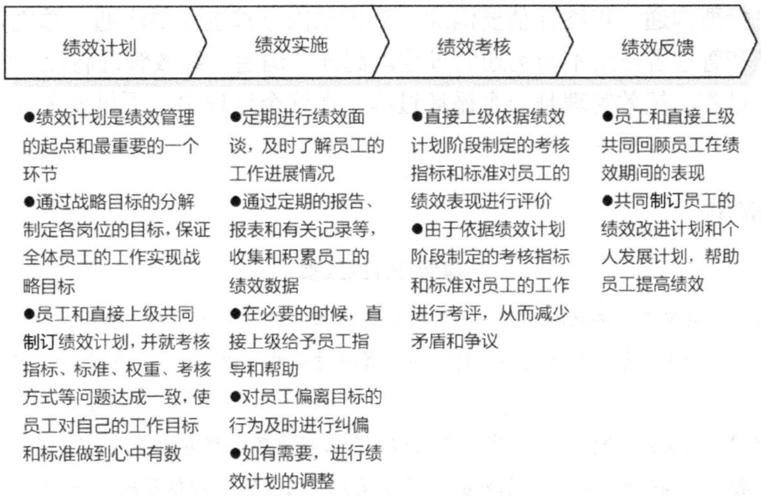

图 6-3 绩效管理内容

（三）绩效管理的作用

绩效管理是增强战略执行力的一套方法，它将个人业绩、个人发展与组织目标有机结合，通过持续改善个人业绩和团队业绩来持续改善组织业绩，并确保组织战略的执行和业务目标的实现。

对各级管理者来说，绩效管理能提高其管理水平、减轻其管理压力。通过建立自上而下、层层分解的目标体系，绩效管理使员工明确自己的工作重点、工作目标与方向，让员工以最有效的方式、尽最大努力来做“正确的事”，确保员工的工作行为及工作产出与组织的目标一致。对员工来讲，绩效管理通过绩效目标设定、绩效实施、绩效反馈帮助员工改善个人业绩，并通过实施员工改善计划提高个人能力，促进员工个人职业生涯发展。

绩效管理提供了一个规范而简洁的沟通平台。绩效管理改变了以往纯粹的自上而下发布命令和检查成果的做法，要求管理者与员工双方定期就其工作行为与结果进行沟通、评判、反馈、辅导，管理者要对员工的职业能力进行培训、开发，对其职业发展进行辅导与激励，客观上在管理者与员工之间提供了一个十分实用的平台。

绩效管理为组织的人力资源管理与开发等提供了必要的依据。通过绩效管理实施绩效考核，为员工的管理决策，如辞退、晋升、转岗、降职等提供了必要的依据，同时解决了员工的培训、薪酬、职业规划等问题，使之有理有据。

（四）绩效管理的注意事项

（1）系统性。绩效管理是一个完整的系统，不是一个简单的步骤。绩效管理涵盖管理的所有职能——计划、组织、领导、协调、控制，因此，必须系统地看待绩效管理。

（2）目标性。绩效管理强调目标管理，只有绩效管理的目标明确，管理者和员工的努力才会有方向，才会更加的团结一致，共同致力于绩效管理目标的实现，共同提高绩效，更好地服务于组织的战略规划和远景目标。

（3）强调沟通。沟通在绩效管理中起着决定性的作用。制定绩效考核标准要沟通，帮助员工实现目标要沟通，年终评估要沟通，分析原因寻求进步要沟通。总之，绩效管理的过程就是员工和管理者持续不断沟通的过程。离开了沟通，绩效管理将流于形式。

（4）重视过程。绩效管理是一个循环过程，在这个过程中，不仅要关注结果，更要强调目标、实施、评价和反馈。

历史小故事

唐僧师徒的故事

话说，唐僧团队乘坐飞机去旅游。途中，飞机出现故障，需要跳伞。不巧的是，四个人只有三把降落伞，为了公平，师傅唐僧决定对各个徒弟进行考核。考核过关就可以得到一把降落伞，考核失败，就自己跳下去。

于是，师傅问孙悟空：“悟空，天上有几个太阳？”孙悟空不假思索地答道：“一个。”师傅说：“好，答对了，给你一把伞。”接着，师傅又问沙僧：“天上有几个月亮？”沙僧答道：“一个。”师傅说：“好，也对了，给你一把伞。”猪八戒一看，心里暗喜：“啊哈，这么简单，我也行。”于是，摩拳擦掌，等待师傅出题。师傅的题目出来，猪八戒却跳下去了，大家知道为什么吗？师傅的问题是：“天上有多少颗星星？”

猪八戒当时就傻掉了，直接跳下去了。这是第一次旅游。

过了些日子，师徒四人又乘坐飞机旅游，结果途中飞机又出现了故障，同样只有三把降落伞，师傅如法炮制，再次出题考大家。先问孙悟空："中华人民共和国是哪一年成立的？"孙悟空答道："1949 年 10 月 1 日。"师傅说："好，给你一把伞。"又问沙僧："中国的人口有多少亿？"沙僧回答："13 亿。"师傅说："好，答对了。"沙僧也得到一把伞。轮到猪八戒，师傅的问题是："13 亿人的名字分别叫什么？"猪八戒当时晕倒，又一次跳下去了。

第三次旅游的时候，飞机再次出现故障，这时候猪八戒说："师傅，你别问了，我跳。"然后纵身一跳，师傅双手合十，说："阿弥陀佛，殊不知这次有四把伞。"

问题：小故事中折射出的绩效管理应注意哪些问题？

二、绩效管理工具

（一）目标管理法

目标管理（MBO）的概念是由著名管理大师彼得·德鲁克在 1954 年提出的。所谓目标管理法，就是依据组织预定的管理目标，对组织的管理者和员工的绩效进行检查、考核、评估的方法。目标管理法和关键绩效指标结合，是目前比较流行的员工绩效考评方法。

目标管理法的基本程序如下。

① 监督者和员工一起制定考评期间要实现的工作目标。

② 在考评期间，监督者与员工根据业务或环境变化修改或调整目标。

③ 监督者和员工共同决定目标是否实现，并讨论失败的原因。

④ 监督者和员工共同制定下一考评期的工作目标和绩效目标。

目标管理法的特点：绩效考核者的作用从法官转换为顾问和教练，员工的作用也从消极的旁观者转换为积极的参与者。这使员工增强了满足感，提高了工作的主动性、积极性和创造性，能够以一种更加高涨的情绪投入工作，有利于工作目标和绩效目标的实现。

采用这种方法时，不能仅仅关注目标实现的结果，更应关注目标实现的过程，否则容易误导员工将精力更多地放在短期目标上，从而忽视组织的长期目标。

（二）360 度考核法

为使员工的绩效考核更加公平、公正、公开，有些组织把考核主体由单纯的上级考核扩展为所谓的"360 度考核"的形式。在这种形式下，一个员工的工作行为信息来自他（她）周围的所有人，包括员工本人、他（她）的上级、下属、同事及内外部客户，所以考核主体也是由这些人组成的。360 度考核法一般是由相关考核主体如同事、上级、下属及客户等填写考核某人的调查问卷表，然后用计算机系统对所有的反馈信息进行汇总并加以分析，得出考评结果。360 度考核法，因其收集的信息量很大，如果组织人数较多，就需要有一个较好的考评系统来支撑这种方法的运作。因此，采用这种方法投入的时间较多，费用也较高。同时，在选择考核主体时，应注意选择真正与被考核者相关的人员，并注重对他们的培训，避免出现感情打分或报复打分的情况。

管理小案例

普渡资源管理公司的360度考核法

美国普渡资源管理公司有员工近千人，旧的绩效考核系统缺乏明确的考核标准，在实施中也未能保证公正与公平，在考核过程中，员工也不知道公司对他们的期望是什么。通过考核来发现绩效优异的员工并给予他们相应的报酬，这是任何一个有效激励体系的内在组成部分。许多公司实施绩效考核的目的是激励员工。然而，总有经理或员工认为，绩效考核是一个虽有必要，但毫无结果和令人讨厌的过程。普渡资源管理公司在1994年改革之前就处于这种情形。改革的结果，绩效考核不仅是一种对员工"打分"的制度，更是给员工以重要信息反馈的机制。每年，所有员工都同他们的上级坐到一起讨论今年的目标。为此，绩效考核实际上成了一种重要的协调工具。例如，在普渡资源管理公司中，团队工作变得越来越重要。为促进员工相互间的合作，公司制定了一项政策，要求所有员工以一名团队成员的身份来回答一系列问题。同样，在绩效考核中，不仅由上级进行考核，同事和下级也要对其进行考核。仅由上级考核也许成本更低、更节省时间，但360度考核法对于团队运作很重要的公司来说非常有价值。此外，增加考核者的人数会提高考核的准确性。

许多公司也曾采用类似的考核方法。例如，处于激烈变化环境中的公司为其员工确定第二年的目标，这是一项非常有效的措施。但是，同样的措施如果用于一个处于稳定环境中的公司就显得浪费和有些愚蠢。事实上，这类公司完全可以将这些目标转化成固定的职务说明书。相反，处于动态环境中的公司，其员工和管理者最了解发生了什么变化，以及应当如何调整目标以适应新的环境。

问题：上述案例中的普渡资源管理公司为什么采取360度考核法？

（三）关键绩效指标法

关键绩效指标（Key Performance Indicator，KPI）是把组织的战略目标进行分解的工具，是绩效管理系统的基础。它通过对组织的战略目标进行分析，可用鱼骨分析法将战略分解成几个关键领域，并设定关键领域的绩效指标。KPI 可以使部门管理者明确部门的主要责任，并以此为基础，明确部门员工的绩效衡量指标。建立明确的、切实可行的 KPI 体系是做好绩效管理的关键。

确定关键绩效指标时，应把握以下几点。

① 将个人和部门的目标同组织的整体战略联系起来，以全局的观点思考问题。

② 关键绩效指标一般比较稳定，如果业务流程基本不变，则关键绩效指标也不应有较大的变动。

③ 关键绩效指标应当简单明了，容易被执行者理解和接受。

④ 应符合"SMART"原则，"S"（Specific）指目标要具体，"M"（Measurable）指目标要量化、能够衡量，"A"（Attainable）指制定的目标通过努力能够实现，"R"（Relevant）指目标要与员工岗位业务相关，"T"（Time-bound）指完成目标要有具体的时间限制。

KPI 通过与 MBO、BSC、EVA 等绩效管理方法结合，可以组成不同的绩效管理体系，目前在很多组织得到了很好的运用。

互动测试："SMART"中的各个字母代表什么意思？

"S"指目标要具体，"M"指目标要量化，"A"指目标能实现，"R"指目标与业务相关，"T"指目标要有时间限制。

（四）平衡记分卡

平衡计分卡（BSC）是能使高层管理者快速而全面地考察组织业绩的绩效管理体系。作为一种绩效管理及评价工具，平衡计分卡主要从四个方面来衡量组织，它包含了财务指标，同时通过一些驱动财务业绩的因素，如客户满意度、内部流程及组织的学习与发展能力等运营指标，对财务指标进行补充。

平衡计分卡有以下优点。

① 克服财务评估方法的短期行为。

② 使整个组织行动一致，服务于战略目标。

③ 能有效地将组织的战略转化为组织各层的绩效指标和行动。

④ 有助于员工对组织目标和战略的认识和理解。

⑤ 有助于组织和员工的学习成长和核心能力的培养。

⑥ 有助于组织长远发展。

⑦ 通过实施平衡计分卡，提高组织整体管理水平。

管理小案例

上海特思克汽车科技有限公司平衡计分卡应用

（一）公司概况

上海特思克汽车科技有限公司是汽车技术研发公司。公司的经营范围：汽车零部件及相关技术的研发、生产，自有技术成果的转让，并提供相关的技术咨询和技术服务。公司成立于2003年，经过多年的发展，公司在全球有多家分公司，分布在德国、巴西、墨西哥等国家和地区。公司具有丰富的客户资源，其中包括大众、宝马、雷诺等汽车生产厂商。

（二）平衡计分卡的应用

1. 平衡计分卡关键指标的提取及确定

平衡计分卡的指标类别和设置目的，如表6-1所示。

表6-1　平衡计分卡的指标类别和设置目的

指标类别	设置目的
财务类指标	从所有者利益出发达到设定的财务要求，能够全面衡量经营活动的经营成果。既体现了年度工作计划对财务绩效的要求，也是平衡计分卡其他方面指标要达到的最终结果
内部运营类指标	找出公司内部必须做好和需要提高竞争优势的方面，制定相应的指标，督促这些方面越做越好，从而保证财务类指标和客户类指标的实现
学习发展类指标	公司在追求短期效益的同时，是否为公司的长远发展营造了积极健康的工作环境和公司文化，是否培养和维持了公司中的人员竞争力
客户类指标	为目标客户和目标市场提供满意的产品和服务。因为要满足客户的要求，公司就必须关注自己产品和服务的市场表现，因此要从客户的角度为公司设立考核指标

2. 财务维度指标的提取及确定

公司财务维度的战略目标是增加销售额和提高净资产收益率。销售额的增加关键在于扩大销售规模，评价公司是否扩大了销售规模、是否增加了销售额的关键指标是销售增长率。提高净资产收益率的关键因素是产品的盈利能力与成本控制，选取的指标为净资产收益率、成本费用利润率。公司财务维度示意图如图 6-4 所示。

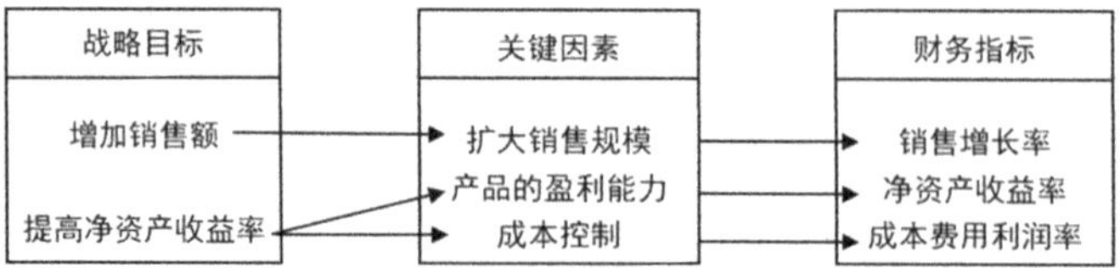

图 6-4　公司财务维度示意图

3. 客户维度关键指标的提取及确定

公司保持和增加客户的关键因素为原有客户的保持、新客户的开发、有效的营销方式、新产品的开发及符合市场需求的产品。保持行业领先地位的关键因素为新产品的开发、符合市场需求的产品、有效的营销方式。客户维度选取的指标有市场占有率、客户保留度、客户获取率、客户满意度。公司客户维度示意图如图 6-5 所示。

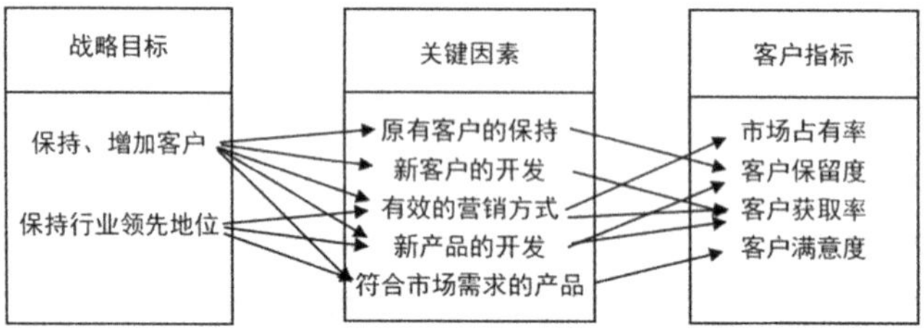

图 6-5　公司客户维度示意图

4. 内部业务流程维度关键指标的提取及确定

公司创新的关键因素在于不断地进行技术创新，衡量指标为开发费用与营业利润的比率，该指标值越小，说明公司的技术创新能力越强。公司加强运营管理的目的在于缩短开发周期，使产品快速进入市场，衡量指标为开发周期。公司内部业务流程的另一个目标是提高产品质量，关键因素是合理的检验，衡量指标为退货率。公司内部业务流程维度示意图如图 6-6 所示。

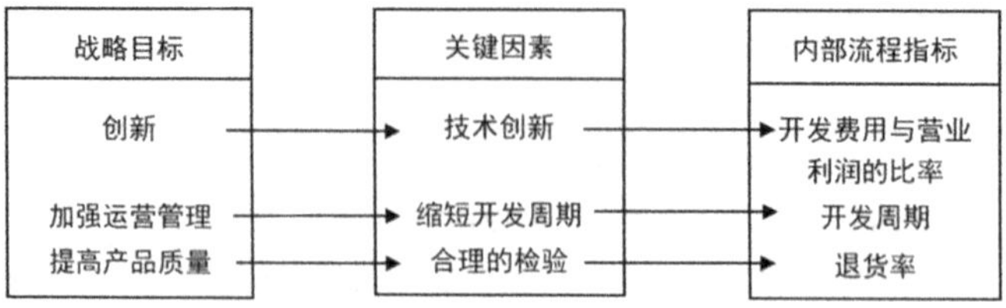

图 6-6　公司内部业务流程维度示意图

5. 学习与成长维度关键指标的提取及确定

公司关心员工，提高员工满意度的关键因素是对员工进行培训，如外派员工深造、提升员工技能等，衡量指标为员工培训比例、培训合格率、员工离职率及员工满意度。公司学习与成长维度示意图如图 6-7 所示。

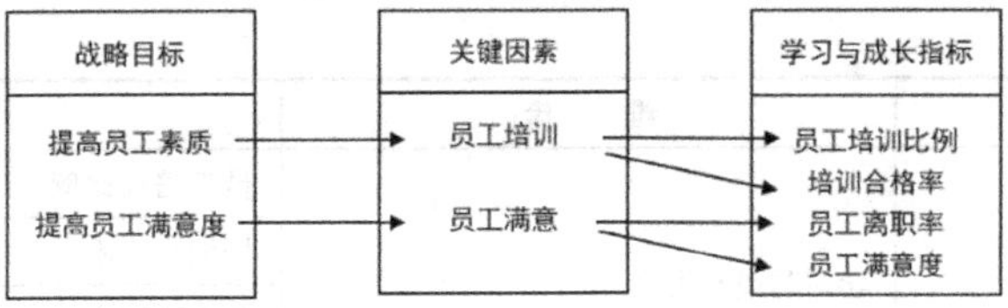

图 6-7　公司学习与成长维度示意图

6. 平衡计分卡维度驱动关系图

平衡计分卡各个维度各指标之间的因果关系，如图 6-8 所示。

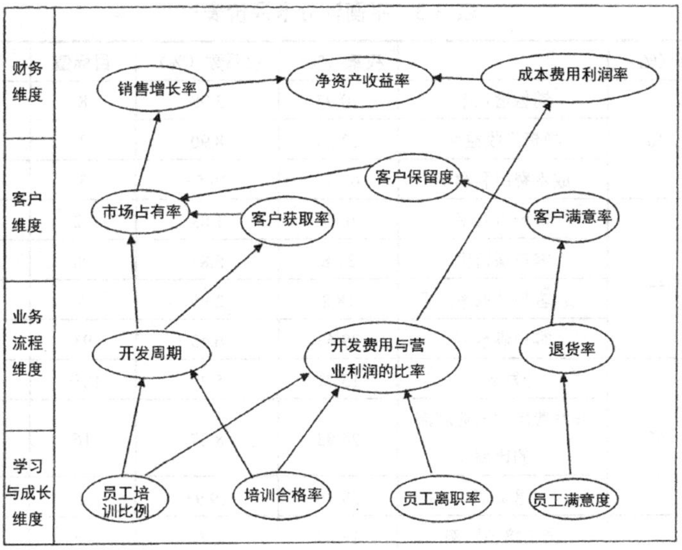

图 6-8　平衡计分卡维度驱动关系图

7. 平衡计分卡指标体系

综上所述，该公司平衡计分卡指标体系由财务、客户、内部业务流程、学习与成长四个维度共 14 项指标构成，如表 6-2 所示。

表 6-2　平衡计分卡指标体系

	维　度	指　标
实现企业长期经营绩效	财务维度	销售增长率
		净资产收益率
		成本费用利润率
	客户维度	市场占有率
		客户保留度
		客户获取率
		客户满意度
	内部业务流程维度	开发周期
		开发费用与营业利润的比率
		退货率

续表

	维　　度	指　　标
实现企业长期经营绩效	学习与成长维度	员工培训比例
		培训合格率
		员工离职率
		员工满意度

8. 平衡计分卡评价表

平衡计分卡评价表如表6-3所示。

表6-3　平衡计分卡评价表

	维度	权重（%）		权重（%）	权系数（%）	目标值	实际值	得分值
实现企业长期经营绩效	财务维度	39.46	销售增长率	10.07	3.98	8		
			净资产收益率	22.55	8.90	3		
			成本费用利润率	67.38	26.58	3		
	客户维度	16.22	市场占有率	6.37	1.03	12		
			客户保留度	35.8	5.81	90		
			客户获取率	18.2	2.95	5		
			客户满意度	39.63	6.43	93		
	内部业务流程维度	33.57	开发周期	15.71	5.27	1080		
			开发费用与营业利润的比率	24.93	8.37	16		
			退货率	59.36	19.93	2		
	学习与成长维度	10.75	员工培训比例	16.44	1.77	35		
			培训合格率	28.48	3.06	100		
			员工离职率	10.51	1.13	1.2		
			员工满意度	44.57	4.79	90		
	汇总	100		100	100	—		

管理小案例

平衡记分卡水土不服

张小姐是一家员工近千人、年产值数亿元企业的人事经理，为提高绩效，该企业决定优化考核，并把平衡计分卡作为一项考核制度，在企业内实施，并且由人事经理张小姐负责推广实施。起初，张小姐认为，平衡计分卡作为常用的绩效管理工具，在企业内推广实施应该不存在阻力，并且会取得不错的效果。然而，将近一年的时间过去了，平衡计分卡并没有顺利实施，反而企业内部上上下下有不少抱怨和怀疑的声音，甚至有人说“原来的考核办法就像一根绳子，现在想用四根绳子，还不就是拴得再紧点，为少发奖金找借口”。为此，张小姐特意调研了一下，发现在推行平衡记分卡时，不少企业存在类似的情况。张小姐不知道问题出在哪儿？还是说平衡计分卡不适合中国企业？为此，她显得颇有些无奈。

问题：上述案例中存在什么问题？在应用平衡记分卡时需要注意哪些事项？

（五）EVA 价值管理

EVA 是经济附加值（Economic Value Added）的英文缩写，是业绩度量指标，与其他度量指标不同之处在于：EVA 考虑了给组织带来利润的所有资金成本。基于 EVA 的绩效管理方法，把组织内部制定的很多离散指标统一成一个最终指标，即创造价值。在进行业绩评价时，若不考虑权益资本费用，就不能真实地反映出资本的运营效率和组织为股东所创造财富的多少。因此，只有在业绩评价中充分考虑组织的全部资本费用，才能真实地反映出组织的资本保值增值情况和其所创造的财富。EVA 等于税后经营利润减去债务和股本成本，是所有成本被扣除后的剩余收益，它反映的是组织税后净利润与全部投入资本成本之间的差额，是对真正“经济”利润的评价。如果税后净利润大于全部资本成本，EVA 为正值，说明组织为股东创造了价值，增加了股东财富；反之，则表明造成了股东财富的损失。EVA 不衡量过程，直接表现为股东创造的价值，避免了中间过程指标可能造成的管理上的误导。EVA 绩效管理对最终创造价值的考核并不是孤立的，而是通过组织从上至下的价值链贯穿，能够有效地将组织的目标分解到基层。由于这种方法的强项针对的是财务指标，因此又引入了独立绩效因素（Independent Performance Factor，IPF），类似于 KPI 中的行为过程指标。先通过 IPF 把行政、人力资源等不直接创造价值的支持部门的奖金总额，与所服务的内部客户创造的价值额度按比例挂钩，再决定部门内员工间的奖金分配。基于财务的 EVA 绩效管理对组织内部的财务体系提出了非常高的要求，所以对财务分析系统不是很完善、财务数据难以达到可供分析判断的需求的企业而言，实行时需要进行具体调整。

三、绩效管理程序

绩效管理通常被视为一个循环，通过管理者与员工之间持续不断进行的业务管理循环过程实现绩效的改进。这个循环过程包括四个部分：绩效计划，绩效实施，绩效考核，绩效反馈。

（一）绩效计划

绩效计划是评估者和被评估者双方对应该实现的工作绩效进行沟通的过程，通过这个过程最终将沟通的结果以正式的书面协议展示出来，即绩效计划评估表。绩效计划的设计从组织的高层开始，将绩效目标层层分解到各级部门，最终落实到个人。

绩效计划作为绩效管理的一种有力工具，它体现了上下级之间承诺的绩效目标的严肃性，使决策层能够把精力集中在组织的经营决策上，确保组织总体战略的逐步实施和年度工作目标的实现，有利于在组织内部营造一种突出绩效的文化氛围。

绩效计划是绩效管理体系的第一个关键步骤，也是实施绩效管理系统的主要平台和关键手段，通过它可以在组织内部建立一种科学合理的管理机制，能够将股东的利益和员工的个人利益结合在一起。

绩效计划按责任主体分为组织绩效计划、部门绩效计划、个人绩效计划三个层次，按时间可以分为年度绩效计划、季度绩效计划、月度绩效计划。

一般而言，绩效计划包括以下内容。

① 本岗位在本次绩效周期内的工作要项。

② 衡量工作要项的关键绩效指标。

③ 关键绩效指标的权重。
④ 工作结果的预期目标。
⑤ 工作结果的测量方法。
⑥ 关键绩效指标的计算公式。
⑦ 关键绩效指标的计分方法。
⑧ 关键绩效指标的计分来源。
⑨ 关键绩效指标的考评周期。
⑩ 在实现目标的过程中可能遇到的困难和障碍。
⑪ 各岗位在工作的时候拥有的权力和可调配的资源。
⑫ 组织能够为员工提供的支持和帮助，以及沟通方式。

管理小案例

绩效评估方案

为使绩效考核更具客观性，某公司人力资源部门设计出一套绩效评估方案，该公司的绩效评估分为以下五档。

A 出色，工作绩效始终超越本职位常规标准要求，在规定的时间之前完成任务，完成任务的数量、质量等明显超出规定的标准，拥有客户的高度评价。

B 优良，工作绩效经常超出本职位常规标准要求，严格按照规定的时间完成任务并经常提前完成任务，经常在数量、质量上超出规定的标准，客户比较满意。

C 可接受，工作绩效经常维持或偶尔超出本职位常规标准要求，基本上达到规定的时间、数量、质量等工作标准，没有客户不满。

D 需改进，工作绩效基本维持或偶尔未达到本职位常规标准要求,偶尔存在小的疏漏,有时在时间、数量、质量上达不到规定的工作标准，偶尔有客户投诉。

E 不良，工作绩效显著低于本职位常规工作标准要求，工作中出现大的失误，或者在时间、数量、质量上达不到规定的工作标准，经常不能完成任务，经常有客户投诉。

在制订绩效计划时，应该注意以下原则。

（1）价值驱动原则。要与提升组织价值和追求股东回报最大化的宗旨相一致，突出以价值创造为核心的组织文化。

（2）流程系统化原则。与战略规划、资本计划、经营预算计划、人力资源管理等紧密相连，配套使用。

（3）一致原则。组织制订绩效计划，是为了保证组织总体发展战略和年度生产经营目标的实现，所以在考核内容的选择和指标的确定上，一定要紧紧围绕组织的发展目标，自上而下逐层分解、设计和选择。

（4）突出重点原则。员工承担的工作职责越多，所对应的工作成果也越多。但是，在设定关键绩效指标和工作目标时，切忌面面俱到，而是要突出关键、突出重点，选择那些与组织价值关联度较大、与职位职责结合更紧密的绩效指标和工作目标，而不是将整个工作过程具体化。

通常，员工绩效计划的关键指标最多不能超过 6 个，工作目标不能超过 5 个，否则就会分散员工的注意力，影响其将精力集中在最关键的绩效指标和工作目标上。

（5）可行性原则。关键绩效指标与工作目标，一定是员工能够控制的，要在员工职责和权力控制的范围内，也就是说，要与员工的工作职责和权力相一致，否则就难以实现绩效计划所要求的工作任务。同时，确定的目标要有挑战性，有一定难度，但又可实现。目标过高，无法实现，不具激励性；目标过低，不利于员工成长。另外，在整个绩效计划制订过程中，要认真学习先进的管理经验，结合组织的实际情况，解决好在实施时可能遇到的障碍，使关键绩效指标与工作目标符合实际、切实可行。

（6）全员参与原则。在绩效计划的制订过程中，一定积极争取并坚持员工、各级管理者都参与。这种参与可以使各方的潜在利益冲突暴露出来，便于通过一些政策性程序来解决这些冲突，从而确保绩效计划的科学合理。

管理小案例

绩效计划的制订

小李是绩效专员，管理层要求修订各部门经理绩效合约指标，要求在 3 月 1 日前将绩效合约指标反馈至总经理，小李将通知发给了各部门经理，到了 2 月 28 日小李和各部门经理沟通绩效合约指标修订情况，各部门经理都忙，还没开始修订绩效合约指标，为了能及时反馈，小李直接将公司绩效指标分解到各部门经理，目标值均是在公司目标值基础上写的，小李觉得个人目标一定要严于公司目标，于是自己用一天的时间将各部门经理的绩效合约指标都修订完了。可是一个月后，开始评估月度绩效时，各部门经理都来找小李，说绩效合约指标不合理，很多指标不是自己能控制的，目标定的也不合理。

这是一个制订绩效计划失败的案例。案例中由于各部门经理忙，于是由绩效专员独自完成了绩效计划的制订工作，而过程中也没有进行任何沟通。

问题：（1）根据上述案例说明正常制订绩效计划的流程是什么？

（2）如果我们在工作中遇到了上述情况，我们应该如何处理？

（7）足够激励原则。将考核结果与薪酬及其他非物质奖惩等激励机制紧密相连，拉大绩效突出者与其他人的薪酬比例，打破分配上的平均主义，做到奖优罚劣、奖勤罚懒、激励先进、鞭策后进，营造一种突出绩效的组织氛围。

（8）客观公正原则。要保持绩效透明度，采用坦率的、公平的、跨越组织等级的绩效审核和沟通机制，做到系统地、客观地评估绩效。对工作性质和难度基本一致的员工的绩效标准设定，应该保持大体相同，确保考核过程公正，考核结论准确无误，奖惩措施公平合理。

管理小案例

绩效缺乏动力

小李是一名工作 5 年的销售员，他们小组中共有 6 人，其他人都是他一手带出来的，一般促销、疑难客户都是小李处理的，小李感觉自己在工作中付出了很多，但是月度的绩效结果却与其他人很接近，这种结果让他没有了工作的动力。

此案例中的关键是，小李付出了很多，但是与其他人的绩效结果相近，所以没有起到激励的效果。我们可以分析一下现有的绩效指标，是否存在吃大锅饭的情况，比如问题的解决采用的是团队的指标，或者某些指标的权重设置的过低，导致了得分的差异性较小。

问题：为了防止上述情况发生，我们应该如何解决此类问题？

（9）综合平衡原则。绩效计划是对员工整体工作职责的考核手段，因此必须要通过合理分配关键绩效指标与工作目标完成效果评价的内容和权重，实现对员工重要职责的合理衡量。

（10）职位特色原则。与薪酬系统不同，绩效计划针对每个职位而设定，而薪酬体系的重要设计方法是将不同职位划入有限的职级体系。因此，相似但不同的职位，其特色完全由绩效计划来反映。这就要求绩效计划内容、形式的选择和目标的设定要充分考虑到不同业务、不同部门中类似职位的特色和共性。

绩效计划是一个双向沟通的过程，在这个过程中，管理者与员工都有责任。不是管理者单方面向员工提出工作要求，也不是员工自发设定工作目标。

在绩效计划阶段，让员工充分参与绩效计划的制订，并签订非常正规的绩效契约，让员工感到自己对绩效计划中的内容做了很强的公开承诺，会使员工更加倾向于坚持这些承诺，履行自己的绩效计划。绩效计划一般分为准备阶段、沟通阶段、绩效计划的签订三个阶段。

1．准备阶段

为了使绩效计划取得预期的效果，事先必须准备好相应的信息，这些信息主要分为以下三类。

（1）关于组织的信息。为了使员工的绩效计划能够与组织的目标结合起来，管理者与员工将就组织的战略目标、组织的年度经营计划进行沟通，并确保双方对此没有任何歧义。因此，在制订绩效计划之前，管理者和员工都需要回顾组织的目标，保证在制订绩效计划时双方都熟悉了组织的目标。

（2）关于部门的信息。每个部门的目标是组织的整体目标逐渐分解形成的。不但经营的指标可以分解到生产、销售等业务部门，而且财务、人力资源等业务支持性部门，其工作目标也与组织的整个目标紧密相连。

（3）关于个人的信息。员工个人的信息，主要包含两方面的信息：一是工作描述的信息，二是上一个绩效计划执行的评估结果。在员工的工作描述中，通常规定了员工的主要工作职责，以工作职责为出发点设定工作目标可以保证个人的工作目标与职位的要求联系起来。工作描述需要不断地修订，在制订绩效计划之前，员工需要对工作描述进行回顾，重新思考职位存在的目的，并根据不断变化的环境调整工作描述。

2．沟通阶段

绩效计划的沟通阶段是整个绩效计划的核心阶段。在这个阶段，管理者与员工必须经过充分交流，对员工在本次绩效期间的工作目标和计划达成共识。绩效计划会议是绩效计划制订过程中管理者与员工进行沟通的一种普遍方式。但是，绩效计划的沟通形式并不是千篇一律的，在开展绩效计划会议时，要根据组织和员工的具体情况修改绩效计划，把重点放在沟通上面。

管理者和员工都应该确定一个专门的时间用于绩效计划的沟通，并且要保证在沟通的时候最好不要有其他事情打扰。在沟通的时候气氛要尽可能轻松，不要给人太大的压力，把焦点集中在沟通的原因和应该取得的结果上。

在开展绩效计划会议时，首先需要回顾一下已经准备好的各种信息，在讨论具体的工作职责之前，管理者和员工都应该知道组织的要求、发展方向，以及与讨论具体工作职责有关系和有意义的其他信息，包括企业的经营计划信息、员工的工作描述和上一个绩效期间的评估结果等。

管理小案例

绩效任务分配

A 公司销售的产品有铅笔、课本、橡皮。小张是铅笔销售团队的负责人。在做年度绩效计划修订时，销售经理直接将产品销售额指标落到了小李身上。因为本公司有三个销售团队，小张负责的是其中的一个团队，所以感觉很不公平。

在此案例中，销售经理为了让下级承担他的销售指标，将“销售额”指标直接落到了小张的身上。实际上，我们在进行绩效指标分解的时候，需要分析该岗位所承担的责任，将其所承担的内容分解到相应人员的身上。案例中的情况明显不合理。

问题：鉴于任务分配不合理，我们该如何解决这个问题？

3．绩效计划的签订

在制订绩效计划的过程中，绩效计划的签订是最后一个阶段，此时要注意以下两点。

（1）在绩效计划会议结束时，管理者和员工应该能以同样的答案回答几个问题，以确认双方是否达成了共识。这些问题是：员工在本绩效期间的工作职责是什么？员工在本绩效期间所要实现的工作目标是什么？如何判断员工的工作目标完成得怎么样？员工应该在什么时候完成这些工作目标？各项工作职责及工作目标的权重如何？哪些是最重要的？哪些是其次重要的？哪些是次要的？员工的工作绩效好坏对整个组织或特定的部门有什么影响？员工在完成工作时可以拥有哪些权力？可以得到哪些资源？员工在实现目标的过程中会遇到哪些困难和障碍？管理者会为员工提供哪些支持和帮助？员工在本绩效期间会得到哪些培训？员工在完成工作的过程中，如何获得有关他们工作情况的信息？在本绩效期间，管理者如何与员工进行沟通？

（2）在绩效计划会议结束时，应取得以下成果：员工的工作目标与组织的整体目标紧密相连，并且员工清楚地知道自己的工作目标与组织的整体目标之间的关系；员工的工作职责和描述已经按照现有的组织环境进行了修改，可以反映本绩效期间主要的工作内容；管理者和员工对员工的主要工作任务、各项工作任务的重要程度、完成任务的标准、员工在完成任务过程中拥有的权限已经达成了共识；管理者和员工都十分清楚在实现工作目标的过程中可能遇到的困难和障碍，并且明确管理者所能提供的支持和帮助；形成了一个经过管理者与员工协商讨论的文档，该文档中包括员工的工作目标、实现工作目标的主要工作成果、衡量工作成果的指标和标准、各项工作所占的权重，并且管理者和员工都要在该文档上签字确认。

（二）绩效实施

当管理者和员工就绩效计划达成共识后，便进入绩效实施阶段。在这个阶段，管理者对员工的工作进行指导和监督，为员工提供必要的辅导，协助其完成工作、提高工作质量，并随时根据实际情况对绩效计划进行调整。

绩效实施是绩效管理四个环节中耗时最长的活动，而且绩效计划是否能够落实和完成要依赖于绩效实施与管理，绩效考核的依据也来自绩效实施与管理的过程，所以绩效实施是一个重要的环节，这个环节做得怎么样直接决定着绩效管理的成败。

绩效实施与管理中经常出现以下误区。

① 绩效管理重要的是计划和评估，中间的过程是员工自己工作的过程。

② 对员工进行绩效管理就是要监督、检查员工的工作，要时刻关注员工的工作过程。

③ 认为花时间做记录是一种浪费。

因此，在绩效实施阶段要加强沟通，避免出现管理者与员工都处于各自为政的状态，要及时发现绩效实施中所存在的问题，以保证绩效计划正确有效地执行。

（三）绩效考核

绩效考核过程一般可以分为以下几个阶段。

第一阶段是根据组织目标和工作分析制定绩效考核标准，对绩效考核指标进行详细阐述。制定绩效考核标准是组织实施绩效考核的一项基础工作，绩效考核标准决定着员工努力的方向，以及组织目标的实现程度。绩效考核标准的确定以职务分析为基础，职务分析的结果决定了绩效考核标准。

第二、第三阶段分别为确定绩效考核的内容和实施绩效考核。一般来说，员工绩效考核的内容主要侧重于工作实绩和行为表现两个方面，由有关人员对被考核员工的实际成绩和表现做客观记录，并确定在不同的指标上的成绩水平。

公平客观的绩效考核一定不会是凭感觉的，这些考核的依据来自绩效实施的过程，因此在绩效实施过程中就要对员工的绩效做一些观察和记录，收集必要的信息，这些信息的具体作用如下。

（1）提供绩效评估的事实依据。在绩效考核时，将一个员工的绩效评判为“优秀”“良好”或“不及格”，需要有一些证据做支撑，即依据什么将员工的绩效评判为“优秀”“良好”或“不及格”，绝对不能凭感觉，而是要用事实说话。

（2）提供改进绩效的事实依据。绩效管理的目的是改进和提高员工的绩效和工作能力，当管理者对员工说，“你在这些方面做得不够好”或“你在这些方面还可以做得更好”时，需要结合具体的事实向员工说明其目前的差距和需要如何改进、提高。

（3）发现绩效问题和优秀绩效的原因。对绩效信息的记录和收集还可以使管理者积累一定的突出绩效表现的关键事件，可以帮助管理者发现优秀绩效背后的原因，管理者可以利用这些信息帮助其他员工提高绩效，使他们以优秀员工为基准，把工作做得更好。还可以发现绩效不良背后的原因，是工作态度还是工作方法的问题，这样有助于对症下药、改进绩效。

（4）争议仲裁中的利益维护。保留翔实的员工绩效表现记录也是为了在发生争议时有事实依据，一旦员工对绩效考核或人事决策产生争议时，就可以将这些记录在案的事实依据作为仲裁的信息来源。这些记录既可以维护组织的利益，也可以维护员工的利益。

（四）绩效反馈

绩效反馈是绩效管理过程中的一个重要环节。它主要通过考核者与被考核者之间的沟通，就被考核者在考核周期的绩效情况进行面谈，在肯定成绩的同时，找出工作中的不足并加以改进。绩效反馈的目的是让员工了解自己在本绩效期间的绩效是否达到所定的目标，行为态度是否合格，让管理者和员工达成对评估结果一致的看法。管理者与员工共同探讨绩效未合格的原因，并制订绩效改进计划，同时管理者要向员工传达组织的期望，双方对绩效期间的目标进行探讨，最终形成一个绩效合约。由于绩效反馈在绩效考核结束后实施，而且是考核者和被考核者之间的直接对话，因此，有效的绩效反馈对绩效管理有着至关重要的作用。

成功的绩效反馈需要包含以下五个方面的内容。

（1）鼓励参与。人力资源工作者要鼓励员工积极参与到绩效反馈过程中来。当组织与员工对考绩结果意见不同时，组织要多听取员工的意见，并适时地提出具体的评分依据或记录，让员工明白绩效考核的客观性。

（2）正面激励。正面激励就是要多赞扬、肯定员工的优点和长处，尽量少批评。人们通常认为，绩效反馈的焦点应当集中在找出员工能力、素质和工作业绩方面所存在的问题上，他们往往把绩效反馈看成是对员工进行批评惩罚的一个机会，然而事实并非如此。

绩效反馈的目的是提供准确的考核结果，以扬长避短。其中，既包括查找不良工作作风和业绩，也包括对优良作风和有效业绩的认可。赞扬员工的优良作风和有效业绩，有助于强化员工有利于组织的行为。此外，它能使员工意识到人力资源工作者不仅是为了寻找自己的问题，也是为了找到自己的优势和潜力，从而增加了员工对绩效考核结果的接受程度、提高了绩效考核结果的可信性。

（3）注重改进发展。对考核结果的武断解释和反馈会打击员工的信心，形成不良的心理暗示效应，影响员工的职业生涯发展。因此，人力资源工作者在绩效反馈时必须明白：绩效考核的目的不是拼个你输我赢，而是要在双方心平气和的氛围中找到共同进步的方向和措施，让员工的工作表现更优异，让企业的发展更顺利，为明年的工作带来启示。对于绩效考核结果所反映的问题，员工要注重改进与完善。对于员工未能达到绩效目标的部分，或者能力与素质不足的部分，人力资源工作者可以和员工共同商议下一年度改进的方向与计划；对员工表现优秀的部分或专长，人力资源工作者可以和主管人员一起讨论未来的规划与发展，并适当规划配套的培训，以帮助员工快速发展。

管理小案例

张总的困惑

某公司是一家民营大型生产公司，公司存在生产线经验不足、产品合格率低、生产成本居高不下等问题。面对这些问题，该公司总经理张三决定，在 2020 年 10 月开始实施绩效管理，并将绩效管理方案的设计、实施、改进等工作交给人力资源部负责落实。张总在决定实施绩效管理之前及实施初期主持了几次会议，进行了全体动员，之后由于工作忙就没有参与其中。半年后，张总发现公司的生产力并未提高，反而出现了更多意想不到的问题，如员工积极性下降、公司管理混乱、上下级之间产生冲突等。张总觉得很困惑，为什么绩效管理在公司中发挥不了其应有的作用？

问题：（1）该公司绩效管理达不到预期效果的原因是什么？

（2）在实施绩效管理时需要注意哪些问题？

（4）勿忘参照。绩效考核的实质是一种评价，这种评价的有效性必须考虑它的常模团体和不同的考核条件。在绩效反馈过程中，我们不能根据考核的直接结果给予员工反馈，要根据最相近的团体和最匹配的情景中获得的资料来解释结果。在绩效考核的过程中，由于员工的工作环境、工作对象和工作内容的差别，分数往往有很大的差异。例如，基层员工的考核中，参与考核的往往是普通员工，可能对管理者的意见很大，因而导致他们的得分很低；办公室管理者的考核中，参与考核的往往是同事，大家一团和气，可能导致得分虚高，因此，必须将不同团体的得分分开比较和反馈，才能真实反映相关人员的实际情况。在进行反馈时，不能拿不同岗位、不同职级的考核结果直接反馈，要关注考核对象的整体背景和个人经历，不能因为某个指标得分低就横加指责，也不能因为某个指标得分高就大力表扬。

（5）适度保密。坚持保密性原则，就是在绩效考核反馈中尊重和保护被考核者的隐私，这是直接关系到绩效考核反馈效果的一条重要原则。首先，只有为被考核者保密，才能为被考核者提供一种心理安全感，减轻他们的心理负担，让他们愿意敞开心扉。其次，被考核者的隐私往往正是个人问题所在，只有顺利深入地了解问题产生的原因，才能提供有效解决问题的方法。保密性原则涉及的内容很多，比如不在任何场合、不与任何人谈论被考核者的结果，除特许的本部门的专业人员及有关司法部门的人员外，不允许其他人查阅考核结果等。

互动测试：绩效管理包括哪些环节?

绩效计划、绩效实施、绩效考核和绩效反馈。

管理小实践

某某有限公司绩效考核管理制度

第一章　总则

第一条　目的

1. 客观公正地评价员工的工作绩效和贡献，促使员工不断提高工作绩效和自身能力，提高公司的整体运行效率和经济效益。

2. 为员工的薪酬决策、培训规划、职位晋升、岗位轮换等人力资源管理工作提供决策依据。

3. 以正向激励为主，体现业绩和报酬对等的原则，拉开差距，奖优罚劣。

4. 通过绩效管理发现员工自身优势与工作中存在的不足，促进各级管理者指导、帮助、约束与激励员工，有效提高员工的知识、技能和素质，开发员工潜能。

第二条　适用范围

适用于公司所有的正式员工。试用期员工适用试用期考核规定。

第三条　原则

1. 公开公平原则。考核应让被考核人了解考核流程、方法、标准和结果，提高透明度，考核应公平地考察和评价被考核人，对于同一岗位的员工使用相同的考核标准。

2. 客观公正原则。考核应本着实事求是的态度，以事实为依据进行评价与考核，避免主观臆断和个人主观情绪因素的影响，尽量做到“用数据说话，用事实说话”。

3. 严格性原则。考核不严格就会流于形式，形同虚设。要有明确的考核标准、严肃认真的考核态度、严格的考核制度和考核程序及方法。

4. 正激励原则。考核的目的在于促进公司和员工的共同发展与成长，注重绩效结果的应用，而不是单纯的奖罚。

5. 双向沟通原则。绩效指标的制定要做到上下沟通，考核的结果一定要反馈给被考核人本人，并同时与被考核人进行绩效沟通面谈，肯定其成绩和进步，指出其不足之处，提出今后改进的方向。

第二章　考核组织和职责

第四条　考核组织

1. 公司绩效考核工作由人力资源部、各用人部门共同负责。

2. 人力资源部和各用人部门在绩效考核中承担不同的责任，各级主管均有对下属进行考核和监督管理的权利和义务。

3. 全体员工均有服从监督考核并提出建议、申诉的权利和义务。

第五条　工作权责

（一）人力资源部

人力资源部是公司绩效考核工作的建设和推动部门，在公司最高管理者领导下工作，负责组织、推进、协调和支持各用人部门开展绩效考核工作，其职责有：

1. 负责公司绩效考核管理体系的建立、修订和执行工作；

2. 负责监督和指导各用人部门绩效考核工作；

3. 负责各用人部门绩效考核标准的审核工作，并提出修订意见；

4. 负责绩效管理思想的宣传，相关专业知识、工具的培训工作；

5. 负责受理、调研、处理和反馈员工绩效考核申诉和异议；

6. 负责公司绩效考核结果或绩效考核情况的汇总与分析工作。

（二）用人部门

用人部门负责人作为各用人部门绩效考核的第一责任人和管理者，根据公司绩效考核政策，负责本部门和本部门员工的考核工作，其职责有：

1. 负责根据公司经营目标和绩效考核政策，提出并制定本部门的绩效考核指标，并分解、落实到各岗位员工；

2. 注重本部门绩效沟通工作，做好本部门绩效指标的分解、提取、制定工作；

3. 在绩效实施过程中，及时解决员工在实现绩效指标过程中遇到的问题并提供相应帮助或资源支持；

4. 负责本部门员工绩效考核工作的组织、实施、督促和改善，做好本部门有关考核数据的收集与整理工作；

5. 负责本部门绩效考核结果或绩效考核情况的汇总、审核和总结分析工作；

6. 负责本部门员工绩效考核结果的反馈及解释工作。

第三章　绩效考核内容

第六条　考核周期

公司考核分为月度考核和年度考核两种。经理及以上人员实行年度考核，课长实行月度考核和年度考核，其他人员实行月度考核。如无特别说明，本制度中的考核指月度考核。

第七条　考核人员

考核人员由被考核人、考核人、审核人、批准人组成。

1. 被考核人即被考核的员工。

2. 考核人即员工的主管，一般指课长及以上主管。

3. 审核人一般包括考核人的上上级主管、人力资源部绩效专员、人力资源部经理。

4. 批准人指公司副总经理及以上领导。

第八条　绩效考核指标构成

绩效考核指标由关键绩效指标、综合指标、雷区、加分项等构成。根据岗位性质、重要性的不同，设置具体的绩效考核指标，并赋予相应的权重。具体见各岗位绩效考核标准。

项目	关键绩效指标	综合指标	雷区	加分项
权重	60%～80%	20%～40%	—	20%

1. 关键绩效指标，来自部门绩效指标的承接或分解，以及个人应该承担的岗位职责，是最能影响本人或部门价值创造的关键驱动因素。关键绩效指标需要量化或标准化，方便考核。

2. 综合指标，即基本绩效指标，又称 CPI，是个人必须履行的基本职责。综合指标来源于公司业务流程、员工工作职责和其他规章制度。和关键绩效指标一样，综合指标也需要量化或标准化，方便考核。

3. 雷区，即员工不能触犯的绩效考核指标，一旦触犯则严重影响绩效得分，甚至否决当期绩效。雷区一般是指重大品质事故和安全事故、重大渎职行为、严重违纪等。

4. 加分项，即可以加分的绩效考核指标。加分项主要包括合理化建议和特殊贡献两类。

第九条　绩效考核指标设置的原则

在设置绩效目标时，应遵守 SMART 原则，即绩效考核指标是具体的、可衡量的、通过努力可以实现的、可以证明和观察的、有时限性的。

S（Specific）代表具体，指绩效考核要有特定的工作指标，不能笼统。

M（Measurable）代表可衡量，指绩效考核指标是数量化或行为化的，验证这些绩效考核指标的数据或信息是可以获得的。

A（Attainable）代表可实现，指绩效指标在付出努力的情况下可以实现，避免设立过高或过低的目标。

R（Relevant）代表相关性，指绩效指标和岗位职责相关联，可以证明和观察。

T（Time-bound）代表有时限，注重完成绩效考核的特定期限。

第四章　绩效考核实施

第十条　制订员工绩效计划

1. 绩效计划的制订需遵循自上而下、层层分解的原则，即由上级主管确定下属的绩效考核标准，绩效考核标准需参照公司目标、部门目标。

2. 各用人部门负责人应根据公司目标、部门目标，结合员工的岗位职责及工作要求，和员工充分沟通后，确定员工的绩效计划、评价标准。

3. 人力资源部提供统一的绩效考核表格模板，对各用人部门的绩效考核标准进行审核，并提供必要的协助。

4. 经理及以上人员的绩效考核标准由人力资源部制定，其他人员的绩效考核标准由用人部门制定。

第十一条　绩效考核评分

1. 每月 5～8 日，各用人部门收集员工的绩效收据，按照绩效考核标准对员工进行考核评分。

2. 每月 10 日前，各用人部门需将本部门员工的绩效考核表交人力资源部审核。

第十二条　绩效考核指标的修订

1. 在绩效考核实施过程中，如果发现绩效考核指标过高或过低，或者存在设置不合理的情况，用人部门和人力资源部均可提出绩效考核指标修订意见。

2. 用人部门对绩效考核指标提出修订的，由用人部门提报书面修订意见，经人力资源部负责人审批生效。

3. 人力资源部对用人部门绩效考核指标提出修订的，由人力资源部和用人部门进行有效沟通并达成一致意见后，由人力资源部负责人审批生效。

第十三条　绩效分析

1. 各用人部门每季度需对本部门的绩效考核情况进行分析和统计，并制订改进计划。

2. 人力资源部每半年对公司整体的绩效考核情况和绩效达成情况进行分析和总结。

第五章　绩效反馈

第十四条　考核反馈

绩效考核工作完成后，各用人部门负责人须对员工考核周期内的工作绩效及其工作表现进行回顾、总结评估和沟通反馈，并将考核结果反馈给员工，由员工在考核表上签字确认。

第十五条　绩效面谈

1. 根据“谁考核谁面谈”的原则，上级主管对以下两类人员必须安排绩效面谈。

① 绩效考核周期内绩效评定结果为优或差的人员。

② 本期绩效评定结果与上一个绩效考核周期差距较大的人员。

2. 人力资源部为用人部门的绩效面谈提供相应的支持，解决与协调绩效面谈中遇到的问题。

第十六条　绩效申诉

1. 在绩效考核过程中，员工如认为受到不公平对待或对考核结果感到不满意，以实名形式书面或口头向人力资源部提出绩效申诉。

2. 收到员工绩效申诉后，人力资源部开展调查取证，并在 3 个工作日内将处理结果反馈给申诉人。

3. 人力资源部定期对各用人部门在考核过程中的公平公正性、数据真实性进行抽查，如果发现考核人在考核过程中存在不公平行为或数据弄虚作假，将采取相应的处罚措施。

第六章　结果应用

第十七条　绩效奖金

考核结果作为员工绩效奖金发放的直接依据。员工绩效奖金＝绩效奖金标准×绩效系数。

绩效得分	≥110 分	100～109 分	90～99 分	80～89 分	70～79 分	60～69 分	≤59 分
绩效系数	1.5	1.2	1.1	1	0.9	0.8	0.5
区间范围	1.5	1.20～1.29	1.10～1.19	1.00～1.09	0.90～0.99	0.80～0.89	0.5

注：绩效得分为 60～109 分时，绩效系数按具体得分设置区间范围，以系数“1”举例说明，80 分 1.00、81 分 1.01、82 分 1.02、83 分 1.03……89 分 1.09，以此类推。

第十八条　岗位、薪资调整

连续3个月绩效得分低于60分者，调整岗位或降级降薪，合同期满不再续签；连续3个月绩效得分高于90分者，工资增加一个薪资等级。

第十九条　晋升晋级

在一个考核年度内，连续6个月绩效得分高于90分者，晋升一个职位，无合适职位的，晋升一个职级，工资随之调整。

第二十条　培训发展

连续2个月绩效得分低于60分者，需制订绩效改善计划，在下一个考核周期进行观察；连续3个月绩效得数高于90分者，可选拔进入人才梯队，提供培训深造的机会。

第二十一条　其他应用

考核成绩在用人部门前10%的员工，自动获得公司“年度优秀员工”的评比候选人资格。

职业道德与企业伦理

绩效考核促进企业与员工的共同发展

随着经济的发展和企业管理科学化进程的推进，绩效考核发挥着越来越重要的作用。从根本上来讲，绩效考核作为一种管理方法，是对员工即将发生的工作行为和工作成绩进行正面引导的过程。绩效考核作为一种双赢的管理模式，促进了企业与员工的共同发展。

（1）薪酬和绩效的结合，既增加了企业的利润，又激励了员工的干劲。

单纯地进行利益分配并不是绩效考核的最终目的，绩效考核的最终目的是通过促进企业与员工的共同成长，实现企业利润的最大化和员工收入的最大化，达到真正意义上的双赢。即通过科学、公平、有效的考核，发现问题并进一步改进问题，找到差距，从而进行提升，最后实现企业和员工的共同受益。薪酬和绩效的结合是绩效考核应用的重点，必须科学合理地处理这个问题。

作为两个密不可分的重要环节，薪酬与绩效在人力资源管理中发挥着重要的作用。为了更好地体现绩效考核的重要作用，一般企业在设定薪酬时，将薪酬分解为固定工资和绩效工资。这样，绩效就可以明确地通过绩效工资体现出来，绩效工资其实呈现的就是企业和员工的共同受益。为企业挣得越多，员工得到的就越多，只有这样才能把对员工进行的绩效考核表现在薪酬上，真正发挥绩效考核的激励作用。

通过与利益挂钩，使绩效考核随时发挥作用，因为绩效工资的发放与员工的绩效考核得分息息相关。这种绩效考核与薪酬的结合，其实克服了单纯以奖励为主的激励机制的弊端。单纯的奖励容易对拿不到奖励者造成负面的影响，打击其积极性，而这种绩效考核，更容易让员工心服口服。因为相比之下，这种考核不是一种优劣的比较，而是一种量化的评估。这种考核更公平公正，只要员工有能力，只要员工的业绩达到考核的标准，就可以获得绩效工资，没有先进和后进之分。

（2）考核与评估的过程，既发现了工作的问题，又提高了员工的能力。

绩效考核的评估过程是一个不断制订计划、执行、检查、处理的循环过程。不难发现，在这个过程中，涉及工作的整个流程，这其实也是一个管理和统计的过程。而绩效管理的各个环节，诸如绩效目标设定、绩效要求达成、绩效实施修正、绩效面谈、绩效改进、再制定目标等，构成了不断检查和考察的循环过程。在这个过程中，可以不断地发现问题，进而解决问题，使工作进一步完善。在企业内部实行的绩效考核，对员工的表现有很好的监督作用，因为需要量化考核标准，必然会对工作的各个细节进行细分，这种细分能够更准确地发现工作中的问题。

同时，因为这种考核关系到员工的绩效工资，所以员工也乐于发现更多的问题，以期通过改进做得更好，拿到更多的绩效工资，这无形中提高了员工的工作能力，并促使员工为了提升自己的能力，进行自我培训、自我学习、自我提高，努力使自己变得更加优秀。从另一方面讲，绩效考核的过程，也是企业管理者提升的过程。因为必须对员工的业绩给予实事求是的评价，所以管理者的水平也必须相应提高。

绩效考核必须科学合理，才会达到双赢的目的。如果绩效考核将员工的业绩定得过高，员工通过努力达不到考核标准，拿不到绩效奖励，必然会打击员工的工作积极性，企业也达不到效益最大化的目的。反过来，如果绩效考核将员工的业绩定得过低，员工无须通过努力就能达到考核标准，虽然员工拿到了绩效奖励，但企业必然达不到效益最大化的目的。因此，企业的管理者必须了解员工的能力和工作适应性等方面的情况，并依此进行奖惩、培训、辞退、职务任用与升降等。这样一来，企业的管理水平就会不断提高。

（3）引导和奖励的模式，既有利于企业的健康发展，也有利于员工的自我激励。

绩效考核从本质上讲是一种过程管理，仅仅对结果的考核不能称为绩效考核。比如，它将企业的中长期的战略目标分解成年度、季度、月度等不同等级的指标，然后依照这个过程，按照不同阶段相应的目标任务，连续不断地督促员工去实现和完成。

由此可见，有效的绩效考核能帮助企业一步一步地实现战略目标。很显然，通过这种对过程的管理，管理者更细致、更有效地完成了管理任务，也使管理效果更容易让员工心服口服。通过这样的绩效考核，还可以把员工聘用、职务升降、培训发展、劳动薪酬等各个管理环节紧密地结合起来，让企业激励机制充分发挥作用，促进企业的健康发展。

对于员工，有效的绩效考核使他们更加了解自己的能力和工作状况，便于他们学习进步，建立不断自我激励的心理模式，随着企业的成长一起成长。绩效考核作为一种双赢的管理模式，促进了企业与员工的共同发展。但是，在实施的过程中，要求管理者有较高的文化素质和较强的管理能力，因为考核中大量需要量化的指标，不仅要准确，还要科学。所以，管理者需要有企业管理、统计学、会计学、心理学、劳资人事等方面的综合知识，才能保证绩效管理的有效实施。从这个角度来讲，绩效考核有利于企业管理者能力的提高，因为为了胜任管理职务，管理者必须不断地学习和进步。

❑管理感悟

老鼠偷油

三只老鼠一起去偷油喝。它们找到了一个油瓶，但是瓶口很高，它们够不着。三只老鼠商量出一个办法，“一只踩着一只的肩膀，叠罗汉轮流上去喝”。当最后一只老鼠刚刚爬到另外两只老鼠的肩膀上时，不知什么原因，油瓶倒了，惊动了人，三只老鼠逃跑了。

回到老鼠窝，它们开会讨论为什么会失败。

第一只老鼠说：“我没有喝到油，而且推倒了油瓶，是因为我觉得第二只老鼠抖了一下。”

第二只老鼠说：“我是抖了一下，那是因为我下面的老鼠抖了一下。”

第三只老鼠说：“没错，我好像听到了猫的声音，我才发抖的。”

于是，三只老鼠哈哈一笑，那看来不是我们的责任了。

感悟

绩效考核的目的是改善绩效，而不是分清责任。当绩效出现问题的时候，大家的着力点应该是如何改善绩效，而不是划清责任。如果你面对的是凭借一己之力根本无法完成的任务，那么你就该知道，完成它的唯一办法就是合作。

同步测试

一、概念题

1. 控制
2. 全面质量管理
3. 绩效
4. 绩效管理
5. 目标管理法
6. 360 度考核法
7. 关键绩效指标法
8. 平衡记分卡
9. EVA 价值管理

二、简答题

1. 控制的作用是什么？
2. 控制的类型有哪几种？
3. 控制过程一般包含哪些步骤？
4. 请简述全面质量管理的特点与 PDCA 循环。
5. 请简述绩效管理的作用。
6. 请简述绩效管理的程序。
7. 绩效计划应包括哪些内容？
8. 制订绩效计划应遵循哪些原则？
9. 成功的绩效反馈应包括哪些方面？

三、判断分析题

长期从事管理工作的一线经理说：“企业不可避免地包含许多政治因素，因此那些负责对员工绩效进行考核的主管人员很可能不愿意提供给员工负面的绩效信息，而是更愿意设法激励员工，让他们以后更加努力工作。其实，这种情况下形成的绩效信息的不客观和不精确可以使企业的绩效体系具有更大的灵活性，在一定程度上变得有价值，这也是‘难得糊涂’在员工绩效考核的积极作用。”从通常意义上讲，不客观和不精确是绩效考核的大忌，极易导致绩效考核中个人偏见的产生，更重要的是，员工可以无须努力工作，只要经营好自己的上级就万事大吉了。这无疑会进一步诱发组织中的“政治活动”（下级都把心思放在讨好上级上），那么，这段话中的积极意义指的是哪些方面，与我们通常意义上进行的评价是否有矛盾和冲突？

管理实践

能力提升任务单 11

<table>
<tr><td>任 务 名 称</td><td colspan="3">预算控制综合应用</td></tr>
<tr><td>组　　长</td><td></td><td>组　　员</td><td></td></tr>
<tr><td>任务导入</td><td colspan="3">1．设定一定的管理情景，由学生对自己的生活费进行预算控制。
2．管理情景：首先，对自己一年来生活费的收入、支出情况进行梳理，并分析自己生活费的收支情况；其次，围绕自己生活费的收支情况，确定新学期生活费的预算控制。
3．以小组为单位。每组 4～5 人，设 1 名组长，小组成员就各自生活费预算控制进行讨论交流。
4．在讨论交流过程中，及时记录小组成员关于生活费预算控制的实际情况和疑惑的问答。
5．各小组派代表对本小组的工作成果进行讲解，其他成员补充。
6．其他小组成员对讲解内容进行提问和质疑。
7．各小组完善自己的工作成果并提交电子版。</td></tr>
<tr><td>成果形式</td><td colspan="3">1．小组成员的生活费收支分析报告。
2．小组成员新学期生活费的预算控制表。
3．小组成员生活费预算控制交流总结报告。</td></tr>
<tr><td>学习体会</td><td colspan="3"></td></tr>
<tr><td rowspan="2">老师评价</td><td colspan="3">评语：</td></tr>
<tr><td colspan="3">成绩：_________　　　　　　　　____年____月_____日</td></tr>
</table>

能力提升任务单 12

<table>
<tr><td>任 务 名 称</td><td colspan="3">平衡计分卡设计与应用</td></tr>
<tr><td>组　　长</td><td></td><td>组　　员</td><td></td></tr>
<tr><td>任务导入</td><td colspan="3">1．设定一定的管理情景，编制校内旅游公司促销人员绩效平衡计分卡。
2．管理情景：假设在本校区创立一个服务对象为学校所有在读学生的旅游公司，现就该公司旅游线路促销人员编制绩效平衡计分卡。
3．以小组为单位。每组 4～5 人，设 1 名组长，先进行分组讨论，再进行绩效平衡计分卡设计。
4．各小组派代表对本小组的工作成果进行讲解，其他成员补充。
5．其他小组成员对讲解内容进行提问和质疑。
6．各小组完善自己的工作成果并提交电子版。</td></tr>
<tr><td>成果形式</td><td colspan="3">平衡计分卡（要求：设计科学、合理，应具有较强的可操作性）。</td></tr>
<tr><td>学习体会</td><td colspan="3"></td></tr>
<tr><td rowspan="2">老师评价</td><td colspan="3">评语：</td></tr>
<tr><td colspan="3">成绩：_________　　　　　　　　____年____月_____日</td></tr>
</table>

附录 A

管理者综合素质测试与诊断

测试要求：请同学们根据提示完成下列各题。

一、请选择你认为最佳的答案，并在答案序号上打“√”。

1．请公寓的房东粉刷墙壁：

A．我们已经住 3 年了，多少也照顾一下我们吧

B．比起我们付的房租，这点费用真是微不足道

C．我们也帮一部分忙吧

D．最近我有两三个朋友要来做客，他们很想在这里住一段时间，如果欣赏这里也许会住下来呢

E．如果我是你的话，一定二话不说就大大粉刷一番，这里又不是你一个人有房子

2．在宴会中想使一个醉鬼安静下来：

A．明天一清醒，你会后悔的

B．那边有个漂亮小姐在看呢，安静一点吧，我来介绍介绍

C．你还不知道吗？大家都在看你呢

D．安静一点，不要那么大声好不好

E．刚才听说你在最近的高尔夫球赛里获得优胜，可以告诉我一下详情吗

3．你儿子的成绩不及格，他的任课老师知道大部分的课业都是你代做的，可是你想和任课老师商量让你儿子及格：

A．我儿子确实是用功的，请给他加点分奖励奖励吧

B．你们的校长是我的老朋友呢

C．是我糊涂，请给他一个发愤图强的机会吧

D．我那位当明星的弟弟最近要来，我给你介绍介绍
E．只要这科让他及格，他就会进入好大学的
4．你正在为一慈善事业募捐，对方却是个吝啬成性的人：
A．只要你捐一点钱，我就签一张两倍数目的收据，好让你少付一些所得税
B．我想本地的问题由本地人来共同解决，不要让官方插手进来加税，不知贵意如何
C．请你了解，这是身为市民应尽的义务
D．如果你能捐款，就是给我面子
E．这是十分有意义的慈善活动
5．暴徒拿枪顶着你的背，你不想让他抢你的钱：
A．你真倒霉，我身上恰好没有带钱包
B．小心点吧，我是空手道三段的高手
C．老天爷，这是我一周的血汗钱
D．拜托拜托！没有钱叫我怎么回家见老婆呢
E．我的钱包在裤子后面的口袋里，尽管拿去吧
6．你升职了，需要与比你资历老但没有升职的同事合作：
A．这份工作只有靠你的协助才能完成
B．上司快要退休了，我接了他的缺后，就升你为科长
C．真惭愧，他们把我提升了，其实你才是最合适的人
D．现在我是上司，今后请听我的命令行事
E．这是你的新机会，可展示你的才能
7．你的儿子想看电视，你却想要他练钢琴：
A．你弹得好的话，爸会多开心啊
B．好孩子该听话的，每个人都不得不做些不喜欢做的事呀
C．我们来约好吧，我让你看完这个节目，你就乖乖练琴，不要再啰唆了
D．你把琴练好了，会很讨人喜欢的
E．不练琴，那学费不是都白交了
8．你的秘书有个约会，你却不得不请她加班工作：
A．把约会取消吧，完成这份报告就请你吃一顿大餐
B．上司命令，今天非把这份报告完成不可
C．我明知这是不情之请，可是事非得已，拜托拜托
D．必须完成这份报告，不然就回到过去的打字部去
E．我相信这项工作只有你才可以做好
9．你想劝丈夫和你一起去度假：
A．今天我见了王大夫，他说你得休息休息
B．你常常为工作出差，我想偶尔你也该去旅行一下
C．你说，到风景宜人的××去度假 10 天，不是很惬意吗
D．亲爱的，我好想去度假呀

E．只有我们两人一起去度假，不是很妙吗

10．你超速驾车，想请警察通融通融：

A．仅此一次，请高抬贵手吧

B．我送你一些钱，就这样算了吧

C．也许你不相信，我一直都是很规矩的

D．可能是稍稍开快了些，我只是一时糊涂没有觉察而已

E．实在是迫不得已，我有个急事必须赶快啊

二、请根据你的实际情况对下列题目做出“是”或“否”的选择。

1．我很容易交到新朋友。（　）

2．我在与陌生人谈话时，感觉应付自如。（　）

3．我交朋友常由别人引见。（　）

4．我喜欢参加群体活动。（　）

5．我能很好地体会别人的心情。（　）

6．我常能准确地猜出别人为什么高兴或不高兴。（　）

7．我不轻易评论别人。（　）

8．我不在乎别人是否喜欢我。（　）

9．初次打交道我比较信任别人。（　）

10．人不应该只与对自己有利的人交友。（　）

11．我很容易同别人见面熟。（　）

12．在社交场合，我可以很投入地与大家一起快乐。（　）

13．我感觉孤独的时候，通常选择向别人倾诉。（　）

14．如果事情紧急，可以在下班之余联系我。（　）

15．我不会忘记答应别人要做的事情。（　）

三、请根据你的实际情况回答下列问题。

测验 A

以下十道题，如有适合你的，请打“√”。

1．在读书时传来电视的声音，也满不在乎。（　）

2．吃苹果时喜欢连皮一起吃下去。（　）

3．最近早上醒来，感到精力特别充沛。（　）

4．在玩电子游戏而输给人家时，不气馁，想下一次扳回来。（　）

5．着手做的事，不到最后绝不放弃。（　）

6．跟人家相约，必定在约定时间之前抵达。（　）

7．看电视遇到播广告，就换别的频道看看。（　）

8．看到老朋友或同学在马路对面，会大声打招呼。（　）

9．穿越马路，会急步快走。（　）

10．最近又交了新朋友。（　）

测验 B

在最近半年，有没有发生过以下情况，如有适合你的，请打“√”。

1．夜里睡觉时，做过脖子被人掐住的噩梦。（ ）
2．曾经看到异性眼眸而感到浑身发毛。（ ）
3．在没想到的地方碰到熟人。（ ）
4．曾经只看朋友的表情，就知道他在想什么。（ ）
5．曾经以分秒之差赶不上火车或公交车。（ ）
6．曾经觉得被陌生人跟踪。（ ）
7．曾经觉得有人憎恨你。（ ）
8．你的情人（或配偶）曾经对第三者有好感。（ ）
9．曾经有过想念某人，就接到对方的电话。（ ）
10．你的情人（或配偶）曾经遭遇事故或不幸。（ ）

四、请根据你的实际情况，在你的意向答案序号上打“√”。

1．半夜被邻居家婴儿的哭声吵醒，你是否感到异常愤怒？
A．是的 B．有一点 C．否
2．倾听和自己相反的意见，你是否感到很困难？
A．是的 B．有一些 C．否
3．你对在剧场中打电话的人是否感到很厌烦？
A．是的 B．有一些 C．否
4．你是否认为对于不听话的小孩要经常加以处罚？
A．是的 B．不确定 C．否
5．你是否认为只有勤奋的劳动者才应有高收入？
A．是的 B．不完全是 C．否
6．在饭馆吃饭，比你后来的人的饭菜已经上桌，你是否会大发雷霆？
A．是的 B．不确定 C．否
7．你是否可以接受一些与自己意见不同的人的看法？
A．是的 B．不确定 C．否
8．你是否认为一流的运动员就要保持最佳状态去参赛？
A．是的 B．不完全是 C．否
9．你是否对最新流行的服饰都能够接受？
A．是的 B．不完全是 C．否
10．你是否对现在一些人养宠物存在一些看法？
A．是的 B．有一点 C．否
11．你是否认为老年人不应该穿戴新潮服饰？
A．是的 B．不完全是 C．否
12．自己计划出去游玩，你是否愿意去征求别人的意见？
A．是的 B．不确定 C．否
13．你是否认为说话过激的人是很难相处的？
A．是的 B．不一定 C．否

14．在会议上，当与你持不同看法的人发言时，你是否能够坦然面对？

A．是的　　B．不确定　　C．否

15．你是否总对上司的批评感到不愉快？

A．是的　　B．不完全是　　C．否

五、请在你的意向答案序号上打“√”。

下面每道题有四个图形，请在看第一眼时选出你感觉与其他三个不一样的图形。

1．

A　B　C　D

2．

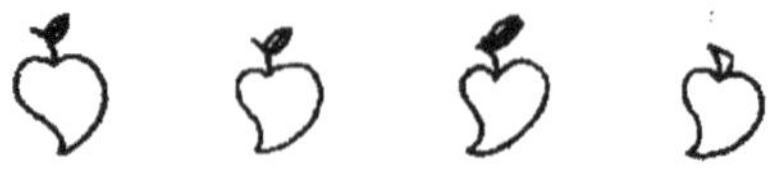

A　B　C　D

3．

A　B　C　D

4．

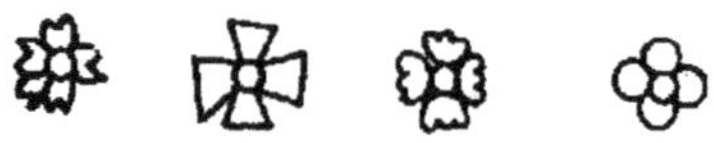

A　B　C　D

5．

A　B　C　D

6．

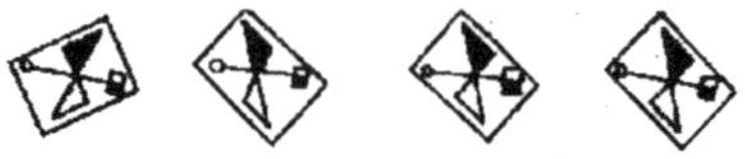

A　B　C　D

比较下面线段，判断它们的长度是否一样？

7．

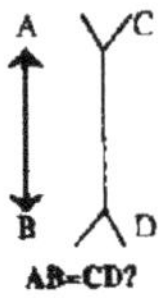

8．

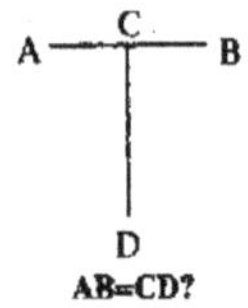

9．

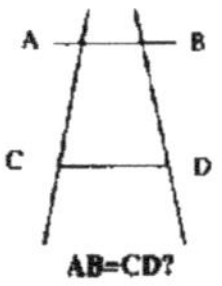

10．

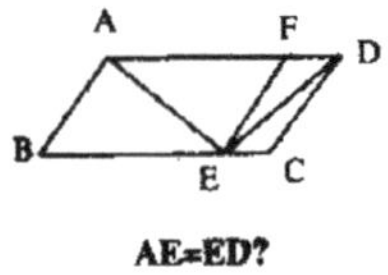

11．下面这是一条直线吗？

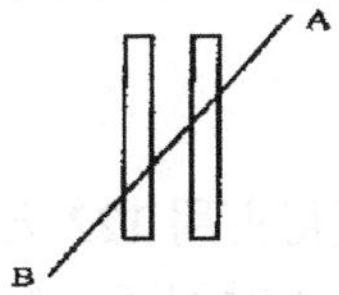

12．这两段圆弧一样长吗？

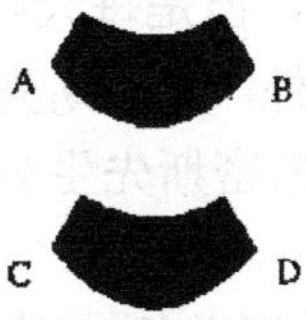

下面每道题有三个数，请在看第一眼时判断它们是否完全一样，判断完后不要更改。

13．169042　196042　196042

14．383969　383969　338969

15．057649　057619　057619

16．476240　476420　576420

17．663904　663904　669304

18．465367　465366　465368

19．83644　83644　83644

20．621445　621445　612445

六、请在你选好的答案序号上打“√”。

1．假定美国今年商品生产和服务性行业创造的价值共为 5000 亿美元，假定原子弹或类似的东西不用来毁灭人类，那么 1000 年后美国的商品生产和服务性行业创造的年价值将为多少？

A．16000 多亿美元　B．15000 多亿美元　C．不足 15000 亿美元
D．约 19000 亿美元　E．答不出

2．根据原子能研究发展的情况，估计还要过多少年，科学家才能将金子的原子核撞开？

A．10 年　B．20 年　C．大约 20 年
D．20 多年　E．大约 50 年　F．100 年
G．永远办不到此事　H．答不出

3．某人将一组很长的数字加了五次，得出以下的和：(a) 32501，(b) 32503，(c) 32501，(d) 31405，(e) 32503。哪个得数最可能是正确的？

A．将上述 5 个数的和除以 5 的数　B．32501
C．32503　D．32501 或 32503　E．答不出

4．某年德国的钢笔总产量为 1400 万支，这些钢笔的长度是 3～6 英寸（1 英寸约为 2.54 厘米），80%以上的钢笔的长度是 5 英寸，如果把这些钢笔头尾相连接起来将有多长？

A．大约 1000 英里（1 英里约为 1.609 千米）
B．大约横穿过太平洋一半
C．1000～1104 英里

D．1000～1500 英里

E．答不出

5．找出下列短文中的逻辑错误。

一年有 365 天，斯密斯先生每天睡 8 个小时，即一年中的睡眠得占用 122 天，剩下的只有 243 天了。斯密斯先生每天上下班路上得花 1 个小时，用 7 个小时阅读、娱乐等，这样又得占用 122 天，剩下 121 天。除去 52 个星期日，只剩下 69 天，但是每天吃饭得用 1 个小时零 20 分钟，那么一年就得用去 20 天，这样只剩下 49 天。此外，斯密斯先生每个星期六都得休息半天，一年就得占去 26 天，这样只剩下 9 天。但是，斯密斯先生公司一年中有 9 个法定假日。所以，斯密斯先生的工作时间就没有了。

A．短文中提到斯密斯先生上下班，这样他当然在工作，因此短文的说法自相矛盾

B．短文中将某些时间重复计算。例如，短文将全年的睡眠时间减去了（共 122 天），但是 52 个星期日也被减去了，而这些星期日中已被减去的睡眠时间没有留下

C．上述短文是不正确的，因为有工作在身的人不会每天花 7 个小时阅读和娱乐，如果斯密斯先生用于阅读和娱乐的时间不那么多，也不把那么多时间用在上下班往返途中，他将会有时间工作

D．答不出

6．某天在海狄蒙赛马场上，三位有名的赌马能手各自用了与别人不同的方法下赌注。

方法 A：格林在第一轮马赛中下赌注 100 元，第二轮下赌注 110 元，第三轮下赌注 120 元。他打算每次下赌注都比前一次要增加 10 元，直到他赌的马赢。

方法 B：马尔迪比较小心谨慎，以下是他下的赌注：第一次下 10 元，第二次下 15 元，第三次下 30 元……他的方法是每次下的赌注都是前几次输掉的累积，并且还要增加 5 元。

方法 C：哈威尔过去是个职业赛马骑手，他是这样下赌注的：第一次下 10 元，第二次下 20 元，第三次下 40 元……他打算以后每次都将下的赌注增加一倍，直到他赌的马赢。

如果赌马的人想赌完这天的七轮比赛，哪种方法需要的赌注最少？请在上述三种方法中选择一种。

七、请根据你的实际情况，选择一个最适合你的在答案序号上打“√”。

1．在工作中，你愿意：

A．和别人合作

B．不确定

C．自己单独进行

2．在接受困难任务时，你总是：

A．有独立完成的信心

B．不确定

C．希望有别人的帮助和指导

3．你希望把你的家庭设计成：

A．拥有自身活动和娱乐的个人世界

B．邻里朋友交往活动的一部分

C．介于 A、B 之间

4．你解决问题，多借助于：

A．个人独立思考　　B．和别人展开讨论　　C．介于 A、B 之间

5．你青春年少时，和异性朋友的交往：

A．较多　　B．一般　　C．比别人少

6．在社团活动中，你是否是积极分子？

A．是的　　B．那要看我有没有兴趣　　C．不是

7．当别人指责你古怪不正常时，你：

A．非常生气　　B．有些生气　　C．我行我素

8．到一个新城市找地址，你一般是：

A．向别人问路　　B．自己看地图　　C．介于 A、B 之间

9．在工作中，你是否喜欢独自筹划而不愿别人干涉？

A．是的　　B．说不准　　C．我喜欢与人共事

10．你的学习多依赖于：

A．阅读书刊　　B．参加集体讨论　　C．介于 A、B 之间

八、请根据你的实际情况做“是”或“否”的回答。

1．你是否有工作的理想和目标？（　）

2．你是否把目前的工作当作自己的终生事业？（　）

3．你是否有进修的计划？（　）

4．你是否经常注意科学知识？（　）

5．你是否研究别人在事业上成功的原因？（　）

6．在工作上，你是否从来没有“力不从心”的感觉？（　）

7．你能爱惜时间和利用时间吗？（　）

8．你处理工作时，能分清轻重缓急吗？（　）

9．在工作上遇到困难，你是否从来没有急躁的感觉或者消极的表现？（　）

10．你对工作的选择是否很谨慎？（　）

11．当别人在工作上有困难时，你会乐意帮忙吗？（　）

12．你见到别人做成功一件事时，是否从不妒忌？（　）

13．你对工作是否有竞争的心理？（　）

14．在办公的时间里，你是否很少闲聊？（　）

15．你对同事是否从不随便批评？（　）

16．当别人对你提出一些工作上的意见时，你能虚心接受吗？（　）

17．你是否能谨慎地相信别人？（　）

18．在工作上，你能发表独到的见解吗？（　）

19．你能否时时勉励那些在工作上表现消极的人？（　）

20．你是否很关心自己的事业，时时研究能提高工作效率的方法？（　）

21．你感到负责任是一件愉快的事情吗？（　）

22．你有阅读的习惯和计划吗？（　　）

23．你是否能遵守诺言、不令人失望？（　　）

24．你是否时时检讨自己，并为工作拟定计划？（　　）

25．你能体会到人生以服务为目的的意义吗？（　　）

九、请根据你的实际情况，选择一个最适合你的在答案序号上打“√”。

1．你是老板，一名员工向你献上有关提高效率的计策，而他的建议是你过去想过并打算实施的。那么，下面哪种处理方法较好？

A．闭口不提你以前的想法，只赞扬他的工作精神

B．告诉他你真实的想法，但也对他给予充分的肯定

C．无选择（不想选以上任何答案，以下同此解释）

2．你与一个下属离开一家餐馆，发现餐馆少找了你们 5 元。你收入颇丰，时间又宝贵，这时你怎么办？

A．这不只是钱的问题，还关系到原则，应该回去提意见，如可能收回缺额

B．忘掉此事

C．叫下属去提意见

D．无选择

3．你是个从普通员工提升起来的经理，工作很繁忙。同时，你的部门有一系列复杂的日常事务，你知道自己比手下任何人都更胜任这些事务，那么，你选择下列哪种做法？

A．对每件事事必躬亲

B．把这些事分别派给几个下属去做

C．无选择

4．你知道这位可能成为你客户的人是个蝴蝶标本收集者，你带着业务目的去拜访他，你拿出一个标本说：“听说您是蝴蝶标本专家，这是我孩子捕捉的一只蝴蝶，我把它带来是想请教您，它是什么蝴蝶。”你预计可能发生哪种情形？

A．他会觉得你有些冒昧，举动不合时宜

B．他会对你产生好感

C．无选择

5．你希望一位执拗的同事按你的建议去做，应怎么办？

A．只考虑这建议会给你带来荣誉

B．尽量使他相信这建议至少有一部分是出自他的头脑

C．无选择

6．假设自己是一家商店的经理，一位顾客闯入你办公室怒气冲冲地发泄不满，你意识到完全是她的错，应如何做？

A．努力迁就她的错误看法，对她表示同情

B．告诉她去找服务人员或专司此职的管理人员，如果要求是正当的，问题会得到解决，而找你是没用的

C．心平气和地向她指出其不满是误会造成的，不是商店的责任

D．无选择

7．有位女士来你店里买鞋，由于她右足略大于左足，总找不到合适的鞋，你觉得应当解释一下。你如何措辞？

A．女士，您的右脚比左脚大

B．女士，您的左脚比右脚小

C．无选择

8．办公空间有限，你不得不将一位很有能力的供销专家安排在打字员办公桌旁。这位专家是公司元老，工作一向出色，年薪也相当高；但他经常迟到，不到休息时间就去喝茶小憩，办公桌上总是乱糟糟的，而这会给那些优秀的打字员造成不良影响，而那些刚从商业学校毕业、工资较低的打字员更容易受到影响，你将怎么做？

A．解雇专家

B．如果打字员不守规章就解雇他们，因为商业学校的毕业生比资深的供销专家容易找得多

C．无选择

9．下面哪种说法比较好？

A．我专程前来找你谈这件事

B．我恰巧到附近有事，因此顺便来和你谈点事儿

C．无选择

10．善于言辞是优秀业务人员的标志，假如你和一位学识渊博、掌握数国语言的博士交谈，你会选择哪类风格的句子来表达？

A．这属于每日必有之常事　　B．这是常见的事

C．这种事发生得很频繁　　D．无选择

十、请根据你的实际情况，选择一个最适合你的在答案序号上打“√”。请尽快回答，不要多做考虑。

1．我不敢向上司提出会引起争议的问题。

A．从不如此　　B．大多不如此　　C．偶尔不如此　　D．说不准

E．偶尔如此　　F．大多如此　　G．总是如此

2．当我和上司的意见不一致时，我会把双方的意见结合起来，设法想出另一个全新的点子来解决问题。

A．从不如此　　B．大多不如此　　C．偶尔不如此　　D．说不准

E．偶尔如此　　F．大多如此　　G．总是如此

3．当我不同意上司的看法时，我会把自己的意见说出来。

A．从不如此　　B．大多不如此　　C．偶尔不如此　　D．说不准

E．偶尔如此　　F．大多如此　　G．总是如此

4．为了避免和上司的争议，我会保持沉默。

A．从不如此　　B．大多不如此　　C．偶尔不如此　　D．说不准

E．偶尔如此　　F．大多如此　　G．总是如此

5．我所提出的办法，能够融合各种不同的意见。

A．从不如此　　B．大多不如此　　C．偶尔不如此　　D．说不准

E．偶尔如此　　F．大多如此　　G．总是如此

6．当我想让上司接受我的看法时，我会提高我的音量。

A．从不如此　　B．大多不如此　　C．偶尔不如此　　D．说不准

E．偶尔如此　　F．大多如此　　G．总是如此

7．在会议中，我会婉转地把争议的激烈程度减弱下来。

A．从不如此　　B．大多不如此　　C．偶尔不如此　　D．说不准

E．偶尔如此　　F．大多如此　　G．总是如此

8．我和上司意见出现分歧时，我会以折中的方式解决。

A．从不如此　　B．大多不如此　　C．偶尔不如此　　D．说不准

E．偶尔如此　　F．大多如此　　G．总是如此

9．我会据理力争，直到上司清楚我的立场。

A．从不如此　　B．大多不如此　　C．偶尔不如此　　D．说不准

E．偶尔如此　　F．大多如此　　G．总是如此

10．我会设法使争论双方的分歧显得并没有那么重要。

A．从不如此　　B．大多不如此　　C．偶尔不如此　　D．说不准

E．偶尔如此　　F．大多如此　　G．总是如此

11．我认为应该坐下来好好谈谈才能解决彼此的分歧。

A．从不如此　　B．大多不如此　　C．偶尔不如此　　D．说不准

E．偶尔如此　　F．大多如此　　G．总是如此

12．当我和上司争执时，我会坚定表明我的意见。

A．从不如此　　B．大多不如此　　C．偶尔不如此　　D．说不准

E．偶尔如此　　F．大多如此　　G．总是如此

管理者综合素质诊断分析

完成上述各题后，请将所选答案填在下列方格里，并根据诊断规则判断自己的管理能力。

一、测评目标——是否有说服力。

正确答案：

题　号	1	2	3	4	5	6	7	8	9	10
答　案	D	E	C	B	E	A	C	E	A	D

诊断结果：

得　分	诊 断 规 则
	9 个及以上：说明被测评者有比较高超的说服能力。 5～8 个：说明被测评者说服能力一般。 4 个及以下：说明被测评者说服能力较差。

二、测评目标——人际关系能力。

正确答案：

每道题选择“是”记 1 分，选择“否”记 0 分。将各题得分相加，得出总分。

诊断结果：

得　分	诊 断 规 则
	如果被测评者的得分接近最大值，那么说明他（她）很善于建立人际关系，容易结识新朋友，在人际关系上的处境较好；如果被测评者的得分更接近最低值，则意味着建立人际关系的能力需要提高。

三、测评目标——心理健康度。

正确答案：

在测验 A 和测验 B 中，每个“√”按 5 分计算，各算出总分。然后，从测验 A 的总分中扣除测验 B 的总分，再加 50 分，就是被测评者所得的分数。依据得数，推断被测评者的心理健康状况。

诊断结果：

得　分	诊 断 规 则
	29 分以下：会毫无缘由地烦躁和焦虑，浑身倦怠。这时候身体略感不适，很容易患大病。虽然与一般疲倦没有什么差异，但因而生场大病的可能性很大。 30～60 分：最近的健康状况不算很好，或工作操劳或游玩过度而没有好好休息，如以为身体棒、撑得住而一直逞强，疲劳会乘虚大举侵入。为预防病倒，宜放慢生活脚步，调适一下。 61～80 分：有正常且适度的健康状态。生活安定且有规律，身心保持均衡。只要三餐正常且睡眠充足，任何疲劳都可立即消失。恢复精力也很快。 81 分以上：精力足，烦恼少，心情舒畅。因事事得心应手、无往不利，容易趁势横冲直撞而无法克制，所以这时应该留意的不是健康与疾病，而是伤害或事故。

四、测评目标——包容力。

正确答案：

根据下列表格，将各题得分相加，统计总分。

题　号	答　案			题　号	答　案		
	A（得分）	B（得分）	C（得分）		A（得分）	B（得分）	C（得分）
1	0	1	2	9	2	1	0
2	0	1	2	10	0	1	2
3	0	1	2	11	0	1	2
4	0	1	2	12	2	1	0
5	0	1	2	13	0	1	2
6	0	1	2	14	2	1	0
7	2	1	0	15	0	1	2
8	0	1	2				

诊断结果：

得　分	诊 断 规 则
	21 分及以上：说明被测评者有很强的包容力。 10～20 分：说明被测评者的包容力一般，可能在个别事上不太能包容人。 9 分及以下：说明被测评者的包容力较差。

五、测评目标——一般注意力。

正确答案：

每道题答对得 1 分，答错得 0 分，将各题得分相加，得出总分。

题　号	答　案	题　号	答　案
1	B	11	√
2	D	12	√
3	A	13	×
4	A	14	×
5	A	15	×
6	A	16	×
7	√	17	×
8	√	18	×
9	√	19	√
10	√	20	×

诊断结果：

得　分	诊断规则
	0～10 分：一般。 11～15 分：较好。 16～20 分：好。

六、测评目标——判断力。

正确答案：

试题答案：1. E；2. H；3. D；4. D；5. B；6. 方法 A。

计分方法：每答对一道题得 2 分，每答错或答漏一道题得 0 分。

诊断结果：

得　分	诊断规则
	10～12 分：判断力优秀。 6～8 分：判断力良好。 2～4 分：判断力中等。 0～2 分：判断力不佳。

七、测评目标——工作主动性。

正确答案：

根据下列表格，将各题得分相加，统计总分。

答　案	题　号									
	1	2	3	4	5	6	7	8	9	10
A（得分）	0	2	2	2	0	0	0	0	2	2
B（得分）	1	1	0	0	1	1	1	2	1	0
C（得分）	2	0	1	1	2	2	2	1	0	1

诊断结果：

得　分	诊断规则
	15～20 分：被测评者自立自强，当机立断。通常能够自己做主，独立完成自己的工作任务。不依赖别人，也不受社会舆论的约束。同时，被测评者无意控制和支配别人，不嫌弃别人，但也无须别人的好感。自主性很强。 11～14 分：被测评者能够在一般性的问题上自己做主，并能够独立完成，但对某些高难度的问题常常拿不定主意，需要他人的帮助。自主性一般。 0～10 分：被测评者依赖、防群、附和。通常愿意与别人共同工作，而不愿独自做事。常常放弃个人主见，附和众议，以博得别人的好感。因为需要团体的支持以维持自信心，被测评者不是真正的乐群者，应多培养一些自主性。

八、测评目标——事业成就感。

正确答案：

每道题答“是”记 4 分，答“否”不计分。将各题得分相加，统计总分。

诊断结果：

得　分	诊断规则
	39 分以下：说明被测评者对工作和事业缺乏诚意和兴趣，事业成就感较低。 40～60 分：说明被测评者的事业成就感一般。 61 分以上：说明被测评者对事业有计划，能努力工作，事业必有所成就。

九、测评目标——与下级的亲和力。

正确答案：

凡是选 B 的得 3 分；选了两个或两个以上“无选择”者减去 5 分，一个“无选择”未选的也减去 5 分；第 6 题做对了，算被测评者选了一个“无选择”。

诊断结果：

得　分	诊断规则
	27～30 分：被测评者十分善于协调与属下的关系。善于以情动人、以理服人，用高超的技巧使目的得以实现。有能力成为一个企业的领导者、管理者。 17～24 分：被测评者与下属的关系一般。平常情形下，能够以合理的方式使下属接受他（她）的意见并按意图去做。但如若时间紧迫或情况特殊，往往会做出一些不当的决定。这说明被测评者可能不太胜任大范围内公务关系的管理与协调。 16 分以下：很不善于调节与属下的关系。不了解在处理工作关系时“因势利导”的原则，对人的观察和体谅也不够，很难得心应手地运用技巧来协调好各方面的关系。

十、测评目标——与上级的沟通能力。

正确答案：

题　号	答　案						
	A（得分）	B（得分）	C（得分）	D（得分）	E（得分）	F（得分）	G（得分）
1	6	5	4	3	2	1	0
2	0	1	2	3	4	5	6
3	0	1	2	3	4	5	6
4	0	1	2	3	4	5	6

续表

题　号	答　案						
	A（得分）	B（得分）	C（得分）	D（得分）	E（得分）	F（得分）	G（得分）
5	0	1	2	3	4	5	6
6	6	5	4	3	2	1	0
7	0	1	2	3	4	5	6
8	0	1	2	3	4	5	6
9	0	1	2	3	4	5	6
10	0	1	2	3	4	5	6
11	0	1	2	3	4	5	6
12	0	1	2	3	4	5	6

诊断结果：

得　分	诊断规则
	54～72 分：与上司的关系很好，对上司能够以诚相待，但有时过于倔强。 36～53 分：与上司的关系不错，懂得公司人际关系，善于协调。 18～35 分：与上司的关系一般，表面上与上司处得很好，实际上双方缺乏真诚的理解。 0～17 分：不会处理与上司的关系，常常没有主见，陷于被动。

附录B

领导风格自测方案

这是一份用来了解你的领导风格的问卷，总有12道题，每道题代表一种状况。在回答问题之前，请仔细考虑，你面对每种状况时将如何处理，并根据实际情况把选项（单选）填在后面的括号内，而不是理论上应该怎么做。

1. 一位新员工正在接受岗前培训，他很想把事情做好，也非常自信，只是没有多少工作方法和经验。（　　）

A．指导新员工按标准步骤完成工作

B．提出工作要求，也听听新员工的建议

C．询问新员工对工作目标的想法，并予以鼓励和支持

D．尽量不干扰他

2. 你的下属经过一段时间的培训，已经基本了解自己的工作职责和工作流程，只是与前一阶段相比工作动力明显不足。（　　）

A．友善地加强互助，但继续留心观察他们的表现

B．尽量不做什么

C．尽可能做出一些让他们感觉自己很重要且有参与感的安排

D．强调工作完成的重要性及期限

3. 你的下属遇到挑战性问题，显得信心不足，过去虽然有类似情况，但在你的鼓励下，多半问题都能自行解决，而且人际关系不错。（　　）

A．加入进来和他们一同解决问题

B．让他们自行处理

C．尽量纠正他们

D．鼓励他们针对问题自行解决，并适时给予意见

4. 你正计划对一项工作程序进行改革，而你的下属在这方面有丰富的经验，并期待着改革尽快实施。（　　）

A. 让他们共同参与改革，并适当提出合理的建议

B. 宣布改革内容并严密地予以监督

C. 让他们自行改革，将结果向你汇报

D. 听取他们的意见，但决定权在你手里

5. 你刚接管一个工作效率一般的团队，前任主管经营的生产力较低，你知道团队成员对你的到来充满了信任和期待。（　　）

A. 让他们决定自己的工作方向与内容

B. 听取他们的意见，仍关注其工作是否能达成目标

C. 重新设定目标，指导并监督他们完成任务

D. 让他们自己设定目标，并予以支持

6. 几个月以来，你的下属的表现一直处于低谷，他们也不在意是否能达成目标，你想带领团队尽快度过这个时期，提高生产力，且使工作环境更人性化。（　　）

A. 尽量做些使他们感觉自己很重要并有参与感的安排

B. 强调按时完成工作的重要性

C. 尽量不去干扰他们

D. 听听他们的意见，鼓励并指导他们达成目标

7. 你的下属建议改变部门内部的架构，而你也认为很有必要。在日常工作中，下属拥有足够的弹性和工作经验，只是遇到重大问题时他们还缺乏勇气。（　　）

A. 细心指导并监督变革

B. 认可他们的建议，由大家集思广益进行变革

C. 听取他们好的意见，并控制变革的进程

D. 顺其自然，相信他们自己能够变革成功

8. 你的下属表现杰出，在团队内维持良好的人际关系，尽管你很少过问，但常常有令你意想不到的业绩出现，偶尔你也感觉到无法掌握他们的工作方向或进度。（　　）

A. 顺其自然，由他们自己去完成工作

B. 跟他们讨论，并着手进行一些改变

C. 以明确的态度来确定他们工作的方向

D. 为避免伤到自己与下属间的关系，不做太多的指示

9. 你的上司指定你负责一个工作团队，但该工作团队对工作目标认识不够清楚，每次会议的效率都很低，常常“会而不议，议而不决”，可是你知道他们想把事情做好，只是缺乏经验和必要的指导。（　　）

A. 顺其自然

B. 听取并采纳他们的良好建议，同时监督目标的达成情况

C. 重新界定目标，指导并监督他们完成工作目标

D. 让他们加入进来，共同参与目标的设定

10. 你的下属以往对工作都很有责任感，最近由于工作经验不足而遭受挫折，并对新设定的工作任务敷衍了事。（　　）

A．让他们共同参与目标的重新界定
B．重新界定工作任务，并细心地督导
C．避免施加压力，造成麻烦
D．采用他们的建议，但留心新的目标是否达成

11．你刚担任一个职位，以前这个职位的主管较少参与下属的事务，而下属多数情况下能够自己处理事务，并保持和谐关系，面对你布置的新任务他们显得有些信心不足。（　）

A．以明确的态度来指导他们的工作
B．让他们参与决策，并激励他们做出一些贡献
C．和他们讨论过去的表现，并要求他们按新程序工作
D．顺其自然

12．最近下属间存在一些问题，影响到了工作，但他们以前表现得很好。（　）

A．试着和他们一起解决问题
B．让他们自己解决
C．快速解决他们存在的问题
D．提供讨论的机会，但以不伤害自己与下属之间的关系为原则

答　卷

状　况	A	B	C	D
1				
2				
3				
4				
5				
6				
7				
8				
9				
10				
11				
12				

答　案

状　况	A	B	C	D
1	2	-1	1	2
2	2	-2	1	-1
3	1	-1	-2	2
4	1	-2	2	-1
5	-2	1	2	-1
6	-1	1	-2	2
7	-2	2	-1	1
8	2	-1	-2	1
9	-2	1	2	-1

续表

状　况	A	B	C	D
10	1	-2	-1	2
11	-2	2	-1	1
12	-1	2	-2	1
小计				

S1 计分卡

状　况	A	B	C	D
1	♠			
2				♠
3			♠	
4		♠		
5			♠	
6		♠		
7	♠			
8			♠	
9			♠	
10		♠		
11	♠			
12			♠	

S2 计分卡

状　况	A	B	C	D
1			♠	
2	♠			
3	♠			
4				♠
5		♠		
6				♠
7			♠	
8		♠		
9		♠		
10				♠
11			♠	
12	♠			

S3 计分卡

状　况	A	B	C	D
1		♠		
2			♠	
3				♠
4	♠			

续表

状 况	A	B	C	D
5				♠
6	♠			
7		♠		
8				♠
9				♠
10	♠			
11		♠		
12				♠

S4 计分卡

状 况	A	B	C	D
1				♠
2		♠		
3		♠		
4			♠	
5	♠			
6			♠	
7				♠
8	♠			
9	♠			
10			♠	
11				♠
12		♠		

分数总结

（　　）S3 参与式	（　　）S2 说服式
（　　）S4 授权式	（　　）S1 命令式

按上述程序操作后，请根据以下步骤操作。

第一步　将“领导风格自测方案”中 12 道选择题的答案抄在“答卷”上，并对照“答案”打出分数，然后将 12 道题的得分汇总。

第二步　将你的“答卷”与“S1 计分卡”“S2 计分卡”“S3 计分卡”“S4 计分卡”对照，并在计分卡上把重叠项用圆圈表示。例如，你的“答卷”上第一题选择的是 A，而“S1

计分卡”上选择的也是 A，那就表示两者重叠，请在计分卡上用圆圈表示出来。

第三步　数一数每个计分卡上的圆圈数，分别填在“分数总结”上。例如，“S2 计分卡”上有 3 个圆圈，那就在“分数总结”的 S2 前面的括号里写上 3。因为有 12 道题，所以应该有 12 个圆圈，可能的结果是 S1 为 3、S2 为 4、S3 为 5、S4 为 0。

接下来，简单说明一下这些测试题的情况。

“领导风格调查表”共有 12 种情况，其中员工处于 S1、S2、S3 和 S4 发展阶段各有 3 种情况。正确的选择应该是采取命令、说服、参与、授权的领导方式各 3 次。

当你的选择正确时，每题都会得 2 分，最糟的选择会得-2 分，所以最高分是 24 分，最低分是-24 分。分数越高，说明你的领导风格与下属的发展阶段越匹配；分数越低，则说明你的领导风格需要根据下属的成熟程度做出调整。

在“S1 计分卡”“S2 计分卡”“S3 计分卡”“S4 计分卡”上重叠的数字加在一起为 12 个。如果你在“S1 计分卡”板块的得分最高，表明你的主要领导风格为命令式，得分次之的为你的次要领导风格。

领导风格调查表

测试得分	分析结果
S1、S2、S3、S4 都为 3	最佳领导状态，领导风格随实际情况变化
S1＋S2	代表你的指挥性行为，分数越高，指挥性行为越多
S2＋S3	代表你的支持性行为，分数越高，支持性行为越多
得分最高/最低的板块	得分最高的板块是你经常运用的领导风格，反之为不喜欢用的

领导风格调查是对领导风格的测试。领导者应该根据测试的结果，根据不同的情景，采用合适的领导方式和领导风格。

参考文献

[1] 冯俊华. 企业管理概论[M]. 北京：化学工业出版社，2006.

[2] 彼得·德鲁克. 卓有成效的管理者[M]. 许是祥，译. 北京：机械工业出版社，2009.

[3] 李英，任莉. 管理学基础[M]. 辽宁：大连理工大学出版社，2009.

[4] 袁竹. 现代企业管理[M]. 北京：清华大学出版社，2009.

[5] 尤建新. 企业管理概论[M]. 北京：高等教育出版社，2010.

[6] 由建勋，李柯. 现代企业管理[M]. 北京：高等教育出版社，2011.

[7] 何桑，程文忠. 管理基础与实务[M]. 北京：北京大学出版社，2011.

[8] 海因茨·韦里克，马克·V. 坎尼斯，哈罗德·孔茨. 管理学[M]. 马春光，译. 13 版. 北京：经济科学出版社，2012.

[9] 斯蒂芬·P. 罗宾斯，玛丽·库尔特. 管理学[M]. 李原，孙健敏，黄小勇，译. 11 版. 北京：中国人民大学出版社，2012.

[10] 王丹，王娟. 现代企业管理理论与实务[M]. 陕西：西安电子科技大学出版社，2013.

[11] 方振邦. 管理学基础[M]. 北京：中国人民大学出版社，2016.

[12] 赵丽芬. 管理理论与实务[M]. 北京：清华大学出版社，2017.

[13] 单凤儒. 管理学基础实训教程[M]. 北京：高等教育出版社，2017.

[14] 牛艳莉. 管理学基础[M]. 北京：机械工业出版社，2018.

[15] 徐文杰. 管理学基础[M]. 北京：清华大学出版社，2018.

[16] 王宏伟，杨炎坤. 现代企业管理[M]. 北京：机械工业出版社，2018.

[17] 肖祥伟. 管理基础与实务[M]. 北京：高等教育出版社，2019.

[18] 单凤儒. 管理学基础[M]. 北京：高等教育出版社，2021.